LE BERCEAU DES ANGES

Maria N. SANTANGELO

LE BERCEAU DES ANGES

PEETERS
LEUVEN-PARIS
1988

D/1988/0602/32
ISBN 90-6831-119-0

SOMMAIRE

Ière PARTIE

Fouille linguistique par le biais de l'alphabet profane

IIe PARTIE

Fouille linguistique par le biais de l'alphabet magique

Ière PARTIE

Fouille linguistique par le biais de l'alphabet profane

CHAPITRE I

ARMÉES CELESTES ET TERRESTRES

Les sources principales de l'angéologie sont, dans l'Ancien Testament, la Genèse et les livres de Daniel, d'Ezéchiel et de Tobie; dans la littérature apocryphe: Hénoch; dans le Nouveau Testament, les propos de Jésus, l'Apocalypse de S. Jean et certaines épîtres de Saint Paul.

De plus, il y a le «sensus fidelium» qui devrait être en principe infaillible.

Ces sources, et d'autres, doivent répondre aux questions que nous nous posons à leur sujet. D'abord, que sont les Anges? Sont-ils des créatures spirituelles issues de la pensée de Dieu, ou ont-ils jamais existé?

Pourquoi Dieu les créérait-Il de toutes pièces (mentales) pour communiquer avec les hommes, alors que nous savons que, faute de notre part de pouvoir nous élever à son hauteur, Il se digne employer nos moyens humains, et Il nous parle dans notre langue, s'incarne pour nous sauver...?

Les Anges ont bien existé, et Dieu se sert d'eux auprès des peuples qui ont connu les anges dans leur tradition. A cette différence près: les messagers que Dieu envoyait étaient des hommes pareils aux autres, ou tout au plus plus majestueux, mais dépourvus de cet attirail de plumes qui les pare lorsqu'on les représente, de préférence en blonds adolescents, sur les tableaux. Ni Maria de Nazareth, ni Sarah n'auraient douté si le messager avait été tel qu'il est dépeint sur les icônes. Les ailes sont pourtant exigées par le «sensus fidelium» au sujet des envoyés célestes, et Yahwé lui-même commande en Exode 25,18-20 de les représenter ailés.

Nos chefs-d'œuvre de peinture ou de sculpture n'ont pas le monopole d'une telle représentation, car il suffit de se rendre à l'île de Pâques pour admirer en pétroglyphe les hommes-oiseaux (Manu-Tara). Dans le village de Orongo on salue régulièrement l'arrivée des oiseaux migrateurs, qui guidaient autrefois les hommes dans la découverte de nouveaux espaces.

Les peuples portant un nom d'oiseau sont parmi les plus anciens de la terre. Parmi les plus célèbres: Les Tar-tar-es (dédoublement de la racine π-τερ) et les légendaires Pélasges, à savoir les hommes-cigogne, du grec πέλαργος[1].

Quant aux Turcs, ils suivaient les cigognes sous le nom allemand de S-törch.

Les primitifs n'avaient à leur disposition, pour s'orienter, que les oiseaux et les étoiles, toute première forme de boussole. Ils se sont (ou ont été) dénommés d'après ces êtres ou ces célestes, qui les guidaient comme des esprits supérieurs (le Saint Esprit est aussi symbolisé par une colombe).

«Tar» désignait à la fois l'oiseau et l'astre (angl. s-tar)[2]. L'oiseau représenté sur l'île de Pâques est la sterne - et l'étoile en allemand se dit «Stern». La sterne parcourt, de l'hiver au printemps, 35.000 km. Après avoir déposé les œufs au Cercle Polaire Arctique, elle s'envole vers l'Océan Antartique. Je dois ici ouvrir une parenthèse sur la présence de «s», ajouté à titre de vénération du serpent par ses adorateurs, dont voici quelques exemples:

en préfixe:	S-anga	: vénérable Sénat Sumérien formé d'anges (adorateurs de serpents)
	S-angha	: vénérable communauté d'anges pratiquant le bouddhisme
	Su-mer	: État des «mer» (ma-i-r), régi par le temple
	Se-lene	: la sainte Lebana (leϜ ana) ou Lune (cfr. all. Laune)

[1] P.E. SANTANGELO, *I nomi dei popoli*, dans *«La lettura del medico»* 1965, Milano, pages 78/79:
«I pastori, in queste loro abitudini migratorie, solevano regolarsi sul volo degli uccelli, onde il loro nome più comune fu d'ora innanzi quello di 'uccelli' (cioè 'nomadi'). Uno dei più diffusi di questi nomi é tar da pet-ar che significa 'volatore' perció 'uccello'... e siccome in quei lontani tempi il plurale si faceva ripetendo due volte la parola, si ebbe la denominazione Tar-tar-i o ta-tar-i 'pastori nomadi', e più tardi si ebbero plurali più elaborati, per es. Tur-an o anche il nome dei Turchi da Tur-ek...
Anche il nome dei Pelasgi... era dei più diffusi: e si noti anche che accanto a Pelasgòs 'popolo nomade' c'era Pelargòs 'cicogna'...»

[2] P.E. SANTANGELO, *Fondamenti di una scienza della origine del linguaggio e sua storia remota*, I vol., Milano 1953, p. 62/63: «La sillaba sacrale — Confrontando lat. fustum con φυτόν ci viene il sospetto che siamo in presenza di un sacrale, cioé di un se totemico incastrato; l'aggiunta si poteva fare in fine di parola, come in Samenta zu (nome assiro del Simoenta), o fra radice e suffisso come in Mop-su-esto; o fra la prima e la seconda consonante, es. kad: k-s-ad... Cosi ci spieghiamo perché... in Pasqua 'la festa del Bacco' si trovi una s intrusa...»

	Se-leucos	: le saint blanc
	S-phinx	: phénicien consacré à la garde des tombes (préfixe et suffixe)
	Sa-doc	: le saint duc ou dace adorateur de serpents
	Se-raphin	: le saint rabbin
	Sé-rapid-	: le saint rabi
en infixe:	fu-s-tum	: par rapport à gr. φυτὸν
en suffixe:	pac-s	: le saint pacte (la S. Alliance)
	lec-s	: parole sacrée
	luc-s	: la splendeur des Leukoi ou blancs
	ra-s	: le divin Ra

Tous ses «s» annoblissent, sanctifient les mots qu'ils intègrent, en vertu du serpent symbolisé. La syllable «se» resume en elle ce qui existe de plus précieux dans un être (animal ou végétal): sève, saveur, sexe, souffle, lat. sic, pronom se (rus. сеья), gr. σὲβω, vénérer; de plus gr. p-sûche (âme) (avec p article) et le dieu indien Shiva, le générateur dont on vénère le phallus à Ellora.

La science de l'étymologie, qui a débuté par des rapprochements entre termes d'un même sens, en est restée là et s'est enlisée parce qu'elle n'a pas su voir dans les différentes lettres qui composent un mot autant de symboles d'une culture, religion ou activité, dont le serpent évoqué ici n'est que le premier échantillon.

Le choix de «S» comme idéogramme du serpent pose toutefois un problème, car il n'y a pas d'identité entre le signifié et le signifiant (comme dirait De Saussure): la forme de la lettre en effet rappelle bien le serpent (S, s. [illegible]) mais ni son nom hébreu ou protocanaéen shin (à rapprocher à Sin, le croissant lunaire), ni le nom grec «sig-ma» n'en ont la signification. Le tracé de la capitale grecque est presque cunéiforme (Σ). La terminaison en -ma dénonce une origine sumérienne (*ma* ou *me* accompagne en sumérien tout ce qui est instrument, fonction, vertu…, mais pas les animaux).

Sig-ma ne peut donc pas s'appliquer au serpent en tant qu'animal, mais désigne

— soit une faucille (la lune ou la serpe) cfr. lat. sica (et segmentum), d'ailleurs bien dessinée dans la lettre cyrillique correspondante C,

— soit la vertu procréative, l'allusion sexuelle du serpent. La déesse-mère vénérée à Crète comme symbole de fécondité était une déesse aux serpents.

Le caractère sacré du sig-ma est bien quelque chose de ce genre, comme nous le confirme l'allem. Seg-en et seg-nen = donner bénédiction, qui va toujours dans le sens parents-enfants, aînés-puinés et jamais l'inverse. Seg-en est en effet la bénédiction d'enfanter beaucoup, que Dieu accorde au premier couple:

> Gen. 1,28
> «Dieu les bénit et leur dit:
> Soyez féconds, multipliez...»

ainsi qu'à Abraham:

> Gen. 22,17
> «Je te comblerai de bénédictions,
> je rendrai ta postérité aussi nombreuse
> que les étoiles du ciel».

Isaac de son côté adresse à Jacob des paroles d'un même son (tout en l'exhortant à ne pas épouser des Cananéennes):

> Gen. 28,3
> «Qu'El Shaddaï te bénisse, qu'il te fasse
> fructifier et multiplier».

et en Gen. 35,9-11 El Shaddaï bénit Jacob en disant:

> «sois fécond et multiple. Una nation naîtra de
> toi et des rois sortiront de tes reins».

Le sens originaire de la bénédiction n'est pas de dire du bien, ou de souhaiter bon voyage.

Elle s'adresse aux couples qui viennent de se marier (bénédiction nuptiale), mais on la donne aussi aux troupeaux dans le même but. Par extention, on a bénédiction des moissons, et ici la «sica» (qui fauche les foins, le blé) aurait sa place.

En S/C, les signes (au sens intégré selon De Saussure) de la lune, de la faucille et de la virilité se presentent mêlés, superposés. Le sigma est devenu, par son importance, le «signe» par excellence et a été adopté comme sceau (lat. sigillum). Et le serpent, tout en étant honni dans la traditions des anges occidentaux, est volontiers porté comme ornement à cause de sa signification originaire, la puissance sexuelle.

Cela dit, il est maintenant difficile d'établir si «s» a été ajouté à titre de vénération du serpent ou de virilité. Le sanga sumérien pourrait vouloir dire:

— vénérable sénat, ou
— sénat d'hommes seulement.

Quel que soit le sens, il s'agit toujours d'adorateurs de serpents, attitude remontant à une phase très ancienne de l'humanité. Les médecins ont fait du serpent leur emblême; Moïse le brandissait lors de ses séances de guérison collectives. Il est entré dans l'alphabet plusieurs fois; en plus de «S», il est dans «Z», qui est une sorte de S retourné, tandis que l'alphabet égyptien ancien le représente en «n» (⩧) et le russe «3» (voir page 127).

Mais revenons à notre signe S/C.

En linguistique, la double face de cette sifflante aurait eu des implications de la plus grande importance. Le classement «satem-centum» (prononc. kentum) trouverait enfin une explication, car le passage d'une sifflante à une gutturale ou vice-versa est impensable phonétiquement. C'est au niveau de l'écriture et de la lecture que le phénomène s'est produit. La faucille se lit bien s en cyrillique, mais en latin se lit c.

L'écriture cyrillique est réputée récente — elle a paru au Xe siècle de notre ère en Bulgarie —, mais comme pour tout autre alphabet, la divulgation des signes a été empêchée par l'ésoterisme. Lorsqu'on propose une datation, celle-ci concerne la divulgation et jamais l'invention.

Confrontés à la double graphie, les scribes doivent avoir éprouvé de l'embarras et préféré pécher par excès, si bien que nombre de mots s'écrivent avec le double préfixe S et C (= X, grec ξ):

sc-and-ale et all. S-ch-ande
ξανθός (blond)
ξένος (étranger)
Xerxés (au lieu de Serses, ou de Serge).

La série satem-centum n'est pas très longue: il s'agit pour l'essentiel de grec δέκα, lat. decem, sancr. daça; de lat. centum et de sanscr. satem; d'Ecba-tane (capitale de la Médie) et Ispa-han, Breslau-Wroclaw. Comment rangera-t-on le russe δécять, dix, ou сто, cent, et исфахан (avec C prononcé S)? Une autre sèrie aberrante est celle «q/p» opposant q en latin à p dans les dialectes osques/ombriens. Dans ce cas aussi, c'est au niveau de l'écriture et de lecture qu'on a dû se méprendre, car p et q sont comme une image reflétée dans un miroir.

*
* *

Une constante des peuples primitifs est l'accoutrement choisi en relation avec le ou les animaux avec qui ils s'identifiaient. Corne, robe pie de fauves, peau de reptile, pattes de lion, ailes, plumes, toupets ... étaient les insignes des différentes tribus, censées conférer à ceux qui les portaient des vertus de force, ruse, vitesse; par la suite elles sont devenues les insignes de la royauté (investiture). Mais lorsqu'il y avait fusion de tribus, le chef reprenait sur lui les différents attributs en plus du propre, ainsi voit-on des dieux, demi-dieux et rois prendre le semblant d'un félin, doublé d'oiseau et d'autres animaux. L'art iranien est spécialement inspiré de cette sorte d'hybrides.

Une autre façon de s'incorporer la force magique était le banquet de communion.

Parmi les oiseaux divinisés, l'aigle, la colombe, la cigogne et le phénix sont ceux qui ont reçu les plus grands honneurs ou donné leur nom à des peuples.

La cigogne (πέλαργος) était l'oiseau des Pelasges.

Le phénix, espèce de flamand ou de cigogne, a donné le nom aux Phéniciens en les conduisant sur la côte africaine. Cet oiseau mythique, que les Egyptiens appelaient Bennu et qui se retrouve sur toutes les routes, par exemple à Venise (où l'Opéra porte le nom de Fenice), était surtout connu pour son cycle de 500 ou 1000 ans et sa capacité de renaître de ses cendres. La pensée chrétienne l'a adopté comme symbole du mystère de la résurrection.

Un coup d'œil sur les routes suivies par les cigognes nous montre que les peuples-cigogne peuvent avoir pénétré le continent africain jusqu'à la pointe australe.

L'aigle, attribut de Zeus, couronnait les étendards des legions romaines pour les conduire à la conquête de la terre. Lui ou le faucon, on les portait en pectoral, comme emblème et pour en recevoir les qualités de vitesse et sens d'orientation. Plus tard, le pectoral en chair et os a été remplacé par des ouvrages d'orfévrerie, dont l'art phénicien nous a conservé de très beaux exemples.

* * *

A côté des Pélasges légendaires et des Tartares historiques, les Anges ont été à une époque mythique une population ayant, comme tant d'autres, les oiseaux ou les étoiles comme boussole. S'agissant d'un peuple migrateur, il paraît plus indiqué de lui chercher des lieux de ralliement (ou de chute); cependant un véritable berceau a existé aussi.

On pourrait croire que ce berceau était en Asie, à en juger par l'abondance des indices toponymiques et hydronymiques: d'abord le fleuve Yang-tse (fleuve des Yang). Dans l'Asie Jaune, les deux formes

Yang et Ang coéxistent, car il y a Ang-kor capitale de la Thaïlande, que la légende veut justément fondée par les anges.

En Europe les anges ont constitué la population historique des Angli (= ἄγγελοι) dans le Nord de l'Europe, qui ont donné le nom à l'Angleterre; tandis que Yang est passé, dans le sens inverse des aiguilles, en Amérique, si bien que les Indiens d'Amérique, pour désigner les Anglais débarqués chez eux, les appelaient Yankee (prétendue déformation du mot «english» dans les bouches Sioux) en souvenir d'une vague d'anges légendaire (les Inca par exemple).

D'autres toponymiques angélo-chinois seraient Chang-hai, Hang-tcheau (Quinsai, cité du ciel), Xianyang et Luoyang villes de l'Empire Qin, Chiang-su (Chiek'ang ou Nanking, Nanyang (Henan), les provinces de Jiangsu, de Zhejiang...

Les thèmes de la chute et des mésalliances se repondent dans la Bible (Gen. 6,4 où il est question d'enfants de Dieu) et chez les Pseudépigraphes (Livre des Visions d'Hénoch éthiopien, ch. 6-19 «Livre des veilleurs», et Livre des Géants) où il est question d'anges.

La tradition chinoise de son côté est riche d'allusions au Ciel, d'oppositions Céleste/terrestre. Aux sources de cette tradition l'identité «anges» et «étoiles» paraît plus intime, alors que dans le monde classique l'association avec l'oiseau a prévalu: l'ange est ailé dans l'imagination populaire.

L'association anges-étoiles est une image propre de l'eschatologie:

> *Daniel* 12,3
> «Les doctes resplendiront comme la splendeur
> du firmament...comme les étoiles...»
>
> *Baruch* (Apocalypse syriaque) 51,10 et 11[3]
> «Ils (les justes) ressembleront aux anges, ils
> seront comparables aux étoiles» cfr. Mc 12,25
>
> «Les espaces du paradis s'étendront sous leurs
> yeux, et leur sera dévoilée la majestueuse
> beauté des animaux qui sont sous le trône
> (de Dieu), ainsi que toutes les armées des
> anges».

Les animaux sous le trône dont il est question en Baruch, c'est le Zodiaque.

Dieu est intronisé dans la Grande Ourse (lire le dernier chapitre

[3] *Vies d'Adam et Eve, des patriarches et des prophètes*, Cahier Evangile, Suppl. au n°32, Éd. Cerf, p. 106.

consacré à la religion des anges). De là-haut il voit et sait tout, cf. Prov 9,1 (la Sagesse s'est construite une maison à sept colonnes).

La Grande Ourse est omniprésente en Chine. Les sept étoiles de son char, qui est le trône de Dieu, comme on lit en

> Tobie 11,15
> «Je suis Raphaël, un des sept Anges qui
> se tiennent toujours prêts à pénétrer
> auprès de la gloire du Seigneur»

sont les sept Archanges postés devant ce Seigneur. Les autres six se nomment Uriel, Raguel, Michael, Sariel, Gabriel et Remiel, cf. I[e] livre d'Hénoch, chap. 20, vers. grecque). Mais qui est-Il? On verra plus loin.

Dans l'Apocalypse de Jean, les sept anges, représentants célestes des sept Églises, sont là aussi 7 étoiles:

> Ap. Jean 1,20
> «Quant au mystère des sept étoiles,
> les sept étoiles sont les Anges...».

Plus loin, la vision des Anges est associée aux sceaux:

> 15,1-4
> «Puis je vis dans le ciel encore un signe,
> grand et merveilleux: sept Anges portaient
> sept sceaux, les derniers puisqu'ils
> doivent consommer la colère de Dieu».

L'origine magique du nombre sept doit être recherchée dans la Grande Ourse.

La source des sept planètes est Enoch slave (19,2), mais elles ne pouvaient pas être plus que cinq!

Sur le plan terminologique, l'attribut de «magique» donné expressément au sept n'a rien à voir avec la magie en tant que pratique, mais découle des «mages» qui étaient essentiellement des astronomes/astrologues, si bien que «magique» équivaudra ici à «astronomique/astrologique».

L'ourse, d'où Yahvé surveille la terre, est le lampadaire de la cinquième vision de Zacharie:

> 4,2
> «Je regarde, et voici: il y a un
> lampadaire en or... sept lampes
> sont sur le lampadaire...»

et l'Ange explique

> 4,10b
> «Ces sept-là sont les yeux de Yahvé,
> ils vont par toute la terre...».

Les sept yeux de l'ourse forment une image qui survit dans une prière que les Manitos d'Amérique du Nord adressent au «Grand Ancien»[4]:

«O toi, Grand Ancien, je t'implore!
Au temps où sept personnes étaient réunies
tu t'asseyais à la septième place,
comme cela nous a été transmis
et, des sept, toi seul avais connaissance
de toute chose.
O Grand Ancien, je t'implore!
Lorsqu'ils désirèrent ardemment
une protection et un guide,
Les hommes, scrutant leur cœur
pour trouver une voie,
t'aperçurent, assis solidement,
assuré, persévérant,
au centre où tous les sentiers
convergent.
Là, exposé à la violence des
quatre vents, tu étais assis
doué du pouvoir d'accueillir
les suppliques»

ce qui n'est pas sans rappeler Raphaël en Tobie 11,12:

«c'étais moi qui présentais
vos suppliques devant la
gloire du Seigneur».

Les Phéniciens appelés Fenkhu par les Égyptiens — et donc eux aussi des «anges», car F est le digamme ajouté (comme expliqué dans le chapitre II) — se guidaient, eux, sur la Petite Ourse, que les Grecs appelaient Phoeniké (l'étoile phénicienne). Les allemands disent «funkeln» des étoiles, en rattachant ces dernières aux Fenkhu ou anges.

Il y a donc une isoglosse Yang/Yankee et une isoglosse Ang/Ang-li (et Angevins) tout aussi étendue qui rayonne de l'Europe Septentrionale (où les Angli avaient à leur gauche les «lévites» cfr. angl. «left», région que je localise, à titre de pure hypothèse et d'indication métodologique, à l'endroit de Leip-zig) à l'Europe méridionale (cfr. Anc-ône fondée par Denys l'Ancien au IVe siècle, et le roi de Rome Ancus Marcius), à l'Anatolie (Ankara ou Angora), à l'Asie (Angara fleuve sibérien, Ang-kor capitale de la Thaïlande), à l'Afrique (Ang-ole, avec sa ville Benguela terminal ferroviaire) et même à l'Amérique (les Inca, qui étaient des astronomes).

[4] Alfonso M. di Nola, *Le livre d'or de la prière*, Collection Marabouth Université, n° 37 - Verviers, page 63.

Avant de poursuivre le piste d'autres isoglosses plus sophistiquées, je dois ouvrir une nouvelle parenthèse (le 2e chapitre) pour le rôle joué par certains idéogrammes ajoutés aux ethnonymiques, aux noms propres et, plus tard, même aux objets dans un but de classement.

CHAPITRE II

LA QUESTION BYZANTINE

Il était courant dans l'antiquité que les roix ou les chefs, tous pris de soucis de guerre et conquête, fussent des analphabètes qui laissaient le soin de l'écriture aux catégories subalternes, aux scribes et aux messagers, voire aux femmes. Le panthéon égyptien connaît une déesse de l'écriture — Sechat — à côté de Toth; à Sumer, l'écriture et la littérature étaient patronnées par la déesse Nidaba; les Venètes avaient Reitia pour cela; en Grèce, les Muses patronnaient l'exercice harmonieux de la parole et, en général, les activités intellectuelles.

L'invention de l'alphabet peut être contesté aux anges, puisque ils ont été précédés sur terre par d'autres populations, mais il ne fait pas de doute qu'ils l'ont manié et enrichi, et qu'une datation très ancienne s'impose surtout pour les signes dont la fonction était le classement des genres, et qui dans l'alphabet grec échoit:

— pour le féminin, au pictogramme qui représente en lettre capitale la mamelle Θ, thèta, posée à la fin du mot (ce qui subsiste dans les langues anglosaxonnes, ainsi que dans des noms bibliques comme Ruth, Judith, Lilith...); ou aussi au triangle △ éventuellement renversé, delta appelé aussi «dale-th», représentant la porte non plus d'une tente de nomades, mais d'une maison en dur, cf. fr. dalle.

— pour le masculin, au waw, symbole sexuel reconnu par la Cabbale, ou au digamme Ϝ posés en préfixe, infixe ou suffixe avec des effets de cryptographie. Waw et digamme ont le même son, soit: V (B) ou F[5].

Le rôle en question échoit aussi à Y, issu du waw phénicien qui est l'ancêtre de quatre lettres latines: F, U, V, Y[6]. Ceci expliquerait

[5] P.E. SANTANGELO, *Fondamenti etc.* vol. XVII (1962), page 27: «... il maschile indoeuropeo in -o (da -aw) aveva una spiccata somiglianza con la parola ebraica v-av (dove v é il prefisso mascolinizzante) indicante l'omonima lettera dell'alfabeto ebraico che é nel contempo l'ideogramma dell'organo maschile,cosi come ideogrammi capovolti dello stesso organo con le sue appendici testicolari sono il digamma greco Ϝ e la lettera greca phi φ, cfr. anche il nome sanscrito dell'organo mascile yabh- che é simile a ebraico v-av...»

[6] J. NAVEH, *Die Entstehung des Alphabets*, Benziger 1979, p. 69: «Das phönikische waw ist der Vorfahre der vier lateinischen Buchstaben F, U, V und Y. In der klassischen griechischen Schrift kommt der Buchstabe F jedoch überhaupt nicht vor. Er entstand in der alten griechischen Schrift aus dem Ϝ, genannt Vau oder digamma...»

pourquoi «w» se lit, ou devint, «u» dans certaines langues, et pourquoi cette voyelle classe dans le genre masc. les mots du latin et du roumain. Y est souvent préfixe, comme en Y-ahvé, Y-acoutes, Y-asser (= Y-assyrien), en York, Yang, etc.

Le language est beaucoup moins corrompu de ce que l'on pense. Chaque lettre ou syllabe a son rôle, rien n'est dû au hazard, du moins dans le cas des anges et des autres populations sachant écrire. L'étymologie doit être transparente, pour que tout risque d'anarchie et d'aventure soit écarté. C'est là une exigence impérative en sémantique, où autrement tout pourrait être dit et contredit. On affirme que, en linguistique, les consonnes comptent peu et les voyelles rien du tout; moi j'assume que les premières sont sacrées et les voyelles un peu moins (a + i = e; a + u/v/Ϝ = o).

Chez les anges en tant que collectivité on ne trouve pas de préfixes ou suffixes féminins; voilà donc tranchée la question du sexe des anges. Les femmes de cette race ne comptaient pas, mais lorsque des femmes ont compté, il y eut une chute d'étoiles.

Le digamma vaut, comme le dit son nom, deux fois le gamma, dont on pense à tort que la silhouette représente le chameau.

Le nom de Gamma correspond à l'all. Komma, virgule ou barre ou marque (o-gam) gravée sur l'écorce de l'arbre; 'gomma' d'ailleurs est la résine sécrétée par l'arbre qui sert de support à l'écriture. L'objet dessiné est un clou (it. ago, aiguille) employé pour blesser le gibier (angl. game) et représentait l'emblème du chasseur.

Le digamma n'avait pas raison d'exister puisque on avait le γ, mais il a été introduit dans un but de magnification, et a reçu le son vélaire de son homologue waw pour désigner le mâle adulte, comptant pour deux, alors que la gamma Γ dévalué s'est spécialisé comme attribut de l'adolescent. Chronologiquement, les mots affectés de Γ précèdent ceux avec Ϝ. Voici des exemples: lé-g-er et le-v-is, vague et ang. wave, di-w-an et do-g-ana (douane), ser-v-ant et ser-g-ent, Galles et Wales, Hage et Haven/Hafen, Haïfa et Haye. Il y a lieu de remarquer que dans les langues slaves, notamment le russe, le génitif masculin s'écrit го (go) mais se prononce во (vo), tellement les deux signes sont interchangeables.

Au début ces lettres ont connoté le genre masculin. Dans l'alphabet il y a maints «doubles magnificatifs», et tout comme W est le double de V, et Ϝ est le double de Γ, ainsi peut-on supposer que B ait été privilégié en tant que double de P, très ancien préfixe (comme en p-neu-ma, P-tah, etc.) écarté progressivement en faveur de B ou Ϝ. En effet lat. Bi(s) veut dire: 2 fois (P).

Ajouter un de ces signes revient à donner les signalements suivants: «le porteur de la présente, nationalité 'ange', sexe masculin, âge adulte (ou jeune)»:...

Toujours au sein de la race angélique, on obtient ainsi le mot g-ang (= bande d'anges du mal, adolescents; sens moderne); les gang-sters sont une bande d'anges d'abord adultes, qui se dénombrent en oiseaux (dont ils suivaient les migrations) ou en étoiles (qui les guidaient), car on a vu l'équivalence Sterne/Stern - star.

Les adjectifs «terrestre», «lacustre», «celest(r)e» signifient: star ou oiseau de terre, de lac ou marais, du ciel.

Une population d'anges à préfixe γ est celle des Guanches des Canaries, aujourd'hui disparus. Ils étaient grands et blonds, et encore au stade néolithique au moment de la conquête espagnole du XVe siècle. Leurs traits les rapprochaient des Cro-magnoïdes, car il faut bien remonter à cette espèce pour comprendre le caractère mythique des anges.

Les représentants de cette race étaient de deux types: hommes de petite taille; et hommes de très grande taille et de grande vigueur physique, tête volumineuse, crâne très allongé, nez long, proéminent et fin, qui paraissent être les ancêtres lointains des dolichocéphales nordiques et des Guanches des Canaries[7].

Mais, à l'époque de cro-Magnon, les noirs, ou négroïdes, ou subnégroïdes comme on les appelle, étaient installés depuis longtemps en Europe (dès l'époque aurignaco-périgordienne). En survenant, les anges les ont forcément côtoyés et ont parcouru la terre ensemble en suivant les oiseaux. Les noirs suivaient le milan (it. nibbio, avec radical ni Ϝ) et le phé-nix bien connu en Chine et appelé «oiseau des aromates».

Il faut savoir que la différenciation sexuelle a été notée dés l'aurignaco-périgordien: des vulves et des phallus sont gravés sur les parois des cavernes, ensemble avec d'autres attributs comme les cornes... (art franco-cantabrique). On a ici le tout premier embrion de l'alphabet.

Il n'est pas impossible que le Gange soit un autre lieu de ralliement (ou de chute) des anges à Γ. Gengis (Khan) en serait de ceux-là.

Toutefois, l'emploi de γ n'est pas constant, car il existe des langues qui n'ont pas ce son. Les Etrusques par exemple n'avaient pas le son g, et employaient <, C = K. Les Russes n'ont pas de h, qu'ils rendent par Γ.

[7] Encyclopédie Alpha, sous «Guanches».

Dans maintes langues latines, l'aspiration de 'h' fait (presque) défaut; on n'a presque plus de h en début des mots. Par contre et par chance, le français garde dans le nom de h la véritable signification plus récente: la hache.

Il arrive ainsi qu'un même mot aura deux graphies différentes: par ex. Gomer, Gemara, gamorra, camurra et camorra.

Les lettres *c* et *g*, qui en capitale latine se ressemblent à s'y méprendre (C et G), ont ceci de particulier. qu'elles occupent la 3e place respectivement dans l'alphabet latin et grec. Elles doivent avoir été le siège d'un phénomène d'interchangeabilité (dû par ex. à l'absence de g dans certaines langues).

Cette mise à point est nécessaire pour sauvegarder le principe de l'incorruptibilité du langage, né des plumes des scribes, pierre angulaire de cet ouvrage.

Passant parmi des tribus primitives, qui ignoraient tout du sexe et de ces conséquences, les anges «avertis» savaient reconnaître les premiers signes de grossesse chez les femmes; ainsi leur annonçaient-ils avec une forte anticipation une prochaine naissance.

Dans ce domaine, ils sont restés les messagers privilégiés de Dieu tout au long de l'Ancien et du Nouveau Testament.

> *Juges* 13,3-5
> «L'ange de Yahvé apparut à cette femme et lui dit:
> 'Tu es stérile et tu n'as pas eu d'enfant
> mais tu vas concevoir et tu enfanteras un fils...
> C'est lui qui commencera à sauver Israël de la
> main des Philistins'».

Contrairement aux Archanges sémitisés (séraphins, chrérubins) l'Ange de Yahwé ne revèle pas son nom. Il répond en effet, en Juges 13,17-18 lorsque

> «Manoah demande: Quel est ton nom?»
> «Pourquoi t'informer de mon nom? Il est merveilleux».

à rapprocher à Genése 32,30 (dialogue de Jacob avec l'Inconnu).

Il se peut qu'à l'époque profondément mythique des anges, l'individu ange ne recevait pas encore de nom.

L'isoglosse des anges avec digamma («Bang», «Wang» ou «Phank»/ Fenk) est assez étendue: dans la langue allemande on a Bengel, péjoratif; dans l'Extrême Orient on a Bengale et Bang-kok dont le nom indigène signifie «cité des anges»: dans l'Afrique noire c'est la tribu des Fang au Gabon (avec assimilation totale des anges); dans l'Afrique blanche on a Fenku. Le sphinx est le souvenir des hommes-oiseau pétrifié. Car «Sphinx» avec son S préfixé sacralisant, veut dire «phénicien consacré» à la garde des hypogées, des pyramides. Le roi-gardien de la nécropole de Giza était bien un sphinx ailé, à tête d'homme et corps léonin.

En Mésopotamie, l'analogue du sphinx est le taureau ailé, génie protecteur de temples et palais. Même au niveau du peuple, chacun s'efforçait de faire sculpter sur son habitation son génie ou sphinx tutélaire: de là la croyance que chaque maison, et même chaque personne, a son ange gardien.

En égyptien, le sphinx se décompose en «sheps-ankh», ce qui nous renvoie directement à l'ange. Ankh est représenté par le hiéroglyphe ☥ ou croix ansée, connu comme «signe de vie», car vivre, dans la langue des anges, signifiait «être ange».

Ce signe cependant représente en soi l'attache d'une sandale[8], géniale trouvaille pour des gens qui parcouraient pedibus les plus longues distances.

Dès l'invention des sandales, la bande ainsi chaussée en a fait son emblème. La présence du hiéroglyphe Ankh dans l'alphabet égyptien prouve que ces anges chaussés, mais encore dépourvus d'idéogramme sexuel, sont descendus en Egypte. Ils ont précédé la branche, de souche angélo-phénicienne, qui a introduit le sphinx. Chronologiquement en effet, ankh précède Fang, Wang et Sphinx; gang vient en dernier si on a délibérément employé le γ comme attribut d'adolescents.

Il y eut même un Pharaon «ange»: il s'agit du célèbre Tout-Ankh-amon, qui n'était pas de lignée royale, mais issu d'une famille puissante, sorte de clan ou groupe de pression dans l'entourage pharaonian. Probablement les «anges» assimilés en Égypte exerçaient des fonctions assez importantes, comme scribes, conseillers, garde-sceaux. Tout-Ankh-Amon vécut autour de l'an 1350. Mais dans la préhistoire de l'Égypte, une légende dit que le roi du Delta posait des énigmes au roi du Sud — ce roi qui parlait comme un sphinx était probablement l'ancêtre de Tout-Ankh-Amon.

Ce pharaon avait d'ailleurs des traits qui le rapprochaient aux phéniciens: on pretend qu'il a laissé une fameuse malédiction contre ceux qui viendraient troubler son sommeil, par analogie à l'épitaphe du roi Tabnit à Sidon, qui a fait graver ces mots:

[8] P. Vernus, *Au temps des pharaons*, Coll. «En savoir plus» Hachette, Paris 1978, page 61.

«Moi, Tabnit, prêtre d'Ashtart, roi des Sidoniens,
fils d'Eshmunazar, prêtre d'Ashtart, roi des Sidoniens,
je repose dans cette caisse.
Qui que tu sois, homme quelconque qui trouveras cette
caisse, oh! n'ouvre pas ma tombe et ne me trouble pas,
car il n'y a point chez nous d'argent, d'or, de vases.
Si tu oses ouvrir ma tombe et tu oses me troubler,
que tu n'aies ni progéniture parmi les vivants sous
le soleil, ni lit de repos avec les Réphaïm»[9].

Dans le lexique chinois, la présence de «wang», de «bang» et de «yang», seuls ou en composition dans les anthroponymiques, les toponymiques et les hydronymiques est impressionnante, à commencer par les premières dynasties (Chang, T'iang) jusqu'à l'actuel Premier Ministre Zhao Ziyang.

Les trois fleuves qui arrosent le pays ont l'ange en eux: Yang-tseu, Si-Kiang et le Fleuve Jaune (ou 'des blonds') Houang-ho: les spécialistes situent dans la plaine qu'il traverse le berceau de la civilisation chinoise.

Les capitales des anciennes dynasties ont toutes des noms angélo-chinois:

An-Yang (Honan) pour la dynastie des Chang
Tch'ang-ngan (Chensi) pour les Tcheou occidentaux
Lo-Yang (Honan) pour les Tcheou orientaux
Hsienyang (Sian) pour les Ts'in
Tchang-ngan pour les Han et les T'ang.

Le Wang est un des signes les plus anciens de l'alphabet chinois; il signifie «prince» et on l'a coulé sur le bronze pour la dynastie des Chang.

Sans une sensibilité profonde de la langue chinoise, la prudence s'impose en vue de dégager des conclusions quant à la fonction de certains préfixes (article incorporé?, déterminatif sexuel?, serpent?...).

Le préfixe sacralisant «s» donne: s-onger (avoir des visions saintes, ou des pensées inspirées par l'ange); l'all. sing- (chanter, avec référence aux anges chanteurs, qui psalmodiaient les louanges à Dieu); la ville de Singapour; la S-angha bouddhiste, le S-anga sumérien de Lagash, et surtout «sancire» d'où «l'oint, de lat. ung-ere), avec équivalence saint-ange, c'est pourquoi les Saints de Dieu, dont il est si souvent question dans la Sagesse, sont les anges consacrés à son culte. Mais en Isaïe 29,19 (et ailleurs) le «Saint d'Israël» pose l'identité Dieu-Ange.

[9] Dr. G. Contenau, *La civilisation phénicienne*, Payot, Paris, 1926, page 141.

CHAPITRE III

LA CLEF DU LANGAGE

Hénoch est un de ces anges qui ont apporté la lumière de leur civilisation très avancée aux peuples chez lesquels ils s'implantaient.

Le Livre des Jubilées, 4,17-23 nous le présente comme écrivain-archiviste des jugements de Dieu, en Eden, et plus précisément dans le jardin. Il est le héros culturel qui enseigne aux hommes l'astronomie et le calendrier[10].

Les testament d'Abraham 10,8-11,13 fait de lui l'ange écrivain dont les Chérubins transportent les livres des péchés.

En 1 Hén. 71,14 il porte le titre suprême, messianique de Fils de l'Homme, titre fréquemment employé par le prophète Daniel.

La connaissance presque intime des cours des astres (soleil, lune, constellations) a fait des anges les fondateurs de l'astronomie, qui est dégénérée en astrologie tendue vers la divination et la magie. Là où, dans le panthéon national, on trouve les astres, on peut dire avec certitude qu'un ange est passé.

C'est le cas pour les Sumériens, qui dessinaient l'étoile comme attribut d'un dieu ou d'une déesse.

C'est le cas pour l'Égypte, où les prêtres observaient, juste avant la crue, le lever héliaque de Sirius (appelé Sothis ou Sopt, cf. russe sobaka, le chien), vers le 22 juillet, ce qui permettait de percevoir le décalage des calendriers solaire et nilotique. Depuis les Romains ce moment très chaud de l'année s'appelle Canicula comme l'étoile qui l'inaugurait.

Avant de devenir la parèdre d'un dieu agraire ou de symboliser la fécondité (caractères acquis par syncrétisme), Ishtar la babylonienne et Astarté la phénicienne étaient une étoile (star), appelée volontiers «Reine des Cieux». A Uruk, Inanna étoile du matin et étoile du soir, avait un temple dans lequel se déroulaient les fêtes du Nouvel An. Par syncrétisme, en Grèce et à Rome on assimilait l'étoile du matin à Aphrodite et à Venus.

Une conception astrale de l'univers est à la base de la mystique pythagoricienne. Mais Pythagore ne pouvait rien savoir de la sphéricité

[10] Gnosticisme et monde hellénistique, Actes du Colloque à Louvan-la-Neuve, Institut Orientaliste, Mats 1982, p. 141.

des astres, ainsi lorsqu'il dit «harmonie des sphères», il faut comprendre «harmonie des constellations», en posant l'identité étymologique spiritus = sphaïra, d'où l'invocation aux «lumières» de l'Esprit. Les deux Ourses s'appellaient aussi «fera major» et «fera minor» et étaient les deux (s)phères plus importantes pour l'orientation.

Les esprits sont des puissances comme les astres et les phénomènes célestes, surtout le vent. La parenté vent-esprit réluit dans lat. spirare, action propre du vent (souffler). Les chinois appellent «foung» le vent en l'identifiant à l'ange. La «théologie du vent» qui est avec l'éclair un moyen privilégié de théophanie, a une bonne place dans les Actes des Apôtres (recit de la Pentecôte). Le Ps. 103,v.4 dit que le vent est le messager de Dieu.

L'astronomie est une science surtout chaldéenne. Du haut des zigourat les Babyloniens observaient les astres pour exploiter les bonnes influences planétaires et prévoir et écarter les néfastes. Sur le sommet on offrait des sacrifices sanglants à ces divinités tout-puissantes, dans un but propitiatoire. Dans l'astrologie chaldéenne les cinq planètes alors connues, appelées «chèvres sauvages» parce qu'elles se déplaçaient à différence des étoiles fixes, jouent un rôle préponderant. Pour respecter le nombre magique sept, provenant de l'Ourse, on a ajouté le Soleil et la Lune à la séquence des cinq planètes.

Le prêtre-astronome Bérose avait fondé une école d'astrologie à Coo. Égide des Assyriens, Sirius est présent aussi dans le panthéon iranien, sous le nom de Tistrya, chef des étoiles du levant, ange de la pluie rangé du côté de Ahura, guérisseur de toutes les créatures[11]. En Inde, le soleil lui-même s'appelle Sûryâ.

En ce qui concerne les Hébreux, on sait par le Coran qu'au moins Téraḥ père d'Abraham était idolâtre et adorateur des astres.

> «Prendras-tu comme divinité des idoles?»

demande Abraham à son père dans la Sour. VI,74.

Les versets suivants identifient les idoles avec les astres, le soleil et la lune. Le nom de Téraḥ rappelle la chaîne du Taurus et donc l'Anatolie, relais des cigognes dont le nom en allemand: S-törch, ou anglais s-tork nous renvoie aux tribus errantes de provenance asiatique: les turcs. De cette population qui n'émerge qu'aux temps historiques comme fer de lance de l'Islam en semant la terreur (cfr. trac, peur des turcs), on peut dire sur base des vestiges lexicaux qu'elle s'adonnait au commerce (troc)

[11] A.M. di Nola, *op. cit.*, page 167.

avec un savoir-faire et des pratiques peu orthodoxes (tricher, truc). Avant d'être montés, ils traversaient le désert en caravanes, avec chameaux et d'autres bêtes de somme (trekking).

Le monothéisme très strict inauguré par Abraham interdisait l'astrolatrie. Les deux luminaires et le firmament avaient été créés par Dieu à qui il fallait rendre grâce et louange.

L'astrologie par contre, étant une science et pas un culte, s'est imposée en Israël sans difficulté, au retour de l'exil en Babylone et avec les caractéristiques de l'astrologie chaldéenne (la série des cinq planètes plus les deux luminaires, tables d'ascendant, calendrier lunaire...).

Toutefois les Hébreux avaient une tradition bien à eux, consignée dans le Zohar (Livre de la Splendeur). Dans l'ombre du calendrier lunaire emprunté aux Babyloniens, un autre se déroulait, solaire, d'origine angélique, révélé par les textes trouvés à Qumran. Il comportait des fêtes «moins orthodoxes» comme celle de Hanuka (nom qui renvoie à Hénoch et aux anges), fondement du Livre de Judith, qui n'est pas retenu dans le canon juif. Il paraît que Jésus, n'étant pas tenu de suivre comme les pharisiens le calendrier lunaire imposé par Antiochus IV Epiphane vers 170 av. notre ère, se soit tenu au calendrier hénochien, c'est pourquoi la date de la Passion diffère entre les Évangiles synoptiques et l'Évangile de S. Jean[12].

Hanoukia désigne aussi le chandelier à huit branches allumé pour la dédicace du Temple, mais un véritable candélabre devrait en comporter une de moins, car Dieu demande en Exode, 25,37 un candélabre à sept lampes (comme les étoiles de son trône).

Cependant, la présence «astrale» de l'ange au sein de la communauté hébraïque est signalée spécifiquement par l'*étoile de David*, qui n'était qu'un pauvre berger oint roi en vertu de ses seuls mérites. Il était un ange. Son emblème a été choisi par Salomon comme sceau de la maison royale.

Cette même étoile campe sur le drapeau national de l'État d'Israël. Le Maroc et la Somalie en font autant avec une étoile à 5 pointes. Les étoiles sont le souvenir d'une religion astrale, propre aux anges, et subsistent sur une bonne moitié des drapeaux existants. Les États Unis en alignent une par État. Toutefois, on remarque leur absence totale sur les drapeaux qui flottent en Europe: les pays christianisés les ont remplacées par la croix. Seulement la croix a triomphé de l'étoile. La

[12] Annie JAUBERT, *La date de la Cène*, Gabalda, Paris, page 33.

plupart des pays islamiques, asiatiques, ou des continents africain et australien ont des drapeaux étoilés[13].

En plus d'avoir rayonné dans toutes les directions, les anges ont traversé toutes les époques, depuis celle de la cueillette (it. funghi, champignons; vongole, clovisses et aussi fange) jusqu'aux plus raffinées civilisations du commerce (troc, échange et banque) et de la navigation. Mais s'agissant dans l'ensemble de bandes pacifiques, qui de plus s'assimilaient au milieu, ils ne feront pas le poids contre les peuples éleveurs ou agriculteurs ou les tribus métallurgistes. Ils n'auraient jamais, de leur seule force, réussi à conquérir la Palestine. Dieu a fait en sorte que des éléments plus forts intègrent le peuple des anges, son peuple.

* * *

On a déjà évoqué la contribution des anges à l'astronomie. Voici les autres domaines:

Commerce

Au début, il ne pouvait s'agir que du troc. Mais à partir d'un certain moment, on a inventé la Balance, et les anges s'en sont servis puisqu'elle a été transposée au Ciel, seul objet dans un royaume de constellations animales et aussi végétales (l'épi). Sa conception devait paraître divine. Au départ d'un montage en T il fallait imaginer l'utilité de laisser, à l'horizontale, le bras libre (d'où son nom latin de «libra»).

Ces coureurs infatigables, à titre personnel ou comme porteurs de messages, ont dégrossi des blocs de pierre et inventé ainsi le b-anc pour se réposer. On dit qu'un de ces bancs employé par un changeur genois a donné le nom à l'institution mondialement connue de la Banque. Mais rendons aux anges ce qui est aux anges, qui, bien avant l'opérateur genois, se servaient de ces bases de fortune pour étaler leur marchandise et changer les monnaies des différents pays dont ils étaient le trait-d'union, équipés d'une balance qui est peut-être de leur invention.

[13] Julien Ries, *Il rapporto uomo-dio nelle grandi religioni precristiane*, Jaca Book, Milano, 1983, page 32: «Le divinità astrali rischiarano e illuminano gli uomini e la terra... Fin dalle origini è stato scelto il segno della stella per determinare la forma degli ideogrammi che designano gli dei e le dee: e questo segno entra anche nella radice dei loro nomi.»

Navigation

Tout ce secteur a bénéficié de leur expérience et de leurs observations astronomiques.

Les oiseaux migrateurs tels les cigognes ne s'aventurent pas en haute mer, mais se tiennent près des côtes. Un des passages obligés est le Bosphore, avec bifurcation vers le Moyen et Extrême Orient et l'Afrique jusqu'au bout. Passés maîtres dans le petit cabotage, les anges sont les inventeurs de l'ancre (grec ἄγκυρα) et, en Chine, des jonques (embarcations des rivières).

La navigation sera developpée sur grande échelle par les Phéniciens. Le Dr. Contenau[14] avait déjà remarqué la ressemblance de caractère entre les Anglais et les Phéniciens (la branche septentrionale et méridionale des anges).

> «On a souvent comparé les Phéniciens aux Anglais pour la façon dont ils ont su s'installer à tous points de passage, commander aux débouchés et au trafic du monde ancien; on pourrait pousser plus loin la comparaison et dire qu'ils ont été les Anglais de l'antiquité, les marchandises qui ont fait leur succès ont été surtout ... verrerie fine, bijoux, parfums, étoffes précieuses, objets de luxe et de mode».

L'aptitude au commerce des phéniciens était proverbiale[15]:

> «Ils allaient de proche en proche, remplaçant une partie de leur cargaison par des produits du pays (troc)... Ils sont allés chercher l'étain aux îles Cassitérides (pointe des Cornouailles)».

Tout aussi proverbiale était leur dextérité au gouvernail:

> «Lorsque les héros d'Homère désirent s'embarquer, c'est à des matelots phéniciens qu'ils ont recours (Odys. 15,403)».

Une voie maritime sur laquelle seulement des matelots rompus à la mousson et des commerçants rompus aux affaires osaient s'aventurer était la «route maritime des épices». C'était le royaume du phénix, l'oiseau des épices et des aromates, comme on l'appelait. Quittant la Mer Rouge, les flottes traversaient l'Océan Indien, longeaient la côte de Malabar, pénétraient dans le détroit de Malacca, en sortaient pour mettre le cap au Nord, en directions des côtes chinoises. Ce périple a été décrit par un marchand grec établi en Égypte (Périple de la Mer Érythrée).

Flavius Josèphe décrit de son côté le port qu'Hérode le Grand

[14] Dr. G. Contenau, *op. cit.*, pages 299-300.
[15] Dr. G. Contenau, *op. cit.*, page 297.

construit à Césarée (9 av. J.C.), par lequel passaient le sel de la Mer Morte, les parfums et les aromates de l'Extrême Orient.

Messagerie

Les anges qui avaient choisi de s'en tenir aux chemins terrestres connaissaient tous les secrets des routes commerciales, dont la plus célèbre est la «route de la soie». Hérodote savait qu'elle reliait la Grèce aux extrémités de l'Orient, mais son rapport s'arrête aux montagnes de l'Asie centrale. Après, commençait l'inconnu — pour lui mais pas pour les anges. Des relais de caravanes parcouraient la route depuis Antioche à travers tout l'empire parthe, puis le Pamir et les oasis du bassin du Tarim avant de parvenir en Chine. La capitale de la soie était, paraît-il, la ville de Tch'ang-ngan, qui dépassait Byzance en splendeur.

Cette voie était contrôlée par les Parthes qui, tout en servant d'intermédiaires, s'opposaient à l'établissement de relations directes entre Chine et Rome.

A l'époque romaine, personne ne parcourait la route de bout en bout, mais on se relayait à peu près à mi-chemin.

Aux temps où les anges allaient et venaient, peut-être pieds-nuds, qui pourrait dire combien d'entre eux ont disparu corps et biens, ensevelis sous les rafales de sable?

Le trafic des épices ne se faisait pas seulement par la voie maritime. Il y avait une autre route terrestre, qui traversait les déserts et passait par Petra. Elle se déroulait sur une soixantaine d'étapes, de la Méditerranée à la Mer Rouge. Des chefs de tribus, des prêtres, des scribes percevaient de droits de passage, nous dit Pline.

En Perse, le reseau de poste très perfectionné que le Roi des Rois avait fait bâtir pour la transmission des messages depuis Sardes jusqu'à Suse capitale du Pays n'aura fait que calquer les chemins battus par toute sorte de tribus errantes — celles de «Antes», des «Andes» connus par César (B.G. II,1), des Vendae ou des «Indi» par ex. — et d'anges en gang ou solitaires. Les descendents des anges, les ἄγγεροι, (la suffixation en «r» comme dans αγγ-ερ, Hong-r-, Kasp-er... se rattache au mode de pluriel usité en allemand pour un certain nombre de mots, dont Mann - Männer, et en étrusque clan - clenar, avec traces dans le génit. plur. lat. en -or-um) assuraient de relais en relais le service postal exprès entre provinces d'un empire fortement centralisé. Non seulement les anges connaissaient mieux que quiconque les chemins et les dangers, mais leur célérité devait être une qualité héréditaire.

Un ange célèbre pour la rapidité de ses pieds est Achille, forme sans «n» d'un nom parallèle à celui qui existe en double pour le rédacteur du Targum: Aquila/Enkelos. L'équivalence aquila/ἄγγελος ne peut pas échapper. L'aigle était un des oiseaux-guides des anges. Car, contrairement à une opinion repandue, beaucoup d'oiseaux de proie comme la crécerelle, le milan, le faucon pécheur sont des migrateurs et s'en vont par la route du Bosphore passer l'hiver en Afrique.

* * *

Sous Cyrus ou tout autre potentat précédent, les ambassadeurs avaient la tâche souvent ingrate de se présenter à la porte du destinataire en tenant un message scellé. Seuls les anges avaient le droit de briser le sceau (Apoc. Jean 5,4). La rupture était tout un rite et était accompagnée dans les cas officiels, du son des trompettes (Ex. 19,6 et Za. 19,14) qui plongeait dans le suspens. Si les nouvelles annoncées étaient bonnes, les anges se réjouissaient avec le destinataire, mais s'il s'agissait d'un message de malheur, alors ils devenaient les consolateurs des affligés.

Parfois ils étaient porteurs d'une sommation de paiement (dîme, impôt) ou de corvée, avec ou sans délai d'exécution (Apoc. Jean 10,6).

Ces obligations, reprises par le Roi de Perse, s'appelaient «angaria» et concernaient surtout le transport (cfr vexation à confronter à lat. vehiculum). L'it. angherie désigne aujourd'hui les tracasseries administratives.

Parfois les délégués notifiaient un ordre de châtiment, voire un arrêté de mort à exécuter sur place avec la hache (cfr all. Henker, l'ange justicier).

L'apocalyptique s'est emparée de l'image de l'ange au sceau qui annonce les pires catastrophes, auxquelles personne n'échappera, d'autant plus graves qu'elles vont s'accomplir dans un climat de millénarisme.

Les sceaux toutefois, sous la forme de cylindres, étaient employés également pour les marchandages en Mésopotamie et servaient à sceller et authentifier les actes de commerce. Ce cachet est considéré typiquement sémitique (wasm).

Les anges sont l'instrument que Dieu a choisi pour faire connaître sa volonté aux hommes dont la tradition comporte cette croyance. Ils ont aussi la tâche d'instruire (rôle tenu surtout par Gabriel, en Dan. 8,16).

A leur retour les aggaroi présentaient au Souverain les prières des hommes qu'ils avaient visités. Ils étaient des intercesseurs auprès d'un souverain trop lointain, trop haut-placé pour être accessible au commun des mortels.

Conscients de leur rôle de médiateurs, les Anges rejettent les prosternations et toute autre forme de vénération:

> Apoc. Jean 22,8-9
> «...moi, Jean..., je tombai aux pieds de l'Ange... pour l'adorer. Mais lui me dit: 'Non, attention, je suis un serviteur comme toi...; c'est Dieu qu'il faut adorer'».

Milice

Les anges se déplaçaient en bandes pacifiques pour explorer, commercer, enseigner... mais il y eut aussi des anges militants, sur terre, ainsi que des armées célestes aux ordres du Seigneur — dans cette expression, les armées sont formées par les astres. C'est une armée innombrable (Ps. 67,12). Daniel (7,10) dit qu'ils étaient «myriades de myriades debout devant lui» (c'est-à-dire devant l'Ancien). Et Jean dans son Apocalypse (5,11) renchérit: «une multitude d'Anges, rassemblés autour du trône... se comptaient par myriades de myriades et milliers de milliers». Cfr aussi Jude 14: «le Seigneur est venu avec ses saintes myriades».

Les luttes dont les anges ont été protagonistes ont dû être même fratricides. Le dragon ou serpent divinisé par les anges en Chine est devenu en Occident le symbole de l'adversaire plus exécrable.

Le prince ou archange Michel l'a combattu et vaincu, mais pas écrasé. C'est pourquoi les anges de son parti attendaient toujours qu'une vierge (constellation angélique) enfanterait le fils, celui qui écrasera définitivement leur atavique ennemi.

Les anges militants, pour leur idéal ou enrôlés dans les armées des pays où ils s'étaient installés, portaient comme distinctif d'origine leur emblème astral. Ainsi de nos jours encore, des étoiles sont cousues sur les uniformes des combattants ou d'autres forces de l'ordre (policiers par ex.).

Décodage de quelques lettres profanes

Préfixe «H»

Les hordes indoeuropéennes qui pointent à l'horizon de l'Europe à l'âge du bronze se caractérisaient entre autre par la hache de combat. Il serait impensable que les anges ne se soient pas associés à leurs raids. Ceux qui ont inventé, ou manié, la hache (à douille ou double) ont préposé à titre d'emblème le pictogramme H, qui représentait originairement une haie (hébr. het — avec convergence du signifiant et du signifié[16]) mais dont le nom a été rébaptisé «hache» comme on le dit en français.

Les anges qui n'ont pas de «h» l'ont remplacée par la gutturale la plus proche: la russe par ex. emploie 'g' ou 'ch', le grec ancien surtout, mais pas exclusivement, l'esprit rude.

On a ainsi une importante isoglosse dont la Hongrie occupe le milieu et qui s'étend jusqu'à Hong-Kong à l'est, et à l'ouest jusqu'à Stonehenge en Angleterre, site de l'époque du bronze et partant des haches.

L'ange justicier exécutait sa victime avec la hache: cfr. all. Henker. Les mœurs s'adoucissant, il exécutait par pendaison: voilà all. hängen.

Hangar est l'abri dans lequel on entrepose les haches et toute sorte d'outillage métallique.

Quand on parle de hordes, c'est surtout à celles des indoeuropéens déferlant en Europe qu'on pense, équipés de haches de combat; c'est pourquoi on écrit 'horde' avec h (sans h, cela donne lat. ordo, mot qui peut être considéré pré-indoeuropéen).

La hache a cependant marqué beaucoup d'autres mots: Herr, Held, Heer, Hercule, Héra, Hermann, Hérold, honneur, héraut, hardi et même la honte qui est un sentiment des Antes guerriers.

Même la route en allemand, Bahn, a reçu l'infixe 'h' dès qu'elle a été parcourue par des indoeuropéens (les Bani dans ce cas) à la hache et par leurs chars. Bahn est le mot tout à fait indiqué pour la voie ferrée, c'est pourquoi les Allemands disent Eisen-Bahn et non Eisen-Strasse.

Si la hache est indoeuropéenne, la victoire est angélique. «Foncer» est le propre de l'ange se précipitant dans la bataille. «Vinc-ere» (vaincre) est le fait de l'ange, avec le Ϝ de l'adulte; partout, la Victoire est symbolisée par un Ange ailé (le genre féminin a une raison qui est expliquée à page 66).

PRÉFIXES K OU C (Royauté)

La dignité suprême, chez les anges, s'habille d'un K. En grec et en italien, cette lettre porte le nom de «kappa», explicitant le thème de la cape (ou capeline, ou capuchon) c'est-à-dire d'une coiffe à cornes, qui est

[16] J. NAVEH, *op. cit.*, page 70.

à l'origine de la couronne, terme presque universel. La matrice est «ṛn» (même racine de 'ornare'); on lui a ajouté l'idéogramme des cornes: K (ou C). Dès valorisation de cet idéogramme, les animaux à cornes l'ont reçu, ainsi aleph (bœuf, et première lettre de l'alphabet) est devenu en all. K-alb (veau). Il en est de même pour les capridés (caper, capella), qui ont reçu C. Des cornes en demi-lune ou droits préfixent la vache: angl. cow, all. Kuh; le belier (grec κριός), ainsi que le cerf et le caribou. Il en va de même pour les cérastes ou vipéridés cornus (grec κεράστη) qui infestent les déserts arabes et nord-africains.

Kopf désigne en allemand la tête de l'homme ou de l'animal. Kopf sans lettre initiale existe, cfr. la racine grecque 'op' — visage — ainsi qu'all. Opa (grand-père) et Opfer (animal sacrifié avec ou sans cornes) et hébr. ʿoph, oiseau. Si le préfixe est Z comme en Z-opf, c'est pour rappeler la spirale de la natte.

Zet a fonction décorative dans ces autres mots: zig-zag, all. Zacke (Säge, scie), Zi-gurrat (gur étant la montagne en sumérien), all. zögern (hésiter: n'aller pas droit au but, mais en zig zag), ainsi que peut-être Zipfel (pointe), Zelt (tente), Zähne (dents) si vus l'un près de l'autre, serrés.

M est décoratif en mé-andre, marbre (marmor), mont, mer.

O dessine la forme de l'œil et de la bouche (lat. oculus, os-oris, copte ro, bouche, grec ὀπή, trou).

S préfixe les différentes dénominations de l'espèce ophidienne et tout ce qui serpente, comme spirale (σφαῖρα), all. Strudel (tourbillon) et S-trasse, it. s-trada (route), all. S-teg, fr. sentier, all. Strom, angl. s-tream (ruisseau), s-tray (errer), s-treet (rue), s-trak (rayure, éclair), et même s-traight (droit, à peu près ... surtout s'il s'agit de direction). It. s-torto, tordu.

King est l'ange qui a ceint un couvre-chef donnant l'investiture (comme le pschent égyptien). Lat. cing-ere résume l'idée de l'ange ceint. Il y a une aura de distinction dans le mot même de «ceindre».

L'angl. King forme une isoglosse intéressante avec le chinois Keng, roi (et les Cingalais du Sri Lanka).

La reine, Queen, sans correspondant en Europe, a un préfixe décodé dans la IIe partie du livre.

Avec son déterminatif masculin Ϝ, king devient Vi-king.

En Afrique, on trouve les anges cornus sur les rives du Congo (assimilation totale).

Les coiffes à cornes, comme K et C, permettent de dater les mots ainsi préfixés à l'époque pastorale (élevage de bovidés).

[17] E. Boisacq, *Dictionnaire Étymologique de la langue grecque étudiée dans ses rapports avec les autres langues indo-européennes*, Heidelberg, Carl Winter Universitätsverlag, IV Edition, 1950, p. 63 sous «ἄνθρωπος»: l'étymologie ανηρ + ὤψ (Hartung, Curtius 522) n'explique pas le ϑ.

On fait courramment débuter la domestication par la race canine, suivie par celle des rennes, des chèvres et des moutons, puis par celle du gros bétail et des porcs. Les animaux de somme: chevaux, ânes, lamas, ont été domptés les derniers.

Les premiers moutons ont été domestiqués par les pasteurs asiatiques de la chaîne Elbourz-Tibet dans la première moitié du 6e millénaire; pour le gros bétail, il faut se placer au plus tôt à la fin du Néolithique qui date de la seconde moitié du 6e millénaire.

On suppose que les chasseurs ont cessé de tuer les animaux utiles préférant les apprivoiser pour les asservir.

Les anges ont ajouté de la même manière d'autres lettres à leur nom, notamment le tau, le pi grec et le serpent.

PRÉFIXE «T»

Le Tau représente l'encontre de deux axes (T) et signifie «table». L'expression de tabou vient de tau, puisque les interdictions étaient gravées sur les tables (en pierre).

En découvrant l'avantage de laisser pendre librement un des bras du Tau, en y accrochant deux plateaux, la porte est ouverte à l'invention de la balance. Quoi d'autre peut signifier 'dépenser' (lat. ex-pendere) si ce n'est «faire pencher le bras du T contenant l'équivalent d'échange de la marchandise achetée»?

La conception a paru si divine qu'elle a connu les honneurs célestes (constellation de la Balance).

Les anges qui s'en servaient (ou qui l'ont inventée) ont préposé un T à leur nom, et comme il s'agit de commerçants, ou d'ambassades concluant des marchés, rien d'étonnant de détecter leurs traces partout, depuis la dynastie des T'ang en Chine, à Tanjore ville indienne, aux Tanguti mongoliques, aux Toungouses, aux Tongres... Les anges commerçants sont débarqués à Tanger ville portuaire, à Tang port du Tanganyika, aux îles Tonga. Lorsque leur ancienneté est par trop mythique, ils sont les dieux «tangara», divinités célestes des Yakuti et des Teleutes sibériens; Ahura Mazda lui-même est appelé Tengri. Les chamans invoquent «Tang» fils du Ciel.

D'une façon générale, T est le préfixe des mots rattachés au commerce, comme gr. τάλαντον (balance et poids), russe торг (marchandage, marché), troc, trade, tarer, et l'international 'trafic'. Turc appelle une même interprétation: T est préfixé, parce qu'il s'agissait de tribus exerçant le troc.

Les anges savaient compter et peser, dit Isaïe 33,18: «Qui est celui qui comptait et pesait?». Mais il y avait aussi de mauvais éléments: l'it. tanghero est péjoratif.

Contrairement à la majorité des autres signes, T ne varie presque pas d'un alphabet à l'autre. Tout au plus observe-t-on l'évolution de la table (T) à la balance avec un poids pendant d'un côté (le taw hébraïque ת).

Evidemment, ce signe n'a pas paré que les anges ou les turcs; il a été adopté aussi par d'autres communautés recyclées dans le commerce, tels les A-T-lantes (voir page 121).

Le «serpent» en préfixe, infixe et suffixe

Déja Hérodote dans son livre consacré aux Perses écrivait que les noms des gens appartenant à la haute société ou possédant des qualités physiques se terminaient toujours par le sigma des Ioniens, sans pouvoir trouver une seule exception à cette règle.

Il faut savoir toutefois que le sigma cursif ne silhouette pas le serpent. Il n'est pas le seul caractère à présenter cette ambiguité (v. 2e partie du livre).

Les différences de sens entre cursives et capitales ne doivent pas nous surprendre, si l'on songe à ceci, qu'il y avait jusqu'à 23 dessins différents avec signification différente, pour un même phonème réunissant le principe acrologique et syllabique[18]. Je m'en tiens ici aux alphabets grec et latin officiels, puisque les anges et les phéniciens ont modelé leurs lettres, qui ne sont qu'une sélection des milliers de signes en circulation restreinte en toute époque. Le recours à ces lettres en préfixe, infixe ou suffixe s'est fait même en répétition, lorsque le déterminatif se soudait au noyau en formant un nouveau radical: il fallait alors recommencer avec le procédé de classement, d'où un nombre parfois excessif d'éléments ajoutés. C'est bien celle-ci *la clef du langage, mécanisme très précis qu'on peut démonter facilement jusqu'à atteindre le noyau primordial (l'ethnie en phonème)*.

Le serpent est aussi symbolisé par v (n grec ν page 127), signe acrophonique du *naga* ou serpent, et comme tel préfixé aux radicaux ethniques.

Ainsi les anges présentent: n-once, N-ancy, N-ank-ing; chez les andes, c'est N-and (seul, ou en composition avec les pardes: Ferdi-nand).

Mult noms de personnes ou de villes africaines sont précédés par N, comme par ex. N'Djaména, Ngai (être suprême des Masaï), Ngala peuple bantou, Nguni clan bantou, Ngwane (auj. Swaziland), Ndola en Zambie.

[18] *Histoire du développement culturel et scientifique de l'humanité*, Éd. Unesco, 1963, Laffont 1967, Vol. I (Préhistoire), page 531.

Et comme un certain nombre de gentilices romains se forment avec le suffixe -ni (ex.: les Volum-ni, Norbani, Tettieni...), il est à supposer que l'adoption de ce symbole du serpent de préférence aux autres implique une cohabitation avec les adorateurs du *naga*. Ceux-ci n'ont pas dédaigné, de leur côté, d'adopter S, comme nous montrent s-nake, Sénèque etc.

On retiendra donc que le concurrent plus sérieux de S est N (dont Z est la forme couchée), que les deux lettres semblent avoir été le blason de races différentes, que les scribes les ont employées en suffixe pour marquer le génitif, le pluriel, l'accusatif... C'est surtout en Afrique que N a été préfixé aux noms; mais en *infixe*, il représente même dans nos langues une des formes les plus archaïques de flexion: il suffit de songer à tous ces doublets avec et sans nasale (n, ou m devant labiale), ainsi qu'aux verbes dont la racine contient la nasale au présent, mais pas au parfait (il y en a en latin, allemand, anglais).

Exemples: lat. tot et tant-, quot et quant-, tepor et temperare; frango/fregi; vinco/vici; tango/tetigi, lat. pop. toccare; all. denken/dachte; bringen/brachte auxquels correspond l'angl. think/thought et bring/brought; fr. prendre/pris: piqûre et ponction; russe купить et it. comperare (acheter). Il y a 'hongrois' et 'ougrien', Aquila et Onqelos. Par ailleurs, à l'angélique 'angle' (incurbation) correspond l'all. Ecke; à lat. angustia correspond grec ag-onia.

N a fonction pluralisante dans les verbes conjugués au pluriel (ex. désinence -nt du latin), et sert à former le pluriel des substantifs allemands[19].

Le fait que le céraste (représenté tel quel par le hiéroglyphe égyptien corr. à «n») infeste les déserts arabes et nordafricains prouverait que les races noires, qui en ont fait leur emblème, ont occupé l'Europe en remontant de l'Afrique (il en serait tout autrement s'il s'avérait que le climat européen des époques reculées convenait à ce type de vipère).

Préfixe «Π»

Son profil n'a rien à voir avec P latin. Il y a , dans le caractère grec,

[19] P.E. Santangelo, *Fondamenti etc.* vol. IX, 1957, page 104, 105, 108, 109: «I pluralizzanti e le nasali sonanti - ... la forma tipica soprattutto si trova in egizio sia come hen- prefisso (nel copto), sia come ne (1* hene) preposto o posposto nello egizio. Questa forma ha il vantaggio di corrispondere a nomi come In-germani, In-gauni, In-subres, Enarimae, ai plurali di alberi, ai plurali tedeschi tipo aug-en... Il caso del latino parla ex ore suo, voglio dire che la natura pluralizzante dell'incastro -n- é stabilita in maniera inequivoca dal semplice confronto amat/amant...»

l'allusion aux hommes de la pierre qui dressaient des megalithes en forme de Π. Lorsqu'on s'est aperçu que les troncs des arbres faisaient l'affaire, le signifiant et le signifié convergent sur l'échafaud, cfr. lat. pegma (estrade en planches), et grec πήγνυμι (fixer) et πίναξ (la planche), qui explique pinasse et péniche.

Les hommes de la pierre ont donné le radical aux pères: papa, d'où Pape, Pope, grec πόποι = oh grands dieux!, ainsi que des noms tels Pepy, Po(m)pée, Poppée femme de Néron, et Po(m)pei. Ensemble, ils forment lat. pop-ul-us, et esp. (pa(m)pa.

Préfixe «M»

Des autres lettres qui restent, je voudrais m'arrêter sur M, dont le modèle proto-cananéen ≈ (mem) dessine des vagues[20]. Dans la IIe partie du livre est explicité le sens du μ grec et pourquoi grec μῆλον (brébis), all. Milch et russe молоко (lait), it. mucca (vache) et mungere (traire), ainsi que mugir (dit pour les bovidés) commencent par M. La ma-melle en compte deux, car il s'agit d'un pluriel: aucun animal n'a qu'une mamelle. Cette lettre serait l'emblème des laitiers.

Il y a des pays comme la Mongolie (terre des anges-laitiers, à mon sens) voués à l'élevage. Le lait a toujours représenté pour les nomades la principale source d'alimentation et de boisson.

J'ai déjà attiré l'attention sur le lien anglo-chinois implicite dans le mot «king». Ces rapports sont réconfirmés par l'isoglosse Mongol- et Manchu à l'Est, Manche-ster et la Manche à l'Ouest.

Mencey est par ailleurs le titre du roi des Guanches, dans l'île de Ténérife (Canaries).

Il y a moyen d'aller plus loin, jusqu'en Amérique du Nord, où les Comanches en voie d'extinction seraient ce même peuple qui a abordé l'élevage, résumé dans le préfixe Co (les cornes).

Quel que soit le sens originaire du M préfixé, on constate que l'ethnie en question se maintient toujours très active par la suite, dans le monde anglo-saxon. «Mangian» dans l'anglais anc., signifiait: faire du troc ou du commerce, cf. les modernes fishmonger, ironmonger etc., tandis que, entre le Rhin et la Silésie, l'élément «monger» est remarqué dans plusieurs documents de gildes (flaiscmanger, wollemengere, yserenmeynghere) avant d'être remplacé par «Händler» à Cologne au XVIe siècle.

[20] J. Naveh, *op. cit.*, page 78.

L'ARC ET LA FLÈCHE EN PRÉFIXE ET SUFFIXE

Ultime mais pas infime dans ma revue des signes de l'alphabet, l'arc a été au contraire l'un des premiers, chronologiquement, à être adopté comme symbole.

J'ai parlé d'un phénomène d'interchangeabilité entre C et G à la page 16.

L'explication qu'on en a donné récemment[21] n'est pas satisfaisante: si dans la serie latine (reçue vie L'Étrurie) C a pris la place de γ parce que les Étrusques n'ont pas de sonores mais seulement les sourdes, on devrait voir 'p' à la place de 'b', et 't' à la place de 'd'.

La véritable raison est une autre — la voici: ces pictogrammes remontent à l'invention d'une des premières armes très efficaces conçues par les hommes préhistoriques: l'arc (et la flèche).

C a eu deux emplois: comme arc d'abord, puis comme corne, en concurrence avec K, lettre qui elle aussi a d'ailleurs d'abord representé la pointe de la flèche: ↓ dans le proto-cananéen tardif et dans le phénicien archaïque. Le nom grec de l'ours, αρκ-τος renvoie en effet à l'arc, et le dessin de la pointe de la flèche a voyagé des aires arctiques jusqu'aux terres de Canaan.

Quant à G (lettre latine, capitale) elle en est restée à l'arc, avec ébauche de la flèche prête à être décochée. (La forme cursive de «g» résulte de la composition de l'arc + j, qui est interchangeable avec g dans certaines langues, ou lui donne le son palatal).

Ceci explique pourquoi au sein des anges, émergeant comme une des premières populations de chasseurs, on trouve tantôt la forme ang-es (avec G), tantôt Anc-us, roi de Rome, ou anc-illa etc., (avec C).

C et G symbolisent l'arc au moins dans les mots suivants: arc, carquois, (dé)cocher, lat. flec-tere (tendre l'arc); lat. ag-ere et all. j-ag-en (chasser), lat. c-uspes (pointe de la flèche des Caspiens), iac-ulum (javelot) et g-ladius qui sont des armes développées à partir de la flèche cf. lat. (sa)gitta et it. gettare, lancer; all. Bogen et fangen; angl. to catch (attraper) à cfr. à it. caccia (avec 3 arcs); des populations mythiques comme celles des ang-es, des Cai/Gai et des C-entaures, c.-à-d. Antares (intronisé dans le Scorpion) monté et tendant l'arc (ce nom subsiste au Canada: Ontario — et est probablement issu par filiation des Antes).

K est la flèche (décochée par un El) dans l'angl. to kill.

[21] R. BLOCH, *Les origines de Rome*, Presses Universitaires de France, Paris 8e éd., mise à jour, juin 1985, pages 76-77.

Fonctionnariat

Fonction veut dire «être Fonc ou ange» et occuper une place importante, de confiance, dans la cour du souverain.

Étant astronomes, géographes, guides de voyage — comme le fut Raphaël pour Tobie, et comme Dieu le veut:

> Psaume 90,1
> «Il a pour toi donné ordre aux anges
> de te garder dans toutes tes voies» —

étant de plus chasseurs, commerçants, rompus à l'art d'écrire et décoder les messages, ils convenaient tout à fait pour le rôle de conseillers du Roi, pour remplir des missions de confiance: ambassadeurs, conseillers, juges, scribes, prêtres (de la religion astrale). Cette somme de connaissances exigeait des écoles, notamment pour les scribes, qui devaient mémoriser jusqu'à des milliers de caractères (le manuel de l'écriture dite «petit sceau» normalisée par Qin Shihuangdi, premier empereur de Chine vécu au 3e siècle av. notre ère, contenait trois mille caractères, tous inscrits dans un carré). Dans la tombe de la dynastie Qin on a, entre autre, découvert un traité «Comment être fonctionnaire» et des documents astrologiques.

Dans la Sagesse, il y a plein de proverbes concernant les fonctionnaires royaux. Chez les Hébreux, l'administration royale commence sous David et comprend un Chef de l'armée, un héraut, des prêtres... auxquels Salomon ajoute le Maître de Palais (sorte de Premier Ministre), un commandant des préfets, un secrétaire personnel. Sa cour est calquée sur le modèle égyptien.

Patrimoine linguistique

La langue des anges, mentionnée par Saint Paul dans sa première épitre aux Corinthiens (13,1) est toujours vivante dans nos vocabulaires. Encore n'ai-je fouillé que les langues de ma connaissance, et il serait intéressant de poursuivre les fouilles de tous les côtés. Voici un petit lexique:

ancestor; ancilla; ancre (αγγυρα); all. angeln (pêcher à la ligne); angle (αγκυπος): bout plié, recourbé; Angst (cf. Luc 2,9: peur en présence de l'Ange); anguis (serpent); ankh (vivre, être ange; symbole du lien de sandale); aquila (oiseau guide des anges); arctos (ours, xénisme). banc 1) bloc de pierre dégrossi pour se réposer - 2) institution bancaire); all. bange (effroi, cf. Angst); all. Bengel (péjoratif pour ange); bungalow; bunker (conteniteur marit.); cancellum (grille gardée par des anges);

chance (bon augure); chancellier (gardien de grille principale); changer (se métamorphoser); chérubin (ange rabbin, sémitisme); cingere (mettre une couronne ou couvre-chef); clincaille (quincaille: brol métallique); all. eng (aiguisé pour percer: sagaie par ex.); all. Enkel (petit ange, neveu); eunuque (ange gardien du seraïl - xénisme); fange (boue - habitat); all. fangen (saisir la proie, surtout le poisson); fingere (représenter sur scène, simuler); fungere (prêter service); it. fungo (champignon - époque de la cueillette); all. funkeln (briller des étoiles, doubles cél. des anges, cf. grec φέγγος); gang (bande d'anges - all. ge-gang-en: allé en bande); it. ganga (boue contenant des minéraux); ginger (gingembre: aromate sur la route asiatique des phénix); gong (instrument chinois d'appel); hangar (abri pour outillage métallique); all. hängen (accrocher à l'aide d'un clou); all. Henker (ange justicier, armé de hache); chin. houang (blond); hunc (fém. hanc: pronoms latins = celui-ci, celle-ci); jonque (embarcation); all. jung (ange jeune); jungere (joindre deux bouts, ou deux matières différentes comme bois et fer); junker (ange officier); King (chin. Keng: ange ceint de couronne royale); nonce (messager); all. Onkel, fr. oncle; Punk (ange extravagant?); sanctus (ange consacré); sang; sanga (sénat d'anges); séraphin (rabbin consacré - sémitisme); singe (animal d'habitat); all. singen (chanter); all. sinken (descendre, d'un astre ou luminaire); songe; songer (avoir des pensées inspirées); sphinx (ange ou phénicien); ungere (sacrer avec une crème ou par baptême); it. vanga (pelle); vincere; it. vongole (mollusques, époque de la cueillette); Wang (roi chinois de souche angélique); wing (aile d'ange); all. winken (saluer en venant ou en partant, propre des anges); all. Zange (pince); it. zonzo (argot.: aller en vadrouille).

Le péché originel

Est-ce logique qu'un péché de gourmandise de l'ancêtre se transforme en une tache héritée par toutes les générations à venir *dès la conception* dans le sein maternel? Non-disent les lois de la génétique.

Est-ce chose juste? Non plus, dit la Loi divine, dont l'aspect moral et le rationnel (dharma) sont complémentaires.

D'où vient donc, dans notre mémoire collective, toute cette honte pour un péché non commis qui se traduit, comme nous enseigne le catéchisme, dans une tache de naissance qui nous frappe *dès la conception* (d'où la nécessité, pour être «deipara», d'avoir été «sine labe *concepta* = immaculée dès la conception»?)

De quelle 'labes' s'agit-il? Dans la langue des anges il y a des mots qui amènent à placer le péché originel à une époque bien plus lointaine que celle de l'Eden biblique.

Il y a deux manières d'envisager la faute commise au départ et qui accable l'enfant innocent à cause de ses parents: celle contraire à la logique, adoptée par l'apôtre Paul qui attribue carrément à Adam, le premier homme à son avis, la faute primaire qui a dépouillé l'humanité de son état de grâce originaire; et celle des tenants de la gnose, qui ressentent la condition humaine comme une déchéance dûe à une contamination ou perte de pureté, résultant dans une tache que tout homme hérite à sa naissance. Or, en sachant que l'eau lave les souillures, on avait espéré éliminer la tache ou pigmentation (naevus) par des ablutions, l'immersion, l'aspersion ou baptême. On a du se résigner à donner au baptême un sens symbolique, car la tache en question ne s'en allait pas, n'étant pas une souillure, mais congénitale: une tache ou touche de couleur sombre acquise à jamais par les anges dans leur chair.

La référence biblique est Gén. 6, corroborée par le Doc. de Damas, II,18-20, source indépendante où les anges deviennent les Veilleurs tandis qu'Adam est glorifié. Le doublet qui incrimine les anges est formé par lat. inguen et inquinare (rendre impur, cf. Lévit. 15,16-18), avec le même lien de causalité que lat. pecc-are et pig-mentum. Ce dernier mot est rappelé en Pygmées, Pygmalion…; d'ailleurs les Pygmées connaissent le chamanisme, phénomène culturel non-africain.

Très peu d'anges savaient cela (l'objet de la gnose: savoir que, comment, pourquoi l'enfant n'est pas comme son parent), autrement la tradition aurait été plus explicite. Au vu du doublet précité, on dirait que ceux qui ont fait le rapport entre l'instrument et le résultat parlaient un dialecte italique (et en effet des mots tels hunc, hanc, Ancus, ancilla, Ancona… témoignent la présence des anges en terre latine).

Il y a une différence fondamentale entre le péché d'Adam, ressenti comme une malédiction qui a entrainé l'expulsion du Paradis Terrestre, et le péché des anges, dont le châtiment est vécu comme un cas de conscience, un regret intime de pureté perdue, exprimé e.a. par le Chant de la Perle (l'âme après la chute) dans les Actes apocryphes de Thomas (l'interprétation est toutefois controversée).

Comment peut-on assimiler une faute à une tache? C'est la tache qui revèle la faute! La couleur blanche choisie pour exprimer la pureté se rapporte à la chair. Il n'y a qu'une manière de perdre la blancheur, et cet acte est considéré péché (le sexe est péché, disent les gnostiques, omettant de préciser les circonstances: d'où l'encratisme aveugle qui caractérise leur philosophie).

Le baptême des anges

L'origine du baptême du nouveau-né ne peut se concevoir que chez les races foncées et conscientes de la pureté perdue, et correspond au souhait pieux d'attenuer ou voir disparaître la 'tache'. Les Essènes par ex., chez lesquels la tradition des anges était fortément ancrée, pratiquaient ce rite, entré dans le Christianisme par le biais de Jean Baptiste et Jésus.

Le sens de la *conversion liéé au Baptême* se comprend à la lumière de lat. con-vertere = faire retourner à l'état d'avant (la faute). Rien à voir avec le sens moderne de passer d'une religion à une autre; la distorsion est due au fait que l'adhésion au Christianisme commençait par le baptême.

Quelles que soient les modalités du rite: ablutions fréquentes comme chez les Esséniens ou baptême une fois dans la vie, immersion dans un fleuve ou aspersion aux fonts baptismaux, le but est toujours le même: la con-version (accompagnée ou non de répentance pour la faute commise). On peut dire que dans l'acte du baptême se cache le drame de la race blanche.

Cette race blanche était au temps du déluge déjà si compromise que lorsque Noé naquit, avec la chair blanche et rose et les cheveux blancs, son père Lamech en fut très étonné et sa femme Baténosh se disculpa en jurant que la semence venait de lui (Livre d'Henoch, chap. 106/7).

L'ablution du nouveau-né est devenue indissociable de l'imposition du nom parce qu'elle était la première chose à faire dès que l'enfant était né et recevait son nom — ce qui est prouvé par la formule du rite chrétien: je te *baptise* au *nom* du Père etc. (baptême et imposition du nom sont liés).

Baptiser comme Mt. 28,19 au nom du père, du fils et du saint-esprit veut dire tout simplement que le nouveau-né recevait le patronyme en plus de son nom et de celui du parrain (ou de la marraine, pour les traditions où l'Esprit est une entité femelle).

Que l'Esprit soit le parrain ou la marraine chargés de présents est confirmé par l'expression 'le don de l'Esprit' et même 'les *dons de l'Esprit*', qui sont sept pour rester dans la tradition des anges ou des mages. Certes, ces dons sont immateriels, des capacités ou des protections; mais les bonnes fées (les marraines) ne font-elles pas aussi des dons de ce genre, en déposant dans le berceau la santé, la beauté, la chance … (des porte-bonheurs, des amulettes)?

La formule donnée par Mt. 28,19 a pris une dimension christologique (où le Fils est Jésus), mais elle devait déjà exister et être prononcés telle quelle par ceux qui s'empressaient de baptiser les nouveaux-nés, comme au sein de la population pécheresse des anges, sans rien changer au rituel. Par contre Jean-Baptiste et les autres mouvements baptistes qui vont de 150 av. J.C. à 300 après (ébionites, séthiens, elchasaïtes et les Mandéens qui existent toujours) se sont écartés de la tradition et ont fait du baptême un rite de pardon ou d'initiation. Mais celui qui a dit ou écrit la formule du baptême chrétien est enraciné dans la souche mythique des anges.

D'emblée, on comprend l'acharnement à faire de l'Esprit Saint une personne de la Trinité (dogme de Constantinople, 381), alors qu'on le définit courramment comme l'amour qui unit le Père et le Fils.

Bien entendu l'acharnement en question vient de la base (sensus fidelium) et monte au sommet où par contre on théologise sur la substance, les hypostases et les rapports Père/Fils. Et on comprend aussi pourquoi Jésus dit, dans les Synoptiques dont Marc 3,29: «quiconque blasphémera contre l'Esprit Saint n'obtiendra jamais de rémission». Car le Parrain était, pour les filleuls, quelqu'un de très puissant et vénérable, auquel il devaient tout: instruction, carrière, assistance en cas de poursuites (Jean 20,22 «devant les gouverneurs, l'Esprit Saint parlera pour vous»: causae patronus).

La tradition gnostique a même conservé un nom: Paraclet, récupéré par le lexique grec dans le sens de défenseur (παράκλητος) et 'honorable' (terme très mafiose): περικλυτός. Il s'agit donc d'un personnage illustre (et munificent), un protecteur comme le Padrino.

A partir de la Pentecôte, l'Esprit Saint peut être considéré comme le Parrain de la nouvelle Église, la gratifiant de plusieurs dons ou charismes.

Ce n'est pas par hasard que le Paraclet-Mani se manifeste en Perse, terre des mages et berceau de la mafia, le seul pays où il put fonder une église officielle grâce aux protections haut placées (le roi Shapur).

Ce n'est pas par hasard non plus qu'une légende attribue le parrainage de l'enfant Jésus à des Mages (trois, nombre lequel, lorsqu'il est 'magique', c'est-à-dire inhérent à la tradition mède, reflète la triade Père-Fils-Parrain; les femmes n'ont rien à dire — silence et chador).

Tertio, ce n'est pas un hasard si le Saint-Esprit domine la dévotion populaire des Portugais, qui sont des Perses ou Parthes.

Le nom du Paraclet est explicité à page 93.

La diaspora des rites doit être reconduite à l'unité et de là être vue par le prisme du syncrétisme: dans une tradition il y a *baptême* du nouveau-né, qui implique l'*eau*; dans une autre, l'*onction d'huile* (ou χρῖμα, chrisme = crème) à la sortie de l'enfance, tandis que dans la tradition «magique», ce qu'on appelle par extension l'*onction de l'esprit* est le parrainage ou paternité spirituelle s'exerçant — aujourd'hui comme hier — par *imposition* d'une ou des deux mains pour transmettre la baraka, l'esprit, la puissance. Les manichéens qui avaient remplacé le rite du baptême par celui de l'imposition des mains, avaient gardé le terme σφραγίς qui signifie proprement une empreinte indélébile, sceau. Pour comprendre ce qu'est le sceau ou σφραγις, on peut rapprocher ce mot de l'it. fregiare (décorer d'une médaille), mais avant la médaille il doit y avoir eu la balafre (it. s-fregio) rappelant une pratique de marquage un but d'initiation: un tatouage, ou la circoncision elle-même.

Soit dit en passant, le mot '*adepte*' (initié) signifie '*adopté*': pour entrer dans une autre famille il faut être parrainé.

C'est encore le syncrétisme qui a empêché de faire éclater des vérités aussi simples que celle du péché originel. Des deux traditions, celle d'Adam a prévalu dans l'enseignement officiel, mais non sans adopter les expressions de l'autre: faute et tache, immaculée conception, régénération par le baptême etc.

Religion des anges

C'est dans ce domaine que leur contribution à notre civilisation a été essentielle.

Leur sens du divin étant tourné vers le Ciel et le Très-Haut, ils ont introduit la dimension métaphysique dans le judaïsme et les religions qui en sont issues.

Il faut cependant distinguer entre l'angélologie et la théologie des anges. L'angélologie en tant que telle fait partie des trois religions monothéistes (la croyance aux Anges est même un dogme dans l'Islam). Mais les anges avaient une théologie à eux, qui a marqué surtout le Judaïsme et l'Islam et qui est parfois déconcertante.

Le Dieu des Anges n'est pas l'ancêtre des Lévites, Elohim (pluriel de Lah), qui a été presque gommé dans la Bible à profit de Yahwé, le nouveau nom que Dieu a notifié et qui contient son essence.

En Exode 3,13 Moïse demande à Dieu:

> «...Mais s'ils me disent 'quel est son nom?'
> que leur dirais-je?...»

Moïse demande un nom, et pour cause, car dans l'Israël aux files grossies et diversifiées pendant la déportation en Égypte, à la faveur des mariages mixtes, Dieu est le *Shaddaï* pour certains (la souche des 'rav' et aussi des Lévites dont est issue Réb-ecca), spécifique du doc. P, *Elohim* pour les descendants d'Adam, nourris de son recit, alors que pour une bonne partie d'anges il ne doit même *pas* être *nommé*.

Toutefois, avant de cerner le véritable noyau de la religion des anges, je voudrais commenter quelques passages bibliques les impliquant.

CHAPITRE IV

ELOHIM, CHERUBIM, SERAPHIM

La première fois que la Genèse introduit les anges, nous sommes dans le Paradis terrestre:

I

Gen. 3,24

> «Il bannit l'homme et il posta devant
> le jardin d'Eden les chérubins,
> et la flamme du glaive fulgurait».

L'époque est l'énéolithique mésopotamien, qui marque l'évolution de la massue vers le poignard en cuivre (le glaive fulgurant). L'environnement est angélique, sémitique: séraphins et chérubins sont les rabbins, les scribes, les sherifs, tous issus de la racine ra*F* qui apparaît dans les noms sémitiques de San-he-rib (plusieurs rois assyriens), de Ruben, Reb-ecca etc.

II

Gen. 3,13-14

> «C'est le serpent qui m'a séduite
> et j'ai mangé»
> «Alors Yahvé Dieu dit au serpent:
> ... maudit sois-tu ...»

Les termes pour serpent et séraphin sont presque identiques, d'où le malentendu. Eve a accusé un des séraphins de l'avoir séduite, son 'baal' comprend 'serpent' et envoie sa malédiction au reptile qui n'y était pour rien.

Ce n'est pas la seule fois qu'on confond les deux termes; dans le livre d'Hénoch éthiopien il est dit que Gabriel est l'ange préposé au Paradis, aux *serpents* et aux chérubins[22].

L'identité terminologique est due au fait que les hommes et les

[22] P. Schäfer, *Rivalität zwischen Engeln und Menschen*, in «Studia Judaica» Band VIII, Berlin-New York, Walter de Gruyter 1975, page 12, note 15: «So wohl statt 'Schlangen'. Die Übersetzung των δρακοντων dürfte eine Fehlübersetzung des hebräischen s'erāphîm sein».

animaux (et même les espèces végétales) d'un même habitat étaient couverts par un même nom. Ainsi les séraphins proviennent-ils d'une contrée infestée par les serpents, qu'on craignait et vénérait tout à un temps. On peut en dire autant pour les Serbes (cfr. it. serpe, serpent).

Les chérubins sont l'équivalent des séraphins mais avec un autre préfixe (K ou C, c'est-à-dire une coiffe à cornes qui remonte à l'époque de l'élévage et est l'emblème du métier). Les séraphins, qui préfixent la silhouette du serpent, sont des surveillants (cfr. lat. ob-servare). Les chérubins sont d'un rang inférieur, mais s'ils sont annoblis par «s», il s'agit de la classe cultivée et para-sacerdotale des s-cribes.

Tous ne sont pas fidèles et la confiance est parfois mal placée comme dans ce cas, au cœur du Paradis. Un des surveillants, séraphin, couve la rébellion ou veut la perte d'Adam par jalousie, se voyant évincé par cet «étranger» parmi les «raϜ», prononçant mal leur langue et que le Maître pourtant a élu pour entrer dans la sphère de rayonnement de sa présence, en l'attachant à la garde de son jardin personnel.

III

Ubication et environnement de l'Eden:
Gen. 2,8-13

> «Yahvé Dieu planta un jardin en Eden à l'orient et il
> y mit l'homme qu'il avait modelé...
> Un fleuve sortait d'Eden pour arroser le jardin
> et de là il se divisait pour former quatre bras.
> Le premier s'appelle le Pishôn; il contourne tout
> le pays d'Havila, où il y a de l'or... Le deuxième
> fleuve s'appelle le Gihôn, il contourne tout
> le pays de Kush. Le troisième fleuve s'appelle
> le Tigre, il coule à l'orient d'Assur... Le
> quatrième fleuve est l'Euphrate».

Le redacteur appelle 'bras' ce qui est 'fleuve' et 'fleuve' ce qui n'était qu'un bras de dérivation, un canal de détournement des eaux pour irriguer le sol.

Le jardin devait se trouver là où l'Euphrate et le Tigre convergent le plus (c'est-à-dire près de la ville d'Akkad) et se bifurquent en se réjoignant, formant une boucle à quatre cours d'eaux. La ville de Kish (pays de Kush?) n'est pas loin. Quant à Havila, d'aucuns l'identifient à la Colchide (Hévilath)[23].

[23] E. KALT, A. SANDA, H. GRESSMANN cités par l'Enciclopedia Cattolica - Città del Vaticano 1952, sous «Paradiso Terrestre».

La Mésopotamie a connu l'agriculture dès le 5e millénaire, la poterie dés le 4e. Une vallée si fertile a attiré précocement les premières vagues de populations désireuses de se sédentariser en exploitant le sol et une main d'œuvre bon marché. Les Sumériens, et des anges, s'installent au Sud, des tribus sémites au nord.

Au sujet de la canalisation, il y a une légende grecque qui mérite d'être rapportée, avec son interprétation de la part de Strabon[24].

Craignant son frère jumeau Egyptos qui le menaçait, Danaos roi de Libye se réfugia à Argos avec ses 50 filles. Les fils d'Egyptos mirent le siège à la cité, en exigeant la main des 50 Danaïdes. Danaos dut s'incliner, mais fit promettre aux malheureuses de tuer leurs époux la nuit même de leurs noces. Seul Lyncée fut épargné par sa femme.

Les autres Danaïdes, à forfait accompli, épousèrent des Pélasges et donnèrent naissance à la race des *Danaens*.

Elles furent tuées par Lyncée et condamnées à remplir, aux Enfers, des amphores sans fond.

Exégèse de Strabon: l'Égypte aurait introduit en Grèce la technique de la canalisation.

Si donc les Danaens sont issus de cette première génération astreinte aux œuvres de canalisation et irrigation, l'Eden avec son fleuve — ou plutôt bras, ou canal — qui arrosait le jardin du Seigneur serait, avec E préposé comme article pluriel (< ai), la terre des Da(i)n, c'est-à-dire des danaens.

Au fils que Jacob eut de Bilha il donna le nom de Dan; probablement des danaens se trouvaient parmi ses aïeuls ou les ascendants de Bilha (cf. Luc 1.61 sur l'imposition du nom).

Les Lévites/Lagides

Si Dieu est Elohim, ce pluriel évoque une élite (< lat. elig < ai-liγ) de Laγ, LaϜ ou LeϜ (les futurs Lévites), d'où est issue, avec préfixe γ, la g-lèbe dont le sens stricte est latifundium. En russe, хлеь est le pain produit par ces terres.

Les grands propriétaires fonciers ici sont les Laγ ou plutôt, avec

1 préfixe 'ai' comme article pluriel (les linguistes l'appellent «voyelle prosthétique»; je préfère l'appeler «préfixe» en précisant qu'il s'agit de l'article).

2 infixes masculins (Ϝ et γ, remplacé celui-ci par «h» qui représente la hache de guerre des aryens (v. pages 129).

[24] Encyclopédie Alpha, sous «Danaïdes».

1 suffixe sémitique de pluriel en -im
les Ai-laϜ h-im = Elohim..

Elohim sont aussi, dans la tradition véhiculée par les descendants d'Adam, un primaire tiré de la poussière, les dieux qui parlent de la littérature sumérienne (et dont la Parole est efficace).

Eloquor, eloquentia (l'art de ceux qui parlent) et éloge (tous avec e<ai article pluriel) s'enracinent en effet en Elohim, le Dieu des Laγ ou Lah, le(s) dieu(x) qui parle(nt).

Mais Adam (de la même souche d'E-dom, des daimons et δῆμος, des suffixes «dam» ou «dem» de qui-dam et i-dem, souche de bâtisseurs, cf. gr. δέμω et lat. domus) ne connaît leur langue qu'à peu près, c'est pourquoi son «Lah», il l'appelle Elohim, nom de famille.

Les Laγ/Elohim exploitent de très grands lotissements canalisés par les danaens et ils se font assister par les raϜ (rabbi).

La langue d'Adam et Eve n'est pas celle des RaϜ, autrement ils sauraient qu'Elohim est pluriel. Les Laγ quant à eux parlent une autre langue sans doute plus évoluée, articulée en discours (le Λογος, l'émanation du Dieu-Elohim), rendu souple par la forme verbale (l'insistence sur le Verbe doit correspondre à l'emploi des formes verbales). Le russe г-ла г-óл, verbe, renvoie également aux Laγ, tandis que с-лово, mot est 'lévite'.

S'ils pactisent avec la nécessité de connaître la langue parlée par les substrats, ne fût-ce que pour donner les ordres, par le truchement peut-être d'anges-interprêtes, des malentendus (tels serpent-séraphin) ne purent être évités.

Le vocabulaire des Lévites est strictement apparente à l'allemand:

— B-lech: fer blanc
— b-leiben: rester
— Elfe: ai leϜ
— F-luch: malédiction
— Ge-sch-lech-t: l'espèce des Laiγ
— G-laube: ensemble des croyances des LaϜ
— g-leichen: être comme Laγ
— k-lauen: chiper
— k-lug: intelligent (cf. angl. c-lever, contredit par russe g-lup-)
— lachen: rire (cf. angl. to laugh, prononcé laϜ)
— Laib: le Pain de Vie
— Laub: les feuilles des arbres poussant sur le sol des LaϜ
— Laube: petite maison dans le jardin

— Lauch: aïl, offrande rituelle et symbole d'une culture opposée à celle des boissons fermentées[25]
— lauern: surveiller, caché derrière les feuilles
— laufen: courir
— Lauge: lessive
— Laut: son prononcé; richement
— legen: poser des pierres en sens horizontal
— Leiche: dépouille mortelle d'un Laγ
— Leute: gens (cfr. russe аюди)
— Licht: lumière (cfr. lat. lux)
— loben: élever des louanges
— Lüge: mensonge
— pflegen: soigner
— Pflug: charrue
— Salbe: sainte crème pour onction du roi
— Sch-lach-t: bataille (cfr. lat. lucta)
— sch-lau: rusé (à opposer à russe глупый, sot)
— sch-lech-t: méchant (cfr. russe плохо, mal)
— sch-lepp-en: traîner, par bateau sur les cours d'eau (cfr. chaloupe)
— Volk: peuple
— des villes comme Leipzig, Lübeck...
— le pronom «welche» (lequel) montre à quel point les Ƒlaγ sont présents dans le tissu du discours allemand.
— même remarque à propos de 'selb-' angl. self (moi-même etc.): il y a identité entre l'individu et le «elfe».

Cette liste est loin d'être exhaustive. Il y a lieu de la compléter par les mots présentant la nasale en infixe: d'abord la *lance*, se situant dans la lignée de la lame et du lamed, respectivement nom arabe et hébreu de la lettre «L». Cette lettre résume en effet le passage du silex au métal dans

[25] P.E. Santangelo, *Discorso sulla storia*, Milano 1957, pages LXXVII et CXXVIII: «nella civiltà indoeuropea c'è une linea dell'aglio, costituita dalla eredità preindoeuropea, e una linea delle bevande fermentate che risponde all'ondata indoeuropea più recente».
«Il soma alcoolico del resto fu offerto a partire da un determinato tempo; anteriormente si offriva l'aglio, che era il soma della Cappadocia (...); e che portava esso stesso il nome di soma, e tale é il suo nome anche nelle lingue semitiche (sum. sum-sikil, arabo tum, ebr. šum, assiro šumu...).
Quando si diffuse l'uso del vino, alcuni popoli ripugnarono all'aglio, altri rimasero fedeli all'aglio e ripugnarono al vino. Cosi si formó una specie di linea divisoria della civiltà: 'ció che veramente ci separa dagli slavi — dicono i Tedeschi — è la linea dell'aglio. Ma notate che questa si estese a tutta l'Europa meridionale e a tutta l'Asia non indoeuropea. Questo ci dice che le prime migrazioni avvennero anteriormente all'invenzione del vino».

le façonnage de l'arme d'attaque, défence et investiture charismatique en tant que crosse. La lance évoluera d'ailleurs jusqu'au moderne, argotique f-lingue, arme à feu.

En plus de son utilité dans le combat, la lance a donné une mesure de longueur: long, lang etc. car on mesurait avec la lance, tout comme all. Mess-stab mesure avec un bâton.

Dans un tout autre domaine, on repère le terme «lanx» ou plateau de la *balance*, et aussi, pour les besoins du commerce, le «*lingot*».

Les hommes qui ont travaillé à ces inventions sont les fondateurs du peuple germanique des «Langobards», du comté Lancashire, de la maison de Lancaster (Lanc + star). Un des chevaliers de la Table Ronde s'appelait Lancelot.

En préposant γ ou Ϝ on obtient:

G-lanz: éclat de la lance.

B-lanc: terme germanique propre à la lame, car il signifie «lisse et rutilant». Il faut ranger ici également la pha-lange (formation militaire, grec φάλαγξ).

Ainsi de suite: je signale surtout l'O-ly(m)pe, siège des dieux, et d'autres termes comme: la(n)gue (gr. γλῶττα) très apparentée au Logos: ly(m)phe (notion végétale, agraire); les li(m)bes qui nous reportent à l'Olympe; palo(m)ba et esp. paloma (co-lo(m)be); l'angl. Lord, seigneur; Londinium ou Londres.

Dans l'expression allemande «links-rechts» (gauche-droite), le mot «links» doit être rattaché aux Lagides, avec n infixe (par analogie à l'angl. left qui évoque les lévites).

Ce qui precède représente l'empreinte des Laγ/LaϜ surtout dans le lexique allemand. On peut reperer des traces similaires dans les autres vocabulaires, ex.:

angl. fellow (mec, compagnon etc.), à confronter à
ég. fellah (paysan), à l'algér. 'fellaga', à l'éthiop.
fallacha et à l'embarcation locale felouque.

Les russes disent глупый pour sot, et considèrent intelligents les «hommes» (умный, c.à.d. h-omines sans hache aryenne).

La langue des Elohim (ou des Dieux, comme l'appelait Homère) était-elle aryenne?

Les éléments dont on dispose sont les suivants:

1) En suffixant Ϝ au lieu de γ, on a
ai leϜ as = éléphant (grec ἐλέφας).

Le Sitz im Leben des Laγ et de LaϜ au moment où ils ont atteint la perfection du discours se trouve dans une région infestée par les éléphants: l'Inde, qu'ils quittent pour aboutir à Eden et à Sumer, où ils fondent Lag-ash et doivent faire bon ménage avec les «mer» (pluriel de mar < ma-i-r) qui ont fondé Mari, et les anges siégeant au sénat sumérien ou Sanga.

2) La hache entourée d'un faisceau de verges est l'enseigne des *lictores*, officiers de l'ancienne Rome (ce sera au XXe siècle le symbole du Fascisme).

3) Le Pahlavi est la langue du commentaire de l'Avesta, avec h infixe (aryanisation). Il y eut une dynastie de Pallavi en Inde, sans h, et dont l'animal fétiche était le lion.

Tout ceci concourt à un scénario indo-germanique. Ce ne sera pas la présence de She-lah et de Pe-leg parmi les descendants de Sem (Gen. 11,10) à prouver le contraire.

Une remarque qui romp une lance en faveur de l'hypothèse de l'ubication de l'Eden à Sumer: au milieu d'une multitude affairée aux différentes tâches de labourage, d'élagage (technique des ai-laγ), de fauchage (avec la fa-lx introduite en agriculture) etc., les Elohim mènent une vie calme, en prenant la brise dans leur jardin (Gen. 3,8). Cette attitude des Ϝ-laγ est le fleg-me, avec suffixe sumérien.

On trouvera à page 101 pourquoi le Paradis était sur l'Euphrate.

* * *

Dans le vocabulaire latin, on a g-leba, Labor ainsi que g-labr- et c-alv-, caractères héréditaires dominants chez les elfes ou lévites (mais consulter également les tableaux complémentaires).

Avant la domination romaine, leur condition normale en Italie était la «libertas». Leurs enfants sont «liberi», par rapport aux enfants des populations soumises. Lav-inia, qui épouse Enée, était la fille du roi Latinus.

Mais submergés par de nouveaux conquérants mieux armés, ils forment la classe déchue, la p-lebs, et sont enrolés dans les «légions» de l'armée (cfr. aussi it. leva, appel aux armes). Une de leurs armes typiques est le clipeus, écousson oval et convexe.

Ils remontent parfois à la surface, comme l'historien Tite-Live, le triumvir Lepidus, ou la «gens Flavia» qui accède aux plus hautes charges: l'Empire. (Les Antonins sont par contre le réémergence des Antes).

Le nom des Flaviens correspond à «flavius», soit «blond comme le blé, blond aux reflets d'or» avec préfixe Ϝ, confirmant l'all. g-elb (à préfixe γ) signifiant jaune, blond.

Fulvius est tout aussi bivalent dans la langue latine; c'est un nom propre ainsi que la désignation d'une couleur bien nuancée: blond aux reflets roux (lat. fulvus).

Bref, cette race était blonde, aux reflets soit dorés, soit cuivrés, et parlait allemand.

Le prolongement des LeϜ dans le Moyen Âge a été, en Bavière, la Maison des Welf, et à Florence, avec double préfixe γ et Y, le parti des Guelfi épousant la cause du Pape qui voulait un État théocratique.

Le berceau de cette race est on ne peut plus nordique, enneigée, cf. O-s-lo, s-lalom (qui renvoie aux Alulim d'avant le déluge), s-lope, Laponie, g-lace, g-laciers, luge et même i-gloo (hutte de neige ou glace), donc à la lisière de la calotte polaire ou même plus bas, à l'époque des glaciations. La trajectoire doit prendre le départ de ces régions-là, avec un habitat de lichen arctique et d'élans (germ. alce). C'est pour un concours de circonstances climatiques que leur teint est si pâle: lat. lividus, fr. blafard, all. blass.

Ils sont de race blanche: cfr. lat. alb-us. Mais ils se sont métissés: ainsi trouve-t-on au nord les Lap-ons, en Éthiopie les Fa-llacha.

Comme les anges, ils suivaient les oiseaux (all. fo-lgen, Falken, fliegen). Ils ont connu la période de la cueillette (collecte, lat. lego, all. pflücken). On doit les concevoir si primitifs que lorsque ils ont découvert l'utilité de joindre, cela s'appelle «ligare» (lier). «Lever» nous amène aussi à l'âge de la pierre.

Rien n'empêche d'identifier les Laγ aux légendaires Pélasges, avec 's' infixe qui se rhotacise en pélargos, cigogne, leur esprit guide. Homère les appelait «les divins Pélasges» mais ils étaient à une étape encore très primitive de l'évolution, avec une religion phallique visant à exalter la force qui fait multiplier les troupeaux (époque pastorale).

L'évolution ultérieure les montre en train de se sédentariser, cultiver la terre (all. Pflug, charrue) et ériger des murs cyclopéens pour se protéger de ce qu'eux-même avaient pratiqué: le pillage.

Le chemin parcouru par les nomades Pélasges jusqu'à la sédentarité avec construction de palais (all. Pa-last) s'achève en Palestine/Philistie.

En migrant, en prenant de la latitude, ils s'identifient à l'ilex (chêne) et à différentes espèces animales comme les éléphants rencontrés par les ai-leϜ — en Inde; les lions rencontrés par les LeϜ; les loups, all. Wolf et grec λυκος; le renard, lat. vulpes et gr. ἀλώπηξ avec 'a' art.; les veaux, all. Kalb, rencontrés par les K-alϜ — d'où colback, couvre-tête à cornes ou en peau de veau, et aussi K-olw-ezi, fondée en Afrique par une colonie de «alph» pasteurs de bœufs.

Les LaϜ se réunissaient pour former des groupes de pression (cfr. angl. lobby). Les Laγ de leur côté, en tant qu'entrepreneurs de travaux publiques et de logements, se réunissaient dans la «Loge». Les adhérants (architectes, maîtres de chantier, maçons) s'engageaient à ne pas reveler aux non-initiés les secrets de la profession.

Officiellement, la première Loge maçonnique (celle de Londres) est de 1717, mais ses rituels, ses liens avec la bible et la tradition, et la référence au Grand Architecte de l'Univers prouvent que cette institution existait depuis les débuts de l'art de bâtir. Cependant, les secrets en main des initiés juifs n'étaient pas très évolués, et concernaient un art de bâtir uniquement horizontal, par assise (cfr. all. legen) de grosses pierres superposées (cfr. b-loc): les zigourrat et les pyramides en sont des exemples en plus colossal. Les palais étaient des suites sans ordre de locaux et couloirs, des Labyrinthes (à Louxor toutefois, la Loge a édifié un temple remarquable; cette ville est le berceau de l'o-be-lisque).

Si bien que Salomon dut faire appel à Hiram de Tyr, maître dans l'art de la géométrie, pour faire exécuter le Temple de Jérusalem.

Mœurs:

Le décalogue est un document élohiste. Les dix commandements y sont donnés sous une forme apodiptique, sans paralléle avec les autres codes sémitiques ou sumériens.

Le lévirat est une institution des lévites, visant à empêcher l'aliénation des propriétés.

Le soin de la dépouille se lit dans all. Leiche, ainsi que dans it. lapide (pierre tombale) pour appeler l'esprit du défunt en y gravant son nom. Ils portent le deuil: lat. luctus.

Cette ethnie est soucieuse d'hygiène, cfr. laver et all Lauge, it. liscivia (lessive). Le Lévitique est marqué à l'extrême par des scrupules d'hygiène. (Sur ce point, Jésus et ses disciples laissaient à désirer (Mt. 15,2 et Luc 11,38).

Ils introduisent la 'cloaca' (égout), mot issu de clovaca ou clevaca (cf. it. chiavica). La Cloaca Maxima a été le fruit de leur collaboration avec les Étrusques.

En Eden, ils déambulaient nus dans le jardin. Mais au-delà, dans les champs où on travaille la terre il y a interdiction formelle; il faut porter le pagne[26]. En jargon lévitique, cela s'appelle s-lip (cache-sexe).

Adam et Eve conçurent une telle honte de leur nudité que dans leur récit le souvenir de cette honte l'emportait sur le souvenir de la désobéissance, et le péché originel a été confondu avec le tabou du sexe.

Par la suite, les descendants des Elohim revêtent la ga-labiah (hébr. lebush). Ils deviennent même éleg-ants et s'habillent avec coquetterie en parant la robe d'une raye de pourpre (lat. clavum).

A fortune faite, ils aiment les mollesses: ils couchent sur les lits (all. liegen, lat. lectus). Ils aiment le luxe (cfr. lat. laute et all. laut'), les péchés de la chair (all. lieben, angl. love, lat. voluptas, laxisme, luxure, lascif), la gastronomie: cfr. Lucullus, lécher, all. lutschen, lecker (cf. e-lixir), gr. λαπτω (boire avec avidité), bien que ces termes puissent remonter à la préhistoire, lorsque les bonnes manières à table n'existaient pas. Lors des banquets, ils déclament en vers distiques, accompagnés de la flûte (it. f-laϜ-to, grec ἔλεγ-ος) et composent des élegies sur n'importe quel sujet: martial, patriotique, érotique.

Dans le monde anglo-saxon, ils se rencontrent dans des *clubs* (plus ou moins exclusifs) ou forment des *lobbies* très puissants. Le fr. c-lique est péjoratif. Mais soit club, soit clique s'enracinent dans l'ère pastorale.

Religion

Le Logos — la Parole des LaϜγ — a été identifié à Jésus Christ parce que la mentalité hellénistique exigeait un intermédiaire entre Dieu et le monde. Dans les philosophies panthéistes comme le Stoïcisme, le Logos est la raison immanente au monde. Mais à partir des invasions indoeuropéennes, l'ancêtre éponyme des Lévites/Lagides devient Lah. Précédé du Serpent, le mantra Lah se retrouve dans Saladin (Sa-lah — Eddyn).

Il est curieux de constater que Dieu a voulu se faire notifier aux Arabes sous le nom que l'archange Gabriel communique à Mahomet:

> Je suis le Al de Lah
> le pronom dont le nom mystique
> est formidable.

[26] P.E. SANTANGELO, *Discorso sulla storia*, Milano 1957, p. LXXXIV: «Adamo si accorge di essere nudo dopo di essere stato condannato a guadagnarsi il pane col sudore della fronte, cioé a lavorare come agricoltore... La ragione... va forse cercata nel fatto che nell'agricoltura erano adibite le donne e gli schiavi, di solito uomini appartenenti alle razze di colore; é probabile perció che il divieto di esibire gli organi genitali sia nato come difesa della razza superiore di fronte alla razza inferiore».

Lah est une des clefs du nom du Père
du créateur d'Abraham...[27]

L'archange a dit vrai: Lah est dans la généalogie du père des croyants. Mais sous le nom d'Allah, l'Islam venère un autre Dieu que nous, et même deux dieux: le dieu cananéen Al ou El (connu par Jacob, invoqué dans le Psaume XXII,2 «Eli, Eli, lama sabactani?», devenu, avec préfixe B, Bel, Bélos et Baal; et l'ancêtre des Laγ, ou le Logos, intermédiaire entre Dieu Suprême et les hommes. Mais il est plus probable que 'Al' n'ait plus désormais qu'un rôle d'article de Lah, le nouveau nom divin que Mahomet préfère, à dater de son séjour mecquois, à celui de El-Rahman (lui-aussi précédé du même article).

Dans un autre monde, Moroni, l'archange des Mormons, paraît s'inspirer du même ancêtre: Léhi est l'Israélite qui quitta Jérusalem au VIe siècle av. n.è. pour atteindre l'Amérique et devenir l'ancêtre des Indiens d'Amérique. Dans le livre des Mormons, Dieu n'a pas de nom.

Son vrai nom, Dieu l'a révélé à ses élus.

Pourtant athées, les Russes aussi le connaissent sous son nom véritable (mais ils ne sont pas ses élus).

Expansion

Ils sont habité d'abord sur les pa-lafittes, ancêtres du «plafond» (tandis que l'all. Ge-wölbe paraît indiquer une habitation rupestre). De là, ils ont entrepris la construction de maisons en bois: cf. all. Balken, fr. balcon. De leur séjour et de leur technique se souviennent les Balkans. Tout le nord de l'Europe porte la marque lévite ou lagide et cela se lit dans des toponymiques comme Albion, nom poétique de l'Angleterre, G-louce-ster, Liver-pool, Lübeck, Leipzig, l'Elbe, Laeken et Woluwe à Bruxelles, Liège, Louvain, Lugano, Locarno. Des régions entières comme le Luxembourg, le Liechtenstein, la Valachie et la Polak(ie) ont été leur fief. Ils sont les Belges si braves, admirés par César, les cousins des Bulgares (dont l'unité monétaire est le lev), à proximité desquels se tiennent, parés du serpent en préfixe, les Slaves, les Slovènes et les Slovaques. L'isoglosse des Welsch s'étend en Étrurie avec Velc ou Vulci.

Sur l'atlas du territoire qui à l'époque de l'Empire romain s'appelait Gallia on repère les Leuci (sur la Moselle), les Levaci (actuelle Belgique), les Vellavi (Auvergne), les Helvi (sur le Rhône), les Volcae (Pyrenées), Lug-dunum (Lyon).

[27] Cité par Papus, *Que deviennent nos morts*. Dangles, Paris 1962, page 80.

Poursuivant la trajectoire de nord vers sud, ils ont passé les Alpes (cf. it. va-licare) auxquelles ils ont légué leur nom. Au-deça, leur présence découle de Ligurie, Lecco, Lucca, Lucania, Lecce et de la pastorale Calabria.

En tant que «Luceres», ils sont une des trois tribus d'où est sortie Rome.

En Russie, ils paraissent chez eux depuis toujours: cfr. Volga.

Bé-loutchi-stan est un jalon sur la route qui les mène en Inde. Toutefois, le sous-continent pouvait être atteint également par la mer, surtout s'il s'agissait de faire du commerce: l'association Alik Telmun[28] réunissait les capitaines de vaisseaux d'Ur qui avaient le monopôle du trafic sur le Golfe persique par l'île de Bahrein actuelle, pour le chargement et déchargement de cuivre, bois précieux... En Inde, où les LeϜ ont partagé l'habitat des éléphants et donné une dynastie de Pallavi, les Lah ont occupé le Lahore.

Avant de s'établir à Sumer et à l'Eden, ils sont passé par la Grèce, qui s'en souvient en Lac-onie et en Lacé-démones (composition de Laγ et de daimons ou δῆμος). Quant à Athènes, son quartier plus ancien s'appelle Plaka, celui où Aristote enseignait était le Lycée. Une des collines environnantes est le Lycabette. La banlieue sud d'Athènes se nomme Glyfada.

O-lig-archie (avec 'o' article en préfixe) montre que les Lagides n'étaient qu'une minorité, mais ils exerçaient le pouvoir. Leur état naturel était ἐ-λεύθ-ερ-ος (cf. Lazare), c.-à.-d. «libre». Cependant les o-lig- ont connu la déchéance, comme cela se lit dans 'hoo-lig-an' (avec h préfixe à titre d'aryanisation, voir pages 89-91).

On sait qu'à l'Eden cette élite exploitait le sol; en Grèce la richesse lui venait des o-liv-es et de l'huile, employé aussi lithurgiquement pour l'onction à la place de l'eau.

Le grec ἔλαα, ion. ἐλαία (olive) est le fruit de l'ἔλαιϜα (olivier)[29]. Plusieurs villes du monde grec s'appelaient Ἐλλαιοῦς (lat. Elaeus). Un des noms de la Grèce est Ἑλλὰς qui renvoie à l'ethnie des Las — ai Las. En latin, on a c-lassis, ensemble ou classe de Las de l'époque pastorale, fournissant aussi les matelots, cf. lat. classis, flotte, ainsi que ga-lère (les lares) et ga-lion.

[28] *Histoire du développement culturel et scientifique de l'humanité*, Éd. UNESCO 1963, Laffont 1967, Vol. I (Préhistoire), page 510.

[29] E. Boisacq, *Dictionnaire Étymologique de la langue grecque étudiée dans ses rapports avec les autres langues indo-européenne*, Heidelberg, Carl Winter Universitätsverlag, IV Edition, 1950, page 237, sous «ἔλαα» (étymologie inconnue. Schräder RL 588 sg rapproche à lat. oliva).

Par rhotacisme, les Las deviennent les dieux «Lares» (ancêtres des romains, au même titre que les Lémures rattachés aux Lama) ressucitant sous forme de laYriers (clé d'interprétation de lat. g-loria, gloire avec G ayant valeur d'arc). Le gr. «colosse» nous dit qu'ils tranchaient par la taille sur la population locale.

Nous avons affaire ici avec une vague d'agriculteurs enrichis. La ville où on célébrait les mystères de mort et résurrection de la végétation était Eleusis (ai leϜ s-). L'Élysée (ai lys), séjour souterrain des morts, est une notion propre d'une culture agraire. La racine de l'Élysée est la même de Lis-bonne, des a-lizées et des Lusi-tani (dont le pendant oriental est le Luristan, avec rhotacisme). L'Illyrie (i lyri) d'un côté, Lausanne, Leysin et Po-lesine de l'autre, complètent l'isoglosse des lares ou las, à qui l'on doit le b-lason.

Avant de poursuivre l'expansion des agriculteurs, rappelons ici que Alexandre le Grand était le fruit du croisement de deux ethnies: ai-*laγ* (s) *andros*.

En Asie Mineure, leur force a été suffisante pour créer des régions, comme la Lycie et, à sud du Pont-Euxin, la Pa-φ-lagonie. Mais on peut remonter jusqu'à la moitié du IIIe millénaire et rencontrer les Luwites, considérés comme les premiers envahisseurs indoeuropéens de l'Asie Mineure, en provenance de la Thrace ou actuelle Turquie d'Europe. Ils seraient donc la première vague des Hittites. Linguistiquement, on distingue au moins trois dialectes de la langue hittite, dont le «palawite» et le «luwite» considérés eux-aussi indieuropéens. L'architecture des Luwites est caractérisée par les labyrinthes (les fouilles ont mis à jour deux de ces palais à Beycesultan).

La trajectoire des deux ethnies sœurs se poursuit jusqu'en Afrique du Nord: passées les îles Lîpari, les LeϜ sont à Leptis Magna aux thermes grandioses, au Liban et en Lybie, tandis que les Laγides Ptolémées gouvernent l'Égypte après la mort d'Alexandre. Cléopatre était une Lagide.

Dans le Nouveau Continent ils avaient, avant sa découverte, baptisé les A-(p)palaches (cf. Fallacha), l'A-laska (cf. lascar) et, en phase pastorale, la Ca-lifornie (cf. calife), une des plus riches régions agricoles du monde (à rattacher à la gens 'Calpurnia') et l'O-k-lah-oma (à rattacher à l'ancêtre Léhi?). En Amérique Latine ils sont excellemment représentées par Bolivar.

L'archipel des Galapagos dans l'Océan Pacifique devrait tirer son nom des γ-lap.

Aux Indiens d'Amérique, les alphs si inoffensifs de la mythologie scandinave ont apporté le scalpel et enseigné comment travailler le crâne de l'adversaire pour en faire un trophée (scalp).

Onomastique: En Mésopotamie, on repère le roi A-lulim avant le déluge, Ga-libuum, E-lulu, Ba-lulu et plusieurs Lugal après le déluge (dynastie de Kish, de Ur, de Mari). Il pourrait s'agir des Elohim bibliques.

En époque historique, Lug est le dieu adoré par les Celtes.

Dans l'Odissée: Ca-lypse, Po-lyph-ème et U-lysse (ὀλυσσεύς): voilà pourquoi ils arrivent à s'entendre.

A remarquer que l'aventureux Ulysse est de la même souche des «Lys» ou Lusitains, les tout autant hardis navigants portugais (Bon sang ne saurait pas mentir).

Mythologie germanique: les Walküren.

Prénoms: Adolphe, Alfio, Alphonse, Alvare, Claude, Claus, Clive, Elvire, Euclide, Félix, Flaccus, Flaminius, Flavius, Fulvius, Helga, Khalil, Leka, Léon, Leu, Live, Lucrèce, Oilée, Olav, Oleg, Olga, Olivia, Pé-lopidas, Philippe, Polybe, P-to-lémée (c'est-à-dire Lama avec deux préfixes/articles), Salomé, Salomon, Selim, Soliman (tous Lama), Ulpius (Trajan), Velupillai, Wolfgang (mi-Ϝelfe mi-γange), (W)ulfila.

Noms de famille: les A-laouites du Maroc, A-liγ-ieri (Dante), Balaguer, Bolivar, Clouzot, Colomb, Flick, Galilei, Gallup, Galvani, Lauda, Léhar, Leibnitz, Liszt, Lloyd, Locke, Lockheed, O-gilvy (= le 'gelbe'), Philips, Poliakov, Salazar, Valesquez, Walewski et évidemment Lavi, Lévi, Lebbe, Lopez etc. dans les différentes graphies acculturées.

Société secrète: Ku Klux (klan), sauf autrement expliqué. Ekklesia par contre est la société ouverte des K-las (ou des K-lar, cf. it. clero).

Leur contribution majeure à la culture s'est faite sur le plan du discours ou logos (rappelons à cet égard que ce terme précédé du serpent donne «slogan», cri de guerre des Ecossais devant leur assurer la victoire).

Sans logique, syllogisme et lexique il n'y aurait pas de science.

Sans lois (lat. lex < leg-, dont le parallèle avec Ϝ est l'angl. law) il n'y aurait pas de société vivable. Les lagides veillaient au respect des règlements: cf. police, flic, flagrance, blâme, all. K-lage (inculpation), lat.

licet et in-fligere, et comme moyen de châtiment, le fléau (flagellatio); plus tard, ce sera la guillotine dans l'all. Galgen.

Toutefois la police repressive — Procure du Roi ou Parquet — ne paraît pas être véritablement leur affaire. La terminologie dans ce domaine accable une autre race. Ainsi s'expliquera la rivalité opposant depuis toujours la police et la gendarmerie.

Défauts: le mensonge (all. Lüge), le bluff, le lucre, le plagiat, tandis que bla-bla pourrait ne pas être une onomatopée.

Le mantra de l'ethnie

Dépouillé de Ϝ et γ, le mantra ou ethnie en phonème primordial est La (aboutissement au Laos, et en Grèce comme λάος, peuple). Il annexe aussi des suffixes en dentale, comme Lat-ins, Pa-latium, la déesse Latona et Pluton, maître des richesses souterraines, lié à la vocation agraire de l'ethnie qui perçoit le monde des morts comme une immense réserve nourrissant les plantes.

En préfixant γ ou Ϝ aux termes en dentale on aura Ga-lati, le lac Balaton et les B-altes, ainsi que V-ladi-mir (mi-lad, mi-mair). Avec C, préfixe cornu de l'époque pastorale, on a les C-eltes, la Ca-lédonie et le nom de C-laY-dius. Mais, dans cet outil primordial qu'est la flèche, cf. lat. f-lec-tere, C n'est pas encore le pictogramme des cornes, mais bien celui de l'arc (voir page 33).

En principe, le suffixe en dentale pourrait — car la nécessité ne s'impose pas — avoir provoqué la chute de la gutturale ou de h (exemple: Ga-lakt- et Galati). Un exemple de coexistence est lat. gla-dius et fr. glai-v-e.

Avec la hache préfixée, on a all. Held (héros), Hilton... Sans hache, les noms ital. Aldo et Elda, l'adj. alto (fr. haut avec hache), et all. alt, angl. old (vieux).

L'ethnie des *La* à suffixe *n* de descendance, très usité pour les gentilices, a enrichi notre lexique du vocable poétique Luna (all. Laune, avec Ϝ infixe parce que les allemands tiennent au sexe masculin de la lune — autrement der Mond —, préférence partagée par les Babyloniens: Sin est un dieu), ainsi que, en abordant l'élevage d'ovins, de la laine (lat. lana), du c-lan (groupement de familles pastorales ayant un ancêtre commun) et, par nécéssité de quêter de nouvelles terres pour le pâturage ou la culture, de co-lonie. Ils ont été les premiers colons, largement imités par la suite par les ressortissants d'autres métropoles.

Au sujet de toutes ces branches avec leurs préfixes ou suffixes personnalisés, on peut affirmer qu'elles développent, en se détachant du tronc commun pour assumer leur destinée, un caractère spécifique et façonnent (dans des milieux particuliers, à contact d'autres communautés) une culture originelle, dont l'exemple étrusque est le plus actuel maintenant.

Les Lévites en Terre Promise

La malédiction de Jacob sur son fils Lévi est rachetée par la fidelité des lévites envers Yahvé lors de l'épisode du veau d'or.

La conquête de Canaan est suivie du partage entre les tribus éponymes. Les descendants de Lévi ne reçurent aucune region, mais seulement 48 villes avec des surfaces à pâturage (Nombres, 35,7). Ils sont chargés du culte, ils enseignent la religion, composent des psaumes etc., et en contrepartie le peuple doit leur verser la dîme (Nombres 18,21-24 et Lév. 27,30) ainsi qu'une part du butin de guerre (Nombres, 31,30).

Sous David, le recensement fait ressortir 30.000 lévites. Le roi les subordonne aux Aaronites (I Chron. 23,28-31).

Pendant l'exile, les deux passages d'Ezéchiel 44,10 et 44,15 introduisent une distinction entre les lévites et les prêtres lévites, fils de Sadoq. C'est que, avec le temps, le terme 'lévite' a cessé d'être un nomen gentium pour ne devenir qu'un nomen officii.

Au retour de Babylone, il n'y que 350 lévites rapatriés. Après avoir été subordonnés aux fils d'Aaron, l'oracle d'Ezéchiel les subordonne aux fils de Sadoq, futur parti des Sadducéens. Mais même les fils de Sadoq, y compris des chefs et des magistrats, ont contrarié Dieu pour avoir mêlé la race sainte aux Cananéens, Hittites, Perizzites, Jébuséens... (Esdr. 9,1-2). Ces accents recoupent la colère du Dieu des anges, au début de la Genèse.

IV

La question de la chute

> Gen. 6,2 et 4:
> «...les fils de Dieu trouvèrent que les filles des hommes leur convenaient et ils prirent pour femmes toutes celles qu'il leur plut.
> ...Les Néphilim étaient sur terre en ces jours-là... quand les fils de Dieu s'unissaient aux filles des hommes et qu'elles leur donnaient des enfants...».

Les Néphilim sont les frères de race des Nabu babyloniens, des 'nabi', des 'nabab': ce radical est très répandu cf. Nébo, Nubie, ainsi que des noms composés tels Neph-tali et les rois Nabo-pol-assar et Nabu-chodon-osor. Il s'agit de la dénomination de la race noire, sujet que je traite de la page 59 à la page 66. Lorsque le rédacteur écrit, cette peuplade paraît évanouie ou presque.

L'équation fils de Dieu = anges se trouve dans la tradition du judaïsme para-biblique et certains codes de la 70.

L'équation ange = blanc se déduit du péché originel et du baptême.

L'équation filles des hommes = filles de noirs n'a aucune base biblique ou para-biblique. Tout ce qu'on sait, c'est que Dieu est mécontent, et considère une mésalliance le mariage de ses enfants.

Les auteurs anciens d'ailleurs n'ont jamais paru se soucier de races — ce mot même de race est tardif — si ce n'est en relation aux métaux (race d'or, d'argent, d'airain...) dans le sens de Hésiode et du néo-platonicien Proclos. Platon de son côté (Lois III, 171 b,c) parle d'une race titanique.

Ethnolinguistiquement, les noirs en tant que peuples n'existent pas dans le vocabulaire et la géographie du monde classique. La Bible ne les nomme pas formellement, mais il est question de race en Esdras 9,2, autrement l'abomination se concentre pour l'essentiel sur les Cananéennes.

Le mythe de la chute des anges nous est parvenu en trois versions:

1) lorsque il est question de fils de Dieu ou d'anges, l'accent est mis sur la mésalliance.
2) Chez les gnostiques et des philosophes hellénistiques, le mythe emprunte l'allégorie des parcelles de lumière, étincelles tombées dans la matière..., et l'affrontement est radicalisé dans une lutte acharnée de deux pôles opposés, l'un de perfection, l'autre de souillure.

3) En Chine, et précisement dans le Tao, les deux mythes ci-dessus ont des racines fortement entremelées, puisque la tradition chinoise s'exprime en termes d'opposition et de mésalliance en même temps.

Le Tao

Le *mythe de la mésalliance* se reflète dans la dualité — et l'harmonie conjugale — du Yang principe masculin et de Yin principe féminin: transposons: Yang est l'ange, être céleste qui épouse la fille des hommes, l'être terrestre Yin (cfr. le parallèlisme indo-shivaïte Linga/Yoni).

Le symbole du dualisme Yang/Yin est un disque mi-blanc, mi-noir qui pourrait faire allusion à un métissage. Les données du gnosticisme vont dans le même sens, en opposant l'esprit à la matière avec corollaire de la pureté, qui est absence de tout mélange.

Pour les gnostiques l'âme est tombée dans la matière et doit se dégager de toute souillure — ce qui se fera au troisième temps (le temps de l'eschatologie). Le Paradis perdu est la nostalgie gnostique pour l'état de pureté originelle (cfr. l'hymne de la Perle, Actes de Thomas, c. 108-113) avec mythe de l'éon Sophia — ou de Jésus, personnage appartenant au Royaume de la Lumière — venant dans ce monde pour sauver le plus possible de parcelles de lumière égarées.

L'anthropologie gnostique sépare les pneumatikoi (du Royaume d'en-haut), des ili (notre monde). Cette perspective est angélique puisque il y a identification des êtres purs avec les astres. Le mythe de la gémellarité céleste-terrestre se retrouve en Platon, auteur de prédilection pour tous ceux qui interposaient des intermédiaires (Logos, Anges, Puissances) entre Dieu et les hommes.

Le *mythe de l'opposition radicale* — c'est-à-dire d'une lutte jusqu'à extermination — se reflète dans le dualisme irreductible Lumière (Yang) — Tenèbres (Yin).

Les trois sources dont on dispose sont:

— le Livre des Veilleurs: trois versets, dans les Visions d'Hénoch (ch. 6-19) (sous la conduite de deux chefs, Semyazas et Azael, 200 anges se sont laissés séduire par les filles de la terre et ont engendré les géants)
— le Livre des Géants, attribué à Hénoch
— la Règle de la Guerre (1QM).

Les iraniens radicalisent l'opposition en termes de lutte entre le Bien et le Mal (Ahura Mazda contre Angra Mahnu ou Ahriman).

L'Évangile de Jean, à ralents gnostiques, fait dire à Jésus qu'il est la Lumière du Monde (8,12).

Toutes ces traditions, refoulées par les Pères de l'Église qui les considèrent des hérésies, ont été marginalisées également par le judaïsme officiel.

Cependant le dogme très puissant est remonté à la surface par le canal des Manichéens, des Bogomiles, des Cathares, des Albigeois, tout au long du Moyen Âge et survit dans les mouvements anthroposophiques.

* * *

En tant que communauté, les Leukoi ont fondé une ville, Paris, car le nom grec de Lutetia est λευκετία. Ce n'est pas pour rien que Paris est la Ville Lumière.

Les noms propres marqués par les Leukoi sont le satrape Se-leucos, le philosophe Leucippe, Luc, Lucianus, Lucullus et Lucia qui, en Italie, est une sainte très populaire, protectrice de la vue.

Dans le folklore scandinave, la même sainte, Luce, est honorée par des cérémonies où une jeune fille porte une couronne de bougies.

Dans une forme corrompue, λευκός est devenu λαικός (laïc) = celui qui ne fait pas partie du clergé (là bien sûr où domine une autre population avec ses mythes, sa religion).

Les Néphilim

L'ethnie en phonème est «na» ou «ne», suivi de «s» («r» par rhotacisme), ou de γ/Ϝ. Ainsi dans le terme qui a prévalu, niger, l'infixe est γ.

Toponymiques historiques

Sur notre continent, ces toponymiques sont:
— la Pannonia, région peuplée d'Illyriens fortement infiltrée d'éléments celtiques,
— la province romaine du Norique (où se trouve aujord'hui Nürnberg); on y vénérait Noreia, divinité aquatique,
— Genabum Aureliani (Orléans),
— Némée, vallée en Argolide,
— le peuple des Navari sur le Dnieper,
— le peuple des Neyroi, mentionné par Hérodote, au nord des Scythes (haut cours du Dnestr).

A côté des toponymiques historiques, on repère sur nos atlas actuels un très grand nombre de vestiges noirs:

Il y a d'abord les fleuves, comme
— la Neander, berceau 150-millénaire d'une race très primitive et cannibale, pas encore «sapiens»,
— D-nieper et D-niester, tous les deux en Ukraine,
— Néva en Russie septentrionale,
— le Da-nube (qui naît dans la Forêt Noire et se jette dans la mar Noire),
— Neckar et Neisse, en Allemagne,
— la Nièvre en France,
— I-nari en Finlande,
et j'en passe. Pour le reste, je me bornerai à relever:
— l'A-natolie

Le grec αἱ Ανατολαί pour l'Anatolie, expliquée du grec ἀνατολή (lever du soleil) pourrait davantage se rattacher à lat. nauta, navigant, avec suffixe -l généalogique (comme Nautilus) et même morphologie (thème masc. en -a).
— en Espagne: Navarre,
— en France: la Nor-mandie (composition); Nantes (lat. Namnetes, cotoyant les Ve-nètes); Naix (lat. Nasium); la Ca-nebière à Marseille (avec préfixe cornu);
— en Italie: les villes de Novara en Piémont, et de Nervi, Oneglia, Novi et Ge-nova sur la Riviera, où les habitants ont des yeux fortement foncés. C'est tout près qu'on a trouvé les négroïdes de la Grotte de Grimaldi (Menton), dont on évalue l'époque à Mindel-Riss et Riss; Cannobbio sur le Lac Maggiore

Naquane (Val Camonica), avec sa chapelle sixtine de gravures rupestres, dont les artisans pourraient être soit des noirs, soit des Camuni;

Nissa (Caltanissetta) en Sicile,
— en Suisse: Genève (Ginevra),
— en Allemagne: Nürnberg, Hannover, Nab en Bavière...,
— en Belgique: Namur (Namen), Ninove, Nivelles, Néthen,
— en Angleterre: Norwich, Norfolk, Loch Ness, Nottingham,
— dans l'Ulster: le lac Neagh.

L'Europe négroïde est des époques dites «aurignacien» et «périgordien» (Paléolithique supérieur), avec industrie des coquillages percés. Qu'on ne s'y trompe pas: tous ceux qui ont yeux ou cheveux foncés y sont passés. Ceci vaut surtout pour les insulaires.

Même le pronom «nous» resonne «noir»: dans le dialogue Nous-Vous il y a des interlocuteurs disant «nous les noirs». Le cas datif latin:

no-b-is montre le déterminatif Ғ. L'adj. latin noster est formé avec 'tar' (un oiseau de nous les noirs).

Certains termes sont éloquents, comme fr. dénigrer (dire à quelqu'un qu'il est noir ou comme les noirs), all. nörgeln (même sens). Le refus de fréquenter des gens noires est condensé dans l'angl. to snob - attitude de dédain reflétée dans l'all. schnippisch (dédaigneux).

Le vocabulaire allemand détient le record de fossiles précieux à la science des origines, comme par exemple:
nicken (dire 'oui' par un mouvement de la tête en avant),
neigen (s'incliner), évocateurs d'une époque mythique d'asservissement des hommes (le radical désigne les noirs) qu'on attelait au joug comme des animaux pour le transport ou le labourage. A différence d'autres peuples comme les turcs ou les indiens qui marquent le consentement ou le dissentiment par des gestes bien à eux, les peuples issus de la vieille Europe ont assimilé à «oui» le mouvement qui accepte le joug et à «non» le mouvement tendant à le secouer. N'est-ce pas la «nuque» la partie soumise au joug? (all. Nacken, angl. neck éclairant l'all. K-necht, serf).

En Baruch 2,21 cette sorte de soumission est claire:

> «Ainsi parle le Seigneur:
> Inclinez votre nuque et servez le roi de Babylone».

L'anglais et l'italien ont, pour ce mouvement de la tête résignée au joug, respectivement to nod et annuire (lat. ad-nuere).

La proximité du peuple noir découle, pour les allemands, du terme *nah* (près) et pour les anglais, d'une façon encore plus évidente, des termes *neigh*-bo(u)r et *near*.

Par ailleurs, la lune sumérienne s'appelle Nannar et est un dieu. La présence noire dans le substrat allemand est détectée par Ge-nosse (compagnon), K-nabe (garçon), Neffe et Nichte (neveux). Nennen, c'est donner le nom, démarche très importante puisque elle implique la conscience de la diversité. Une figure très populaire est le «Narr» ou bouffon du Carnaval allemand.

Cette population s'est adonnée à plusieurs activités, à part les coquillages percés dont on a des échantillons concrets. Les vestiges lexicaux parlent de *cueillette* (noix, nèfles, navets, sénevé, ananas, all. Knoblauch, ail); de *tissage* et *vannerie*, qui découlent de l'all. Knüpfen (nouer des fibres), Hanf ou kannabis (chanvre), fr. canevas, nappe(ron), esp. canasta (panier); de *métallurgie* découlant de nickel, all. Nagel (clou), angl. knife, fr. canif, esp. navaja (couteau) qui marquent une évolution par rapport à all. Knüppel et Knebel (gourdin); par ailleurs, all. sch-neiden veut dire «couper» avec une lame; naphta; gnomes: les nains nibelungen du folklore des tréfonds; le fr. nabot confirme la petite taille des naϜ; de *commerce*, cfr lat. negotium.

Est-ce pour échapper au joug, à l'asservissement dont on a dit, ou parce que menacés d'extermination, qu'ils ont quitté l'Europe Centrale, où ils ont laissé des vestiges non seulement lexicaux (le Christianisme n'a pas déraciné les nombreuses madones noires éparpillées sur toute l'Europe[30] — par ailleurs les sanctuaires dédiés à «Notre-Dame» s'adressent à une protectrice païenne), pour s'établir sur le pourtour de la Méditerranée? Leur présence tout à fait au nord (Lapons, Scandinavie) pourrait s'expliquer par cette fuite volontaire ou réfoulement.

Le bassin méditerranéen est parsemé de localité nigritiques: Napoule (Côte d'Azur), Naples, appelée aussi Parthénopé avec allusion à une vierge noire, Nauplie (Péloponnèse), Naupacte (golfe de Corinthe), Naplouse (Jordanie), Cnide ou Gnide en Carie, avec temple consacré à Vénus.

L'isoglosse africaine englobe Nébo, Néguev, Nubie, Nil (Neilos), Niger, Nigeria.

En Amérique du nord, en plus de la région Nebraska, du Nevada, on connait une population de Navaho aujourd'hui parquée dans l'Arizona. Et puisque les noirs paraîssent très bien familiarisés avec l'élément eau, il y a Niagara au nord et Rio de Janeiro au sud.

Il est un fait que, en prélude de l'époque classique, leur domaine était surtout la mer, sur les îles (grec νῆσος qui se trouve en Dodécanèse, Péloponnèse...), notamment en *Crète*, dont la capitale était C-nossos, à jumeler à la K-nesseth ou Parlement d'Israël, et en *Sardaigne* où eux, ou leurs descendants, ont bâti les forteresse de type cyclopéen dites «nuraghi» (avec suffixe γ) et habité l'emplacement de la ville de Nuoro.

Le premier roi d'Argos s'appelait Inachos et était le fils de la déesse de la Mer Téthys. Il est curieux de constater que dans les langues australiennes «je» se dit «inachu» (moi, le noir), à confronter à l'hébreu anôki, à l'égyptien anc. ynék et au chinois nkô.

Nérée et ses filles, les Néréides, devaient être ce que leur nom indique. Les sources étaient hantées par les Naïades (cf. noyer) et les nixes, cf. all. nass (mouillé), Netz (nasse), nausea (mal de mer), tandis que 'nager' avec son γ infixe nous ramène aux nègres. La nacre est un produit de la

[30] P.E. SANTANGELO, *Fondamenti etc.*, vol. XVII, 1962, p. 97: «... nell'Europa centrale ci sono varie madonne nere (cf. l'Iside egizia) per es. in Polonia (Chestochowa) e in Orobia provincia di Biella)».

mer connu depuis la plus haute antiquité. Les plantes aquatiques s'appellent «nuphar» ou «nénuphars». Nausicaa cependant avait les bras blancs, ce qui la distinguait de l'entourage.

Une des regions à plus forte concentration devait être la Mer Noire, c'est-à-dire la mer dont les rivages étaient peuplés par des noirs[31]. En grec, soit l'homme (α-νηρ) que la femme (γυ-ναικ-) sont noirs. Le recit de la Genèse concernant les noces des anges doit avoir emprunté, dans sa forme primordiale, d'abord orale, une langue qui assimile les hommes aux noirs.

Les Néph-il-im dont parle la Genèse (Gen. 6,4) en relation avec «les filles des hommes» nous amène aux noirs en force du radical Neph. Seul ou en composition, on repère ce radical dans la Bible plusieurs fois: Nephtali (fils de Jacob et de sa servante Bilha), Naph-tuh (Gen. 10,13), Netanéel (1 Chron. 24), Nabal (I Sam. 25,3), Nahum prophète de malheur pour Ninive, Nahor frère d'Abraham (Gen. 11,22-24), Nebat (2 Chron. 13,6) père de Jéroboam 1e, Nadab fils de Jéroboam, les Nabatéens, qui vouaient un culte spécial aux morts et partageaient avec les phéniciens l'horreur des profanations.

La vocation maritime est confirmée par Nep-tune et nav-is (navire), ainsi que par l'it. «no-lo», prix payé pour le transport du fret. Le radical des noirs avec suffixe -l a donné aussi ca-nal, cours d'eau creusé à l'époque pastorale.

En Afrique, la forme en γ est plus fréquente: Négus, Néguev, Niger... En direction de l'orient la forme en Ϝ s'est affirmée davantage: Mont Nébo, Ninive (collectif de neϜ), Nippour, Nubie, nabab en hindoustani et Népal avec sa population de Newars. Les deux reines égyptiennes Nefer-hotep et Nefer-titi, et, en Chaldée, les rois Nabo-pol-assar et Nabu-chodonosor n'auraient été que des quarterons.

En Extrême Orient on trouve les Nippons, comme les Japonais s'appellent eux-même (et ils invoquent le dieu Tza-nagi). Curieuse, et extrêmement allongée, l'isoglosse allant des Nippons à Ae-nipons (Innsbruck, avec art. plur. en préfixe).

Au Moyen Âge, on a une réémergence mythique, marginale, dans l'épopée des Nibelungen.

*
* *

[31] P.E. Santangelo, *Fondamenti etc.*, vol. XVII, 1962, p.96: «... come si hanno le denominazioni Mar Nero, Mar Rosso, Mar Giallo, e forse non si allude al colore del mare, ma al colore delle razze negre, rosse (Eritrea), gialle (Mongoli) che abitano sulle loro spiagge, cosí la denominazione «Foresta nera' Schwarzwald forse... allude alle razze negroidi che un tempo l'abitarono».

A quelques exceptions près (têtes négroïdes, Vénus stéatopyges provenant des Balzi Rossi près de Ventimiglia, de l'époque aurignaco-périgordienne), cette race est oubliée dans les fresques, peintures et sculptures mises à jour. C'est que lors de l'éclosion des arts (quelques millénaires avant notre ère), il n'y avait guère de Néphilim sur la terre connue, comme le constate le redacteur de la Genèse: ils avaient été complètement assimilés par les autres autochtones (pour autant qu'on puisse employer ce mot pour une époque marquée par le nomadisme sans frontière) après avoir apporté leur contribution à l'épanouissement de l'homme méditerranéen, qui se caractérise par l'exubérance des dons artistiques (civilisation minoënne et des autres îles).

Il n'est donc pas défendu d'imaginer Neptune avec la tête de Mobutu plutôt qu'en homme barbu, blanc, au profll grec[32].

Mœurs

Des termes comme «nu», all. nackt paraissent désigner une population réfractaire à l'habillement, mais une évolution s'amorce dans les mœurs, du moins à contact des allemands, comme indique Knopf (bouton), Nadel (aiguille), nähen (coudre), Knoten (nœud), tandis qu'en anglais on a to knit (tricoter).

De plus, lorsque le radical est précédé du préfixe «ca» ou «ka» on peut arguer que l'ethnie a adopté une coiffe à cornes et aborde l'époque pastorale. C'est un moyen presque infaillible de dater les noms, et si vous comptez les pages de l'annuaire répertoriées sous «C» ou «K», vous verrez que les familles de cette espèce sont encore très nombreuses.

Sur les atlas (anciens ou modernes) on repère: Canebière (Marseille), Canossa et Canazéi (en Italie), les îles Canaries, Canada, Canaveral (Floride), Canaques (population de la Nouvelle Calédonie), Canope ancienne ville de la Basse Égypte et aussi Ca-naan à la fois fils de Cham et nom de la Terre Promise. Ainsi, les prêtres et les lévites qui ont pris femmes parmi les filles des Cananéens (Esdras 9,1-2) ont-ils conclus une mésalliance en tous points pareille à celle dénoncée en Gen. 6,4 lorsque les Néphilim étaient sur terre.

Puisque Canaan était le fils de Cham, on n'a pas tort de faire remonter à celui-ci soit les chamites, soit la race négroïde africaine; mais déjà Noé lui-même (hébr. Noha) était de cette race, nous dit son nom. Il s'ensuit que les rescapés du déluge étaient tous des sang-mêlés.

[32] «Jupiter entre Neptune et Pluton», fresque trouvé sur la via Appia, daté du IIe siècle de notre ère, conservé au Museo Gregoriano Etrusco du Vatican.

Des préjoratifs modernes sont 'ca-naille' (it. canaglia) et all. Ga-nove. Une pratique abominable, visant à incorporer par communion les forces et les qualités d'une victime sacrifiée, est le cannibalisme (toujours à préfixe ca).

Un texte égyptien atteste cette finalité:

> ...
> Cette terrible nourriture lui est utile,
> car il mange les tripes pleines
> et s'en rassasie,
> il mange leurs cœurs et leurs couronnes,
> et en absorbe les forces,
> de sorte que leur enchantement
> est dans son corps...[33]

On a vu que nav-ire renvoye aux naϜ tout court. Avec préfixe ca, on a une embarcation typique des noirs, la ca-noë, dont le radical est pour ainsi dire Noé lui-même (qui était un expert navigant).

Un autre bateau «noir» est la pi-nasse ou pé-niche. Ici le préfixe est du type π grec, c'est-à-dire l'échafaud, l'imbrication de planches, et ne sert donc pas d'article ou de déterminatif masculin comme le P latin, qu'on trouve préfixé au phonème des plus anciennes populations (races négroïdes, tartares, anges...), par ex. π-νευμα, π-τερ- (aile), pa-ter (sanscr. pi-tar-), le dieu P-tah, p-rince, l'égypt. p.-schent (= ceint).

Si «P» avait fonction d'article, il a été évincé par la suite par les voyelles servant d'article surtout pluriel, surtout s'il s'agissait de communautés: ai (=e), a(i), (a)i, o, u: ainsi doit-on décoder Égypte: les gypsi; Italie: les Tali; Hellas: les Las (avec H préfixé à titre de hache indo-européenne, voir pages 90-91). L'exacte équivalent de gr. p-neY-ma est a-nem-os et lat. a-ni-ma.

Étant donné la vocation aquatique des NeϜ, il n'est pas défendu d'interprêter le Carnaval comme une fête qui débouchait sur le cannibalisme, dont faisait les frais le roi-bouffon (avec parallélisme bouffon/bouffer). Les villes dont le Carnaval est le plus couru se trouvent sur un parcours fluvial ou en bord de mer: Düsseldorf et Cologne sur le Rhin, où le bouffon = Narr, Nice, Venise et Rio de Janeiro (trois villes à radical noir) sur la mer.

Heureusement il n'y a pas que le cannibalisme; la figure de S. Nicolas évêque de Myra se double de celle d'un mythique personnage enraciné dans le paganisme, qui remontait les fleuves de l'Allemagne et de Pays Bas pour distribuer des cadeaux aux enfants.

[33] A.M. di Nola, *op. cit.*, pages 149/150.

Le phonème en nasale est à la base de ces autres mots:

noma-des : tribus errantes allant se fixer sur un terrain à paturage, appelé «nomos» ou province d'un territoire unifié. La population nomade par excellence est celle des Numides, constituée en État seulement au IIe siècle av. n. è., sous l'autorité de Masinissa (maçon ou senoussis).

a-nax chef ou roi, en grec. Issu de Ϝάναξ[34], tandis qu'au pluriel, Ϝάνακες sont les Dioscures.

eu-nuque : = aiy-nuq- (gardien du sérail ou personne de confiance des princes orientaux);

Ja-niss-aires: soldats de l'infanterie turque;

Nike : Le féminin est dû au fait que la statue de la Victoire représente l'idole femme, portée à l'avant d'un navire. La victoire est donc avant tout l'issue d'un affrontement naval. (Cela explique aussi pourquoi gr. ναῦς, lat. navis, pirogue, chaloupe... sont entrées dans le lexique avec le genre féminin).

Onomastique: Andersen, Andreotti, Andrič, Andropos, Az-navour, Canella (issu des «Canulei» latins), Canova, Chanel, Cunedda (roi écossais du cinquième siècle), Kennedi, Kneff, Knorr, Knox, Knud (rois scandinaves), Nabokov, (mac) Namara, Nanak, Nansen, Nassau (famille feudale germ.), Nasser, Necker, Néguib, Nehru, Nenni, Néper, Néron, Newton, Nicot, Nietschke, Niγ-son, Nobel, Norodom, Noureev, Nuñez, O'Connor (nom, et clan irlandais du Connaught), Onassis, O'Neil, Pnine, Po-niatowski.

Noms propres: André, Annibal, Dionigi (Dénis), Ga-nymède, Geneviève, Gennaro, Gunnar, Ignace, Kenneth, Nadia, Nagako, Napoléon, Nestor, Nicodème, Nicolas, Ninus, Niobé, Noémi, Nora, Nour, Sandre, Zénobe et l'ange φa-nuel.

Habitat: non seulement tropical, comme «ba-nane», mais aussi: g-neiss, onyx, genévrier, gnou, pony (monté par le knight).

Note:

Les Hellènes se servaient, pour désigner la couleur noire, du mot μέλας.

Le grec μέλας a été reçu dans le lexique latin, mais dans la connotation tout à fait péjorative de «malus»[35], compensé pourtant par «melius».

[34] E. Boisacq, *op. cit.*, page 60.

[35] P.E. Santangelo, *Fondamenti etc.*, vol. XVII, 1962, p. 109: «La inimicizia delle razze é depositata nel lessico: perché μέλας (nero) é da confrontare con lat. malus».

Jacob avait épousé Léa et Rachel. Leurs noms résument l'hérédité lévite et raγite greffée à la généalogie des patriarches.

Après avoir cherché de par le monde les traces de l'élément lévite, nous allons en faire autant avec le second, d'autant plus que les vestiges lexicaux sont abondants et permettent de brosser un portrait saisissant de réalisme.

Les rav / les roux

La lignée de Ra se présente sous les formes r̥g, r̥b, raγ, raϜ, r̥k et aussi 'race' et Bra-ma (avec alternance c/g comme relevé à page 33).

S'ils sont des sémites (et pour autant que ceux-ci aient leur berceau en Arabie), ils le sont devenus par accident de parcours, car leur origine est on ne peut plus nordique: la region arc-tique, avec habitat d'ours (αρκ-τος), de cerfs (all. Reh) et d'éricacées ou bruyères.

L'ancêtre éponyme est Ra, dieu solaire qui aboutit en Égypte à Héliopolis.

Avec γ, l'ethnie des Ṛγ se trouve en Sa-rgon (ou Sarrukin, c'est-à-dire le rouquin préfixant le serpent), qui guidait vers la moitié du 3e millénaire les Agadéens à la conquête de la Mésopotamie sumérienne. Ils adoraient le soleil (c'est évident: Ra) et les étoiles, tout en incorporant les mythes sumériens trouvés sur place (comme le héros Gilgamesh).

A cette domination commandé par un Ṛγ succède, quelques siècles plus tard, celle des Laγ avec capitale Lagash. Leur chef a un dieu personnel ayant comme symbole des dragons ailés.

Vers 2000 c'est à nouveau l'ethnie des Ra, mais avec digamme: RaϜ, qui revient au pouvoir.

Il s'agit du roi Hammurabi, connu aussi pour son activité législative: il avait fait graver un code de 282 lois sur des dalles de basalte; mais leur style (casuistique) est très différent des dix commandement que Dieu fera graver pour Moïse.

Si nous analysons le nom de ce roi, on trouve chez lui le 'rabi' précédé, en plus de l'article Ha, d'un préfixe «M» fort à l'honneur chez les peuples nord-africains: Ma-rabut (cf. Rabat), saint rabi musulman; les Al-Mo-ravides (où 'al' est l'article arabe); Ma-roc (et Marrakech); Ma-gh-reb.

Des enclaves européennes en sont: la Mo-rav-ie et les Me-rov-ingiens issus de Mé-rovée.

Plus tard, ces «rabis» se trouveront en composante du nom des rois assyriens Senna-che-rib.

Raγ se trouve en El Rachid, le Calife des 1001 nuits, qui donna à Charlemagne une clépsydre.

Raγ et RaϜ avaient été attirés (tout comme les Mer et les Laγ d'ailleurs) vers la Mésopotamie et ils y avaient fondé des royaumes, mais leur berceau se situe, comme j'ai dit, tout à fait au nord. On constate unr très grande dispersion toponymique sur toute l'Europe, de l'Espagne à la Russie en sens horizontal, de la Scandinavie à l'Italie en sens vertical. En déferlant en hordes sur la Grèce, les premiers occupants, tels les Achéens, les appellent «b-arb-ares».

Expansion en Méditerranée

La civilisation crétoise est contemporaine de la campagne de Sargon et des Agadéens. Crète est la patrie des mythiques *Argo*-nautes, embarqué avec Jason sur le bateau *Argo* dans le but de s'emparer de la Toison d'Or en Colchide où elle était gardée par un dragon. Faisaient partie de l'expédition, entre autres, Laërte, Pélée, Orphée et une seule femme, Atalante. Jason put atteindre le but, aidé par Médée à laquelle il avait promis le mariage (serment de marin).

Le rayonnement de la civilisation crétoise s'est fait en direction

a) de la Phrygie (Troie): branche avec ϕ (Ph-ryγ) en préfixe
b) du Péloponnèse: l'Arcadie, l'Argolide avec ses villes de Argo et de Mycène. Homère appelle Argiens l'ensemble des guerriers venus combattre Troie. Argo est par antonomase le Péloponnèse.

Expansion vers les Balcans et l'Asie Mineure

Dans sa course vers des terres fertiles, la branche avec préfixe γ a occupé le berceau de notre civilisation et l'a baptisé G-rèce. Elle y occupe notamment l'Arcadie. La d-rach-me est une monnaie raγ. Lorsque on trouve que la Grèce archaïque est difficile à comprendre, il faudrait essaier une approche de ce genre.

Pendant un certain temps, les Raγ ont constitué une minorité dominante, en cotoyant les Pélasges (c'est-à-dire des Lagides) et d'autres ethnies comme les Ioniens ou les Eoliens avant d'être submergés par les indoeuropéens Hellènes et Doriens.

Deux législateurs ont marqué la société des deux villes qui se disputaient l'hégémonie: Lycurge (mi-laγ mi-raγ) à Sparte, qu'il a douée d'une constitution originale prévoyant deux rois (reflet d'une dualité ethnique) et Dracon, archonte d'Athènes (que certains prétendaient être la personnification du serpent vénéré et nourri dans l'Acropole). Deux siècles plus tard, la scène athénienne est dominée par la figure de Périclès, d'où l'on voit que les meilleurs familles s'enracinaient dans cette souche, même si on les dit légendaires comme E-rechtée (immortalisé dans l'Erechtéion).

Les lettres φ et θ sont explicitées dans la IIe partie du livre. Nous trouvons, avec le préfixe θ, une branche de la 'race' qui baptise la Th-race (Θρακη). A Rome, une catégorie de gladiateurs s'habillait et se parait comme les thraces, nous apprenant que leurs armes étaient un petit écousson et un poignard (sica). La langue parlée est rangée parmi les indoeuropéennes.

Xénophane, fondateur de l'éléatisme, rapporte dans son fragment n° 16, que les Thraces disaient que leurs dieux avaient les yeux bleus et les cheveux roux.

La branche préfixant la lettre de noblesse φ a atteint l'Asie Mineure avec le nom de Phrygiens et fonde Pergame, ville rivale d'Alexandrie au IIe siècle av. J.C.. Là encore, il s'agit d'une minorité dominante qui donne le nom à la moitié occidentale du territoire. Soit Hérodote, soit Strabon (lui-même probablement un rab) avaient donc raison d'affirmer que les Phrygiens sont arrivés de la Grèce.

Ceci s'est passé au IIe millénaire. (A l'apogée de leur puissance toutefois, le territoire n'est plus gouverné par des phrygiens, mais par des Mèdes, comme cela ressort du nom du roi Mida).

Ce sont eux qui ont détruit le nouvel Empire hittite aux environs de 1200 av. J.C. Homère dit d'eux qu'ils étaient des grands guerriers blonds; la femme même de Priam, Hécube, aurait été phrygienne.

La Phrygie a exporté des cultes à transes, liés à l'ivresse rituelle qui permettait d'atteindre la communion avec dieu.

De noyaux de ces pirates ont participé aux raids des Peuples de la Mer qui ont déséquilibré la Méditerranée pendant un siècle: les inscriptions hiéroglyphiques égyptiennes mentionnent les «Teresh».

C'est en revenant de l'Orient (Asie Mineure) que des cultivateurs raγ ou raϝ ont introduit en Europe la vigne, dont se fait écho la légende de Noé père de Sem. Le nom même de l'arche renvoye à la «race» en question. L'all. Rebe, Rapp et Rausch, le fr. g-rappe et racème, le grec ῥαξ (rag-ov), l'arrack ou vin de palmier, le raisin (rappelant les Rasena étrusques), l'orge, le 'cru', l'angl. g-rog et to brew (faire fermenter, spéc. pour la bière, inventée quelque trois milliers d'années avant n.è.), le russe гроэдь (grappe) et les 'orgies' (mystères de Bacchus) confirment que les peuples en question ont introduit la vigne et la boisson fermentée, symbole d'une culture opposée à celle de l'ail.

Dans différents pays ou mouvements ou sectes il y eut, et il a toujours, mise au band de la boisson fermentée, énivrante (les Manichéens disaient que le vin était la gale du diable). Au sein de la communauté hébraïque, les Nazires n'en buvaient pas. Cet interdit frappe de nos jours la d-rogue, évolution moderne de l'alcool. L'origine de cet interdit est éthico-religieuse. Un péjoratif enraciné dans la boisson est «crapule».

Trajectoire verticale

Dans le sens nord-sud, le parcours pourrait commencer par Ravensbrück (Allemagne du Nord), passer par Ravensburg (Allemagne méridionale) atteindre la Suisse (Brig, cfr. aussi 'braconnier'), puis l'Italie (Riv-iera, Brixia ou Brescia) descendre à Ravenna, au Rubicone, à Fregene près de Rome, aux A-bruzzes et terminer à Raguse (Sicile). Une autre Raguse se trouve sur la côte dalmate et est à rappeler ensemble avec Sa-rajévo et la Se-rbie (à confronter avec Sa-ragossa en Espagne).

Ils lèguent leur nom à tout ce qui est Berg (mont), ou bourg (citadelle), noyaux de maisons à destinée parfois impériale comme Co-burg, Habsburg, et les germaniques Burg-ondes.

On retiendra la pénétration capillaire, dans le lexique allemand, de la particule «irg» (irgend).

Des capitales aussi importantes que Riga, Prag et Bruxelles (ville à jumeler à Brooklyn, quartier de New York) avec son faubourg Rixen-sart, ou même Bruges capitale de la laine, surgissent sur le parcours raγite. Alors que les Belges étaient un peuple de B-laγ, le Brabant se reclame des B-raϜ. La maison de Braγ-anz a regné, elle, au Portugal (et au Brésil, conquête des B-reds). Maintes villes portugaises ont une terminaison en «briga» dite celtique, en réalité raγite. Les enfants de Ra faisaient partie de l'univers celtique. En particulier, ils donnaient les prêtres et les divins: les Druides.

Dans un autre latitude, les Druses perpétuent ce même esprit d'indépendance qui avait caractérisé les Druides au temps de César.

En Angleterre, nous retiendrons Barrow, B-righton et Y-ork avec le préfixe Y.

Roma

Si la louve est un élément lévitique dans la légende concernant la fondation de la ville éternelle, le nom (Ῥώμη, russe Рым) renvoie aux «Roumi» ou aux «Rahma».

Les fondateurs, Romulus et Remus, s'apparentent à Jé-rôme et Jé-rémie. Leur mère Rhéa descend de Ra ou Rê en ligne directe.

L'environnement n'est pas exclusivement ramaïque.

Les Raγ ont exercé la fonction royale (lat. reg-s). P-roc-as était le père d'Amulius et le roi légendaire d'Alba la longue.

Les citadelles s'appellaient «arx», où on montait pour prendre les auspices avant de confirmer un roi.

A l'époque romaine, cette ethnie a fait parler d'elle par les Gracques appartenant à la petite noblesse et pourvus de sens démocratique (ou démagogique?).

La plus ancienne catégorie sacerdotale était celle des douze fratres Arvales. Il y avait aussi l'institution des Probi Viri. La robe rayée de rouge des citoyens romains de première classe s'appellait «trabea».

On dit que Roma est issue de l'union de trois ethnies ou tribus:

— les Sabins, ou Titienses (c.-à.-d. Teutons),

— les latins ou Ramnes (les B-rahmanes) à ne pas confondre avec les F-lam-ines enracinés dans l'ethnie das Lama ou mieux encore dans la gens Volumnia;

— les Luceres, c.-à.-d l'élément lévite. Il s'agit des leukoi, survivant dans l'institution des lic-tores romains (les officiers).

Par analogie à Rome, des villes comme Brème en Allemagne, et Rimini, Crema et Cremona en Italie sont des villes de Ramnes ou ramaïques.

En appelant les chrétiens «Roumi», les Arabes font allusion, sans se rendre compte, aux Ramnes. Les Chrétiens le leur rendent bien en les appelant, au Moyen Âge, «Sarraceni», ce qui n'est pas sans rappeler les Rasena étrusques.

L'origine de Prométhée ne doit pas être cherchée en dehors des P-raYma (avec séjour en Asie Mineure, cf. Pyramus, fl. de la Cilicie, et Priam).

Rayonnement sur l'axe méridional

En poursuivant sur la lancée de la Mésopotamie, à laquelle les Raγ lèguent leur nom (I-raq = ai raγ), les rav de leur côté occupent l'actuel territoire de l'Arabie (comme d'habitude, une minorité donne le nom à toute une region): Arabie vient de

A(i)-rabi = les Rabis.

(C'est pour cela que l'Arabie passe pour être le berceau de la race sémitique). Leur influence s'est étendue en effet sur les côtes de ce pays, si bien que la mer s'appelle, d'après leur nom et leur type physique, Mer Rouge (cfr. tableau des signalements).

Les roux ont poussée jusqu'à l'Erythrée:

A(i)-rythr- = les roux.

Les anciens donnaient ce nom-là à la Mer des Indes également, toujours pour le même motif: la présence des roux.

L'Afrique (ou Ifriqiyya, ancien nom arabe de la Tunisie et de l'Algérie) se décode comme suit:

a(i)-Ϝriq (les rouquins).

Ethnonymiques africains: Rabat, Ruwenzori, les Gouroussi en Haut-Volta, l'oasis de Ja-rabub en Libye.

Expansion mondiale

En Amérique Latine, la classe dominante et conquérante est celle des c-ré(Ϝ)ol, cfr. angl. crew.

B-rez-il, Peru-v, Pa-rag-uay et U-ruguay sont autant de témoins de l'expansion rav ou raγ. A rappeler, au sujet de la découverte du Nouveau Monde, les ca-*rav*-elles, moyen de transport par mer, homologue de la ca-*rav*-ane cheminant sur le désert et dont la bête de somme est le dromadaire (grec δ-ρομας). L'éléphant du dieu Indra s'appelait Haravan (aryanisation animale).

Mais bien avant la découverte par Colomb, les roux avaient atteint l'Amérique du Nord, il y a 20.000 ans, par le détroit de Béring (des vestiges onomastiques sont l'O-regon et l'A-rizona). Aujourd'hui, la dénomination de Peaux Rouges est abusive, mais elle doit remonter à une époque de domination qui a vu le pouvoir exercé par les roux; ceux-ci, ne connaissant pas encore les conséquences des mariages mixtes, n'avaient pas institué les castes comme ont fait les brahmanes en Inde et se sont anéantis dans l'élément indigène.

Les Indiens d'Amérique aiment se tatuer et peindre de rouge, couleur symbolisant la divinité ou la royauté. Quelques tribus ont un nom qui évoque les roux: les C-row (en souvenir de l'oiseau fétiche, le corbeau), les I-roquois (en parallèle avec I-raq), los Caracas, Caraîbes.

Les marins créoles ont pour ancêtres des Rav pâtres. L'équivalent pré-pastoral est la province italienne de F-riul (anc. Frigoli ou Frivoli — donc rien à voir avec Forum Iuli) et la ville de Forlí.

En Russie, il est possible que 'korol' (roi) fasse allusion aux créoles, les navigants Varègues dont il est question à page 74.

De son côté, l'angl. 'cruel' en relation avec 'crew' accable les créoles pillant l'Amérique par tous les moyens. La créature de Frankenstein opinait à leur sujet: «L'homme était-il à la fois si puissant, si généreux et pourtant si cruel et si méprisable?.. une simple incarnation de l'esprit du mal...»

Disons, pour terminer, que les plantations de canne-à-sucre étaient exploitées par les 'Roumi', comme cela se lit dans l'angl. rum.

Égypte

Pharaon = φ-raon. On a ici l'ethnie des «Ra», donc des roux préfixant un lettre magique étudiée dans la 2e partie. Les Pharaons se proclamaient en effet «fils de Ra» (le gentilice est présent sous la forme 'on').

La Py-ramide elle-même force à attribuer ces monuments funéraires aux Rama, tandis qu'une autre figure géométrique, le p-ris-me, confirme la familiarité des рыж- (à savoir, les roux) avec le calcul des volumes.

Ce radical se trouve en composition du nom des douze rois *Ramsès* (dynastie fondée par le général *Paramessou*), dont le II et le III sont devenus les maîtres du Proche Orient grâce aux chars de guerre indo-européens introduits par les Hyksos. L'architecture et la décoration murale des tombes atteignent des sommets (temples d'Abou Simbel, fresques du Livre des Morts et du voyage nocturne du soleil sur les parois et le plafond de la chapelle de Ramsès VI).

Re, dieu solaire, est aussi un dieu créateur, qui inaugure la création par l'édification de la colline primordiale.

Un autre parallélisme judéo-égyptien est «le Dieu qui crée par la Parole» (en Égypte, ce dieu est Ptah).

Enfin, la pesée de l'âme est une notion commune à la religion judaïque (où cette opération est confiée à S. Michel), au monde brahmanique (psychostasie), et aux croyances égyptiennes de l'au-delà (où c'est Thot, le dieu scribe, qui y préside; l'âme est alors dirigée vers Osiris assisté de 42 dieux).

Toutes ces convergences prouvent que la Bible avait raison de dire que Cham et Sem étaient frères (voir page 132).

Le radical du nom d'Égypte est «gyp» à rapprocher à ital. gufo (chouette), hébr. ʿop (oiseau); ai-gup- sont donc les oiseaux-guide des premiers occupants, et s'il s'agit de la chouette, vénérée soit en Grèce que par les Aztèques (constructeurs de pyramides comme les égyptiens), les liens ancestraux préhistoriques entre mexicains et égyptiens y trouvent une nouvelle confirmation.

Russie

En vertu de la loi des disproportions, une minorité de roux aguerris a donné le nom, passée la P-russe, à l'immense Russie (et à la roupie). Il s'agit des Varègues, les «roussi» assimilés aux slaves, provenant de la Scandinavie sous la conduite de Ru-rik et dont l'activité de marins découle de ces pièces à conviction: frégate, regate, pirogue, Wreck (épave), crew (équipage), wharf (jetée), Werft (chantier naval), rafiot, caraque etc. Il y a même un style de nage appelé crawl (à cfr. à all. Krawalle).

Quant aux Vikings, leur expansion s'est faite à l'ouest, à bord de «d-rakkars» à la proue (autre mot redevable aux roux) ornée de dragons.

Les conquérants formeront une aristocratie appelée D-rouj-ina, balayée par la Horde d'Or et les troubles des siècles obscurs. Il faudra un soulèvement national en 1613 pour reporter sur le trône un Rama ou Roumi: Michel Romanov.

Mais avant l'installation des Varègues au nord de la Russie, des branches cousines les avaient déjà précédés au sud, ainsi par exemple la tribu fondatrice de Rome ou Рым est la même de celle qui, parée de cornes, a baptisé la C-rimée (Крым). Cette presqu'île confine à l'U-k-raine, contenant le phonème de Ra.

On trouve les Rak à Krakow (Pologne) et à Gorki en Gé-orgie appelée en russe Грэия avec évocation de la couleur (russe рыж-). De Staline, géorgien, on sait que la mère et le fille avaient les cheveux roux.

Saint Georges écrasant la tête du serpent s'enracine dans les légendes de ce pays qui a été une des stations de la 'race' (cfr. le fleuve caucasien A-raxes que certains identifient au Gihon édénique, ainsi qu'un peuple de Roxolani).

Parmi les populations recontrées en Russie, une des plus anciennes et remarquables est celle des Caspii (Mer Caspienne). Il s'agit d'archers, puisque ils préfixent l'arc comme cela ressort du lat. c-uspes (pointe de la flèche, puis de la lance). C'était une population aux mœurs barbares qui fut soumise l'an 515 av. J.C. par Darius (fils d'Hyst*aspe* — nom à retenir pour l'appui qu'il apporte à la théorie des préfixes γ-Ϝ-K: il est connu dans l'Avesta à la fois comme Gustasp, Wistasp et Kistasp). Bien que disparus au début de notre ère, ils restent présents dans tous les vocabulaires, à commencer par le russe господь, seigneur; 'Ospodaro': titre des anciens gouverneurs des principautés danubiennes; lat. hospes, hôte; hispidus, hirsute, et asper, sauvage ou barbare; avest. aspa, cheval; toute une série de noms tels Casper, Gaspar, Jasper, (de) Gasperi, Caspersson, Kasparov, à côté de l'Empereur Vespasien et de Vespucci Amerigo (all. Emmerich) qui a donné le nom à l'Amérique...; des toponymiques comme Ispa-han capitale de la Medie, Caspe près de Saragosse, Casperie et Ispra en Italie.

Hesp-eria (ancien nom de l'Italie) signifie «terre des Haspi». Le mérite d'avoir introduit le dialogue dans les pièces dramatiques revient à un ressortissant caspien: le poète Thespis. De plus, la vocation théatrale des Caspii se lit dans l'all. Kasperl (marionnette), sublimée en Shakespeare (bon sang ne saurait pas mentir). A première vue qui aurait imaginé des ancêtres asiatiques pour le grand dramaturge anglais!

La «s» des (C)aspii a tout l'air de se trouver en infixe, étrangère au thème; la population serait alors identique à celle qui a donné au Péloponnèse son nom primitif Ἀπία, qui a introduit le cheval en Grèce (ἵππος), qui a intégré les Ligures (Apuani) et survécu dans le prénom lat. Appius propre de la gens Claudia; l'oppidum était la cité fort*i*fiée des Appii.

Les Étrusques

En Suisse, les Grisons (et la Rhétie contiguë) évoquent la Грузия (Géorgie), c'est pourquoi la théorie d'une origine nordique, rhétique des Étrusques est tout aussi bonne que celle d'Hérodote les faisant venir de l'Asie Mineure (et précisément la Phrygie) car il s'agit de la même race de рыж- ou red ou roux.

Un branche très occidentale est celle des Parisii, qui permet de tracer une isoglosse avec les villes de Varese et Perugia en Italie. On comprend alors la facilité des échanges commerciaux et les affinités artistiques entre régions nordiques, l'Étrurie, la mer Noire, comme en témoigne entre autre la tombe de Vix en Bourgogne contenant à côté du plus grand vase du monde antique, un diadème d'or originaire de Crimée et des chevaux ailés — thème recourrant chez les artistes étrusques, qui ont atteint un sommet de perfection dans les étalons ailés de Tarquinies.

Une autre isoglosse est celle qui relie la Rhétie et Arretium, l'étrusque A-χ-ratin-, cf. l'inscription TLE 930 où ce municipe romain correspond à la tribus Pomptina.

Deux enclaves — mais l'origine piratesque des Rètes est trahie par gr. ἐ-ρέται, chiourme.

Les Étrusques sont en effet de la même souche des rouquins:

ai-T-ru(s)q- = les T - ruq

avec le serpent en infixe et deux préfixes: l'article pluriel (E = ai) et la balance (T) symbole des commerçants (qu'on a vu en Turquie, troc etc.), étayant l'hypothèse d'Hérodote, nomenclature Tarquinii, Tarchna,

Torquate à l'appui. L'infixe 's' est seulement déplacé par rapport à S-törch, cigogne, oiseau-guide des tribus errantes.

Des statues, des antéfixes (ménades), les fresques de Mastarna, de la tombe de François, du coq, des lionnes, de la chasse et de la pêche, des augures font revivre l'étrusque aux cheveux blonds ou roux.

Les liens qui unissaient les anges et les turcs ont profité aux Étrusques qui ont appris à aller à la guerre chaussés de sandales lacées autour de la cheville[36].

Leur expansion en Italie, où ils étaient craints d'un bout à l'autre, ne s'est pas faite indépendamment des Lagides/Lévites puisque les chefs étrusques s'appellaient «Lauchume» et «Zi-laχ». Une des villes les plus importantes d'Étrurie était Vulci, alias Velc- soit, des belges. (Entre-temps toutefois, ce vocable ne désigne plus l'élite dominante dans le lexique anglo-saxon, mais la masse: folk). Parmi les familles attestées par les inscriptions sepulcrales figure celle de Volimnia gisant dans un très grand hypogée à Pérouse. Il s'agit des Vo-lumni (qui nous renvoient à Lemnos, leur berceau ou station) d'où sortaient les Flamines, collège de gardiens de la tradition, des choses sacrées et donc aussi de l'alphabet. Puisque on sait que le système phonétique étrusque, classifié gréco-occidental, est comme celui trouvé à Lemnos, l'introduction des signes peut être attribuée à coup sûr aux Volumni, participant comme force intellectuelle (outre que militaire, comme nous suggère la stèle de Lemnos avec son profil de guerrier) à l'immigration étrusque.

L'instruction se présente très bien enracinée dans les Lama, nom qui explique ka-lamos, di-lemma et Alma (Mater), tandis que les Lemni expliquent a-lumni, car la prérogative de l'écriture se transmettait de père en fils au sein de cette gens «lemnia» ou (Vo)lumnia, et c'est à elle qu'il faut demander le secret de la langue étrusque.

Puisque Lemnos et Volumni ne sont que la dérivation de «Lam», il y aurait intérêt à comparer l'étrusque avec les inscriptions élamites d'avant Sargon, et sachant que la langue était agglutinante. R. Ghirshman[37] a relevé que le rôle responsable de la femme était propre aux Élamites et aux Étrusques.

> L'habileté des Lama à manier les lettres des alphabets a été l'aboutissement d'un écolage plurimillénaire, puisque leur langue dut emprunter, au

[36] D.L. HAMBLIN, *Les Étrusques*, Time-Life éd. fr. 1979, page 12. Dans ce même livre, fin de page 46, on peut lire ce qu'un étruscologue italien dit au sujet des origines des Étrusques: «C'est comme chercher à définir le sexe des anges. Contentons-nous pour l'instant de définir l'existence des anges».

[37] R. GHIRSHMAN, *L'Iran des origines à l'Islam*, Payot, Paris, 1951, page 32.

cours de son évolution, aux vocabulaires sumériens, akkadiens, iraniens en commençant par le proto-élamite qui s'est formé à la fin des temps préhistoriques sur des idéogrammes.
Sous l'empire perse, la tâche des scribes était de traduire en araméen et en élamite l'ordre émanant du palais (v. ibidem, page 144).

Quant à la présence troublante, dans l'alphabet étrusque, de la croix, dont échappe la signification, car il s'agit d'une lettre morte venant clore la série des signes de Caere et Veii, et correspondant à ks des alphabets gréco-occidentaux, elle s'explique par le prestige de ce qu'elle symbolise: les rayons de la roue du char de guerre, introduit par les Hyksos (voir page 131).

Depuis une trentaine d'années, les articles consacrés à l'origine des Étrusques se sont raréfiés, la question étant qualifiée de faux problème dans la mesure où la culture étrusque est considérée comme un produit du sol italien avec quelques apports orientalisants de l'extérieur (M. Pallottino, F. Haltheim).

Dans cette année 1985 dédiée aux Étrusques il faudrait par contre révaloriser la question de leurs origines, en commençant d'abord par renverser le rapport sol italien/apports étrangers, et reconnaître que l'Étrusque est venu de loin (tribus turques errantes établies en Phrygie, exerçant à la fois l'orfévrerie et la navigation) et s'est fondu avec les éléments locaux.

Le débarquement ne s'est pas fait en une seule fois, mais il a démarré probablement dès les dernières phases des Villanoviens de Toscane et Emilie, lorsque l'inhumation concurrence jusqu'à 50% le rite de l'incinération (8e et 7e siècles av. n.ère). La 'race' survenue, s'étant formée dans un habitat rupestre, avait gardé l'habitude d'inhumer dans des cryptes ou des fosses (cf. all. Grab et Graben) comme remarqué à la page 78.

Plus particulièrement, la branche «marchande» de la race, celle qui préfixait T comme Téraḥ, nous apparaît positivement inhumante, puisque Abraham achète une grotte pour y ensevelir sa femme Saraï.

Une interprétation concurrente est celle qui fait des Etrusques tout simplement des Troyens (grec Τρώς) avec suffixe dérivatif en -sk, comme cela existe dans les langues slaves (ex.: Walew-ski) et en Lombardie (Com-aschi, Bergam-aschi). Cette hypothèse n'affecte en rien ni la couleur rousse des «Trooski», ni leur qualité de marchands signalée par T, et conforte la légende d'Enée.

Néanmoins, puisque les étrusques s'appelaient eux-même R a s e n a du nom de leur chef, héros éponyme, ils n'étaient pas tous des troyens ou des turcs. Faute de pouvoir établir une isoglosse ethnique pour Rasena, je me bornerai à en tracer une «culturelle», en rapprochant ce nom de celui du fr. raisin (et all. Rosine) pour arguer qu'une partie de cette population — tout en étant de la même souche rouge — consistait de viticulteurs ou de leurs descendants — l'origine pouvant être, étymologiquement, la Russie (où ils étaient des intrus, différents des autres, cf. russe разн)-, ce qui rejoint la Crimée et la Géorgie. La quantité considérable de cruches à vin, les buccheri (exclusivité étrusque) trouvées ailleurs qu'en Étrurie, par ex. en France, atteste leur qualité de producteurs et exportateurs de vin.

N'oublions pas toutefois ces marins pillards qu'étaient les Sarrasins émergeant seulement au Moyen Âge, mais dont la vénétable syllabe 'Sa' préfixant le serpent témoigne d'une haute antiquité.

Les Touareg

Comme pluriel de «*Targui*», cette population est le prolongement africain des Étrusques, un contingent de «turcs», enclavés dans les massifs montagneux du Sahara; hommes de haute taille, au nez long et busqué, peau brune, ils présentent un certain métissage noir, mais le processus a été fréné par l'institution de deux castes: nobles et vassaux.

Mœurs

L'ensemble de leurs coutumes forme ce qui en allemand s'appelle B-rauch.

Les Rav enterraient leurs morts (all. Grab), ou ils les inhumaient dans des cryptes ou grottes (cfr. all. Grube et ital. rupe). La race s'est en effet forgée dans un environnement rupestre.

Mais on pratique aussi la crémation, cfr. lat. rogus (bûcher funèbre), all. Rauch, fumée, et russe π-ραχ (cendres, restes), rites exportés probablement de l'Inde, ou des steppes.

Le rituel autour de la dépouille se lit dans all. Sarg (cf. grec σαρξ, corps, d'ou 'charcuterie'), lat. arca et sarcophage. (L'all. Bahre, bière, renvoie à l'aryen blessé ou tué — on retiendra h infixe, symbolisant sa hache).

Religion

Le sentiment religieux s'exprime dans les «preces» (prières, cfr. it. preg-are).

Il y a une église, all. Kirche, et une classe sacerdotale dont l'habit est le f-roc (ou le frac, habit de cérémonie), qui avec la 'crosse' (bâton d'évêque) donne l'investiture.

Ils ont des scrupules. Ils font des 'rêves' qui peuvent être prémonitoires, comme celui de Procula, la femme de Ponce Pilate.

La notion de l'Erèbe (ai-reƑ), région ténébreuse de l'au-delà est passée de la Grèce dans le Judaïsme sous le nom de Schéol. L'Erèbe nous amène à Erévan, capitale d'Arménie et une des plus anciennes villes du monde (Erebouni, avant-poste du royaume d'Ourartou).

Au matérialisme des juifs, pour qui la vie doit être pleinement et longuement vécue ici (car de l'autre côté la survie est si morne) s'oppose la croyance des anges en la résurrection dans le ciel, comme des étoiles (cfr. Daniel 12,3).

En Inde, le Dieu ancestral est appelé B-rahma et vénéré comme le Dieu Suprême. Dans ce pays, les prêtres de Brahma se considèrent la classe supérieure d'un système à quatre castes avec interdiction des mariages mixtes.

L'épouse de Shiva s'appelle Parva-ti (suffixe fém. en dentale).

En Arabie, Rahman est le nom du Dieu unique sur lequel Mahomet reflechit jusqu'à la révélation de l'archange Gabriel (alors Dieu devient Al-Lah).

En Mésopotamie, Rebecca appelle Dieu le Shaddaï (Sha + deus).

Dans l'univers sémitique, les anges font partie des croyances, mais avec une hiérarchie: il y a des Anges et, au-dessus, les Archanges (Arch < Ṛγ; en all.: Erz).

Dans l'Iran ancien, on appelle Fravashis les anges qui se sont battus à côté d'Ahura Mazdâ. Sculptés sur les murs des maisons pour les protéger, ils deviennent les anges gardiens, rémémorés collectivement à la fin de l'année.

Psychologie

Leur portrait psychologique n'est guère favorable, tout en ayant été la source de leur fortune. Il correspond d'ailleurs à une phase de l'humanité aux mœurs encore rudes. Cette période est celle de l'occupation du territoire allemand actuel, où ils sont à la source du droit (all. Recht), et de la force (all. Kraft). Ils personnifient la guerre (all. Krieg, d'où aussi «kriegen», s'emparer par la guerre ou la force).

Dans les langues latines, le terme grav- correspond à leur statut (et caractère) de dominateurs peu enclins à la plaisanterie (contrairement aux Laγ relaxés). Au Moyen Âge, le noble allemand est «Graf».

Leurs défauts principaux étaient la rap-acité et l'ar-rogance (lat. rogare = prétendre, et all. fragen = demander pour avoir ou pour savoir).

Ils ont un 'rictus' (mais fr. rigoler laisse qualques espoirs). Leur voix est désagréable (all. rauh). Ils disent sans cesse «ergo».

Ils sont l'Orco du folklore italien, qui parcourt sept lieues d'un pas de géant.

Le prototype mythique est Hercule, archer rédoutable et dompteur d'animaux sauvages qui délivra Prométhée enchaîné pour avoir volé le feu de Zeus. Pour expliquer la H en préfixe d'Hercule, il faut se rappeler le retour des Héraclides, à la tête des Doriens, à savoir leur aryanisation.

Ils étaient des voleurs (raϜb en toutes les langues: to rob, rauben etc.) soit dans le sens de bandits, soit dans le sens de rapiats. Les red étaient «p-raed-ones».

Ils sont d'une subtile mechanceté (all. arg). Leur cruauté en temps de guerre (les Assyriens gouvernaient par la terreur les territoires occupés), se lit dans all. grau-sam (g-raϜ + sem), mot à rappel sémitique comme tous les adjectifs allemands en -sam, à l'instar du superlatif latin en -simus.

Il est possible que Rome ait reçu d'eux le supplice de la crucifixion (lat. c-ruc-s), bien que son emploi ne se soit généralisé que sous l'Empire.

Ils étaient rigoureux. Ils appliquaient des reg-les. La police repressive repose sur les méthodes des brigades et les décisions du *Parquet* ou *Procure*.

Il y avait peut-être des femmes policières — les Parques (d'où lat. parcere). Purg-atoire, purges, crime, tribunal, écrou, garrot, bourreau, all. Prügel, it. prigione et carcere (prison), forca (lat. furca) résonnent torture et mise à mort.

L'expression péjorative 'porc' puise sa charge de haine dans «Parquet». Quelle que soit la situation aujourd'hui, la tradition s'enracine dans le droit romain (lui-même tributaire de coutumes préexistantes), qui charge le «praetor» (rhétique, malgré l'étymologie Zingarelli «prae-ire») d'administrer la justice.

Par ailleurs, en se plaçant de l'autre côté du prétoire, le terme fr. barreau pour ordre des avocats, devrait être ethnique plutôt que s'expliquer par la barre. De même, l'arbitre aura été un rab.

Ils étaient vindicatifs: cfr. all. Rache (par contre «vendicare» renvoie aux Vendae).

Jacob craignait tellement la colère de son frère Esaü après l'avoir spolié de la bénédiction paternelle, qu'il dut disparaître, pressé par sa mère, pendant très longtemps (il resta absent vingt ans). Esaü avait juré de le tuer (Gen. 27,42). Mais lorsque il quitta Laban en sachant qu'Esaü l'attendait pour se venger

«Jacob eut grand peur et se sentit angoissé»
(Gen. 32,8)

Esaü était tout entier un Raγ, autant par caractère que dans son physique (il était roux).

Jacob, malgré sa ruse, avait hérité le côté angélique, rêveur; dans le songe de l'échelle (Gen. 28,12) il voit des anges reliant le Ciel et la terre. L'autre songe de Jacob le confronte avec un Inconnu (Gen. 32,25-29), Elohim ou Ange qui le baptise, après le combat - *Israël*

Ce nom se compose de deux parties:

— Is (qu'on rencontre en Is-maël, Isaac, Ishtar, Is-baal (fils de Saül), Is-tamboul...) composition de l'art. plur. (i) + le serpent (car le nom est issu d'un collectif),
— raël, parce que la bravoure et la force de Jacob lui ont valu d'être réconnu comme un véritable rejeton de Ra, ancêtre éponyme; 'el' n'étant pas théophore mais dérivatif.

Un parallèle intéressant est «Is-lam», construit sur l'ancêtre éponyme Lam(a), également à la base des U-lema (théologiens). La prise de Suse par Assurbanipal n'aura signifié pour l'Elam que la fin du pouvoir temporel.

Tout à fait conforme à la tradition des anges est le refus de cet esprit de lui révéler son nom (Gen. 32,30).

La colère des raγ et des raϝ se lit dans 'rage' et it. 'rabbia'; leur valeur en guerre dans 'brave'.

Ils sont prag-matiques, efficaces (all. wirk-sam avec suffixe adjectivant prosémitique).

Un tel cocktail de qualités explique la carrière des raγ aboutissant à la richesse (C-résus), au Reich et sur des trônes en Mésopotamie et en Inde; à défaut de trônes, aux sa-trapies (à rappeler à cet égard Rox-ane, fille d'un satrape et épouse d'Alexandre le Grand).

Pourtant la douceur n'était pas exclue de cette race puisque on dit «séraphique» (Saint Paul disait en Rom. 5,20 que là où le péché abonde, la grâce surabonde).

En plus de la douceur, les séraphins étaient rap-ides dans l'exécution des ordres (cfr. aussi all. rasch), c'est pourquoi Dieu les choisit comme messagers.

Leurs qualités musicales se lisent dans rhaps-odie, orchestre, arpège, harpe, orgue, rime. Orphée était le plus grand musicien de l'Antiquité.

Leur rencontre avec les anges s'est traduite, en plus des mariages, dans l'adoption des ailes à une époque mythique. Ainsi lit-on dans Exode, 25,18 et 20

> «Tu feras deux chérubins d'or repoussé...
> Les chérubins auront les ailes
> déployées vers le haut...»

et dans Isaïe 6,1-2

> «...Je vis le Seigneur assis sur un trône..
> Des Séraphins se tenaient au-dessus de lui,
> ayant chacun des ailes...»

Malgré tout ce qu'on vient de dire sur la race rousse, il faut relever à son avantage le parallélisme frappant entre l'anglais et le russe pour l'expression «gauche-droite»:

angl. left : les LeϜ
right : les Raγ (avec connotation laudative:
all right = très bien)
russe с-лева : les Lev
иа-право : les Rav (avec connotation laudative:
cf. правый, juste).

Physiquement, et anticipant sur le portrait du tableau des signalements, ces hommes-là étaient barbus (lat. barba, et all. Bart, angl. beard, impliquant que sa couleur est rot ou red), surtout les chefs, c'est pourquoi les pharaons portaient une fausse barbe à défaut d'une vraie.

Ils étaient roux: rouge, rouquin, all. rot, angl. red, lat. rub-er, ruf-us, it. rosso et rov-ente (dit pour le fer chauffé au rouge), russe рыж. On doit se les imaginer couverts de tâches de rousseur, pour accentuer l'impression d'avoir à faire avec une race rouge.

L'esp. rubio, blond, est la couleur des ché-rubins, nés des mariages entre roux et anges.

Ce signalement ne cesse de reparaître tout au long des siècles, comme dans le cas de Barberousse, l'Empereur germanique Frédéric I, allié aux Welf et disparu en 1190 lors de la 3e croisade, mais (tout comme le XIIe Imam attendu par les Chiïtes), pas mort: les Allemands disent qu'il se réveillera et réunira la Patrie.

Il y a (eu) un véritable racisme à l'encontre de cette couleur, cf. ital. ribrezzo, ainsi que all. riechen, toujours péjoratif. L'antisémitisme pourrait avoir eu cette origine inattendue. Le mot lui-même de 'race', avec toute sa charge de haine, est issu de raγ. L'allusion à la couleur rouge est faite aussi par l'it. brutto (laid) et crucco (allemand, rouquin) et par fr. roture.

Mais ce qui est vrai pour certains, ne l'est pas pour d'autres. Ainsi en russe, à côté de рыж- (roux), y a-t-il к-рас-ный (rouge) et к-расывый (beau).

Il est à remarquer que к-рас-ный renvoie à раса (race), mais 'race' en russe se dit aussi род qui réconfirme la couleur rouge (all. rot).

Par ailleurs, la couleur en russe se dit краска (l'all. Farbe est la couleur des rab); on peut arguer que lorsqu'on a commencé à parler de «races de couleur», c'est à la rouge qu'on pensait (le noir est une non-couleur).

En anglais on trouve le même rapport entre, d'un côté, la race (breed) et, de l'autre, la couleur (red).

Il n'y a pas de doute que la race des roux soit la même des 'red' ou 'rot', malgré la dentale terminale, qui en s'ajoutant doit avoir provoqué la chute de γ ou h. Les ethnies en dentale sont plus particulièrement enracinées dans le monde anglo-saxon; ainsi les hordes (h + ṛd) et all. Herde (troupeau) sont-elles typiquement germaniques. Rotterdam est la digue des 'rot'.

Sur le modèle des anges, les raγ ont donné les scribes (g-raph- en grec), les rabbins, les greffiers (g-reff-, cf. graffiti!) et tout ce qui se rapporte à la p-rof-ession (all. Be-ruf), y compris «paraphe».

En plus de l'Assyrie et de l'Italie pré-romaine (et à Rome même), de l'Égypte avec les Pharaons et les Ramsès, la race solaire s'est assise sur des trônes en Inde (les raja, Rajasthan).

En Inde méridionale se réaffirme le goût du monument pyramidal (temples de Madurai), mais l'ethnie des raϜ devient la très métissée population des D-rav-id dont le préfixe pourrait être l'emblême △ des bâtisseurs, justifié par les temples et gopuram gigantesques de Madurai et de Khajuraho. Ils ignoraient les conséquences des mariages mixtes, ou ils préféraient fraterniser.

Mais au nord, les brahmanes avaient imposé un système de castes pour empêcher un tel résultat.

Le souvenir des Raγ en Inde soustend les hymnes du Rig-veda (hymnes datés aux environs du 900 av. J.C.) dont la langue est aryenne.

On doit penser que les brahmanes ne se sont pas croisés avec Sem ou les sémites. L'expédition s'est morcelée: une branche est allée en Inde et une autre (celle qui sera «élue») s'est dirigée vers le Croissant fertile. C'est celle-ci qui a rencontré Sem. Entre ces deux branches va se creuser un fossé qui explique les différences religieuses malgré un certain acquit commun.

On sait que seul les aryens avaient accès aux Véda. Véda veut dire connaissance, sorte de révélation enseignée par les «rish» (cf. russe рыж-, roux), les gourous de la Vérité absolue. On chercherait envain dans la Bible des échos de cette doctrine éternelle qui comporte la notion de Dharma, Karma et transmigration, et la notion du temps circulaire, de l'éternel retour en opposition au temps linéaire du monde biblique. La notion circulaire est typique d'une réflexion sur le retour des saisons et la repousse de la végétation, donc des peuples sédentaires — ce qui n'est pas le cas de la tribu de Térah (tribu errante ayant vécu de troc et du produit du cheptel).

La religion des brahmanes descend en ligne directe de la phase solaire, qui est celle de l'ancêtre éponyme Ra, assimilé au Soleil et comme tel parvenu en Égypte.

Râma, un des principaux héros de la préhistoire indienne, vante une généalogie (parsemée de Raγ) qui le rattache directement au Soleil. Le rapprochement s'impose ici entre les radicaux de la race et les termes employés spécifiquement pour le soleil: lat. surg-ere et angl. to rise, cf. horizon. On sait par ailleurs avec quelle vénération est salué en Inde par les gurus et leurs adeptes le soleil qui se lève.

Dans une phase ultérieure, il n'est plus question du Soleil, mais de Brahma et de 33 autres dieux védiques (et leurs avatars), êtres lumineux appelés Asura (Sirius): syncrétisme angélo-védique.

L'exigence d'un dieu suprême (nostalgie de Ra?) est satisfaite en Brahman ou en Brâhma Prajapati, avec perspective d'élans mystiques de l'atman ou âme individuelle (Pu-rusha). Ici aussi, il s'agit de l'ancêtre divinisé, mais son cadre est strictement védique (alors que le culte solaire se situe beaucoup plus à mont).

A remarquer le parallélisme entre B-rama, le dieu universel et éternel, et le russe B-рем-я (temps).

Un rôle d'importance exceptionnelle est tenu en Inde par les sacrifices, qui permettent aux dieux d'exister.

Maintenant, si on fait la synthèse de tous ces éléments, on constate que les patriarches ne connaissent pas de dieu Brahma, ni d'expériences d'union mystique. La 'race' qui, pour suivre un dessein mystérieux en Mésopotamie, s'est démarquée des brahmanes en route vers la vallée de l'Indus, partageait déjà avec eux la conception (mais pas le nom) d'une divinité suprême, et aussi la théologie du sacrifice, puisque Abraham n'hésite pas à sacrifier son fils Isaac à Dieu. Il paraît que même le terme Crédo calque la shradda védique (foi).

Les patriarches sont tout aussi soucieux que les brahmanes de pureté raciale. Par contre on ne trouve pas chez eux la triple fonction indo-européenne attestée en parallèle en Inde, en Iran et à Rome. Néanmoins la forme Brahma fait déjà partie de leur onomastique, dans le nom du patriarche Abram (nom que Dieu modifie, à bon escient, en Abra-h-am (Gén. 17,5).

Rama se trouve aussi dans les A-raméens. Voilà un autre cas, une autre repère, des rama en Mésopotamie, bivouaquant et nomadisant au début du 2e millénaire (à peu près comme Abram). Mais leur présence est surtout signalée vers le XIIe siècle av. notre ère, en Syrie et en Palestine où ils se sont infiltrés en diffusant leur langue et leur culture. La dynastie néo-babylonienne ou chaldéenne était d'origine araméenne.

Leur langue (classée branche occidentale des langues sémitiques) devient au début de l'ère vulgaire la lingua franca de l'Orient ancien, employée par la Chancellerie impériale perse pour la correspondance avec les nations à l'ouest des hauts-plateaux iraniens. Un de ses nombreux dialectes, le galiléen, était parlé par Jésus.

L'écriture emprunte les caractères phéniciens.

Quant à Sem, pour en savoir plus il n'y a qu'à rassembler le plus de mots possible avec ce radical ou mantra dont l'idée maitresse est lat. semen.

Par exemple: grec σιμός, camard, donne un signalement physique; sémillant un trait de caractère. Sem-ence ou semaille autorisent l'hypothèse que Sem soit l'inventeur ou l'exploitant de l'agriculture appliquée sur grande échelle, en semant à bon escient les graines. L'habitat de Sem est évoqué par lat. simia (singe): est-ce la Géorgie, ou l'Inde malgré tout? Ni l'une, ni l'autre, mais plutôt la Somalie, nation rattachée aux SaYm et dont l'habitat comporte les singes. C'est une population qu'on considère séparément lorsque on étudie le type africain. N'oublions pas que c'est sa Mer qu'on appelle «rouge» et que l'Érythrée évoque une race qui tranchait sur la population locale par ses cheveux roux.

Le nom de la Samarie pas contre n'a rien à voir avec les Sémites; il est composé, comme Su-mer, du préfixe S(a) + les «mari». Le nom royal de Casimir, le Kashmir et même le cauchemar lié à des expériences terrifiantes nous ramènent à Sumer.

Quelques sémites se sont aryanisés, notamment un ancêtre de Mahomet, éponyme des Hachémites: Hā-shim.

* * *

Parfois le radical de la 'race' préfixe le cornes du céraste (voir page 127) au lieu d'adopter un des autres signes du serpent.

Terminologie

Toponymiques: Norvège, Norbello (Sardaigne), Norcia, Nervi, Narbona (Gaule), Norba Caesarina ou Caceres (Espagne)...

Noms propres: Narcisse
le planète Nergal (Mars)

Noms de famille: Narjes, Nerva, Nerval.

Autres notions:

— le narval ou licorne de mer arctique
— grec narké (sommeil), d'où narcose; pers. narguilé (pipe à fumer des opiacées)
— narguer
— énergie, qui se décompose ainsi: ai-nerγ (cf. aussi it. nerbo, noyau d'hommes forts)
— all. Narbe (blessure)
— nirvana, notion assez vague: Bouddha disait qu'il était la délivrance, ou l'absence de douleurs et de passions. Le nirvana était donc un état. Mais les Birmans (qui appellent «neq» ou «nat» les esprits) le localisent: au-delà de tous les cieux, là se trouve le siège de la béatitude parfaite.
— Rang, l'ensemble des raγ militants, la troupe.
Dans la langue allemande on a 'ringen' (lutter)

Au Ra-n-γ se rattache probablement la ville de Rangoon, ainsi que le détroit de Bering, le nom du roi Bérenger (avec B magnificatif en préfixe) et la Maison d'Orange.

Pour garder le signe de la virilité et pour l'euphonie, le gamma ou le waw a été ajouté tout au début, et cela a donné:

avec γ:

— g-ringo: terme qui désigne en Amérique Latine l'étranger anglo-saxon;
— G-renze (all.): la frontière marquée par la présence de garnison de la «razza» ou race, tandis que l'all. Rand est le frontière des «red».

avec Ϝ:

— w-rong: péjoratif
— Fe-ringhee: l'étranger portugais, en Inde
— F-rancs: population germanique dont on parle pour la première fois au 3e siècle et qui laisse des traces dans les nombreux toponymiques en -ingue (-inghen en anglais, ex.: Bonningue, Hardinghen), qu'on rencontre en Flandre, en Artois et

en Picardie, ainsi qu'en -ange (Hagondange). On a l'impression que les anges et la 'race' ont fait bon ménage.

— B-ronx, le quartier plus déchu de New York.

— b-ronze: la découverte de cet alliage permet à la 'razza' de fabriquer dès le IIe millénaire av. J.C. des épées et des poignards à manche en bronze.

— L'it. b-ranco (ramassis d'individus), et donc aussi b-ranche dans le sens de «groupe se détachant d'une souche» pour assumer son destin, doivent être classé parmi les «rang» ou «raγ» au pluriel.

avec K:

à la «razza» se rattache K-ranz (couronne des pasteurs).

* * *

A l'instar de l'Iran où se sont déroulés des guerres fratricides, l'Inde a connu une querelle sanglante entre deux branches d'une même famille, les Bhârata. Cette épopée est relatée dans le Maha-bhârata et fait intervenir tous les héros de l'Inde, dont Krishna (un рыж- de l'époque pastorale, si métissé que son nom signifie 'noir'), d'un côté ou de l'autre des contendants.

La Ramayana narre, d'une manière beaucoup plus cohérente, les exploits de jeunesse de Râma (Rahma) et sa lutte contre Ravana roi des démons Rakchesa (la terminologie nous montre qu'il s'agit à nouveau de batailles fratricides).

Les rav en Terre Promise

Les rabbins et les scribes sont en dehors de la classe sacerdotale, tout en ayant autorité de guides spirituels. Ils forment un parti, celui des Pharisiens (à rapprocher aux Phrygiens, aux Parisii, aux 'rish' indiens et au russe рыж-). La T-argum, traduction de la Bible en araméen, était un exercice de la race commerçante (mais le redacteur principal est d'origine angélique: Aquila/Onqelos).

Rabbins et scribes sont devenus des catégories professionnelles; en dehors d'elles, il y avait certainement un très grand nombre de rav exerçant des activités n'ayant aucun rapport avec la religion.

Jérusalem

Cette ville est issue de l'union de deux tribus ou ethnies: celle des Roux avec préfixe γ (J) et celle des La-ma.

Le décodage est le suivant:

Jé-ru-sa-lam.

Les deux partis au pouvoir aujourd'hui en Israël sont le Rakah et le Likoud.

Jéricho

Considérée comme un des plus anciens sites du monde (6000 ans avant notre ère), cette ville est entièrement rouge:

γ + rich.

Qui sont les Hébreux

La population est une mosaïque d'ethnies, mais l'élément prépondérant, par la force, l'autorité et son signalement (cheveux roux), si non par le nombre, était celui des rav ou raγ, si bien qu'en parlant de ce peuple (ou de ses chefs) allant se fixer à Canaan, les *autres* disaient «les hébreux».

An effet les ʿibri bibliques (tantôt terme ethnique, tantôt sociologique) correspondent à I-brah-im (mais sans la hache suffixale aryanisante). En Russie, il y a le territoire de Kha-barovsk, région autonome des juifs avec capitale Bi-robi-djan.

En «Hébreux», en «hebraeus», *e* représente l'art. pluriel incorporé, le H en préfixe représente l'aryanisation de la population.

Les Lévites de leur côté, se sont aryanisés de la même manière, car il y a Lévi et Halévi.

La démarche a été adoptée aussi par Hérode: cette famille de 'rot' donc de 'roux', s'est aryanisée en préfixant H.

Il en est de même pour Hé-rodote, en milieu grec, et pour le poète Ho-race et les guerriers Horaces en milieu romain.

En Babylone, les Nabu sont devenus les Ha-nebu métallurgistes (en isoglosse avec Hannover).

Les «dan» sont aryanisés en «Hadani» (mais pas en A-dana ville turque, ni en E-den, ni en A-don).

Les «dali» sont anoblis et aryanisés en espagnol: hi-dal-go (= le dalique aryanisé; l'étymologie Zingarelli dit par contre: fils de quelqu'un); en Inde: Del-h-i, et ailleurs, par ex. Dahl.

Les «tali» qui taillaient la pierre (all. Stu-h-l, siège en pierre), convertis à la métallurgie ont produit le S-tahl (acier), bien plus aryen que la tôle et les 'tools'. Ils sont aryanisés même dans l'all. stehlen (voler).

Les «mer» ont un citoyen très illustre: H-o-mère.

Les anges à la hache sont lat. hunc, hanc (celui/celle), Henker etc.

Le terme 'haranguer' s'adresse aux rangs armés de hache.

Les «antes» aryanisés 'hantent' et chassent (angl. hunt).

Les «andes» débouchent sur «handeln» (négocier) et le nom Haendel.

Chez les indiens, le souci d'aryanisation est ressenti par les brahmanes: hindou.

Aryanisation

1) Pour en être de la race des seigneurs, il suffit à une population de se servir de la hache et d'inscrire la lettre h à son nom;
2) Berceau de la race aryenne: l'Asie (Ari < Asi).
   Berceau de la hache indo-européenne: la hache du bucheron ou du chasseur est un outil mis à point par des peuples nordiques, précurseurs probables ou complices des invasions indoeuropéennes.
3) Il y a des Aryens *sans h*, comme les aryens, Arminius, Arioviste, et des Aryens *avec h*, comme Ahriman, ou l'État de Haryana à la frontière du Punjab.
   La hache elle-même n'a pas de h en allemand (Axt, Beil), alors que en français elle l'a reçu en préfixe (tout comme 'char', introduit par les indoeuropéens, issu de lat. carrus).
4) Achéens, Doriens, Hittites, Romains, Brahmanes, Celtes, Helvètes sont considérés aryens, cependant des remarques s'imposent:
   — les Achéens sont les cousins des anges mythiques et des Yacoutes sibériens;
   — les Doriens sont les A-Y-rii à préfixe D (en grec il n'y a pas de h et les aryens ont dû s'accomoder de l'alphabet trouvé sur place). Le préfixe devrait être l'emblème Δ des bâtisseurs, tenu compte surtout du mot 'dur' désignant le matériel employé;
   — les Romains sont indoeuropéens en tant que brahmanes;
   — les Brahmanes se sont infixée la h, comme les Bharata de l'épopée du MahaBharata, et comme les Pahlavi, alors que, sans h, on connaît une dynastie de Pallavi et le dialecte palawite hittite;
   — les Celtes sont un conglomérat à forte concentration de roux; leur emblème était l'ours, dont les roux ont été les premiers

chasseurs ensemble avec les anges, qui l'ont intronisé au ciel (la 'race' est rappelée dans le mot grec αρκ-τος, dont l'enclitique το devrait avoir fonction d'article, dont des exemples sont: grec τό, angl. to, cop-te, é-gyp-te, lat. digi-tus, issu de dice-re ou indica-re);

— les Ma(i)r ou Mer se sont aryanisés dans le mot «mehr» (plus, ce qui veut dire qu'ils sont la majorité);

— les ḶϜ ètes sont aryanisés en Helvètes.

5) Une partie seulement des allemands sont aryens étymologiquement, à côté de raϜ, raγ, leϜ, laγ, anges, ma(i)r, des ali, mânes (cf. all. Mann), noirs, daces (donnant: deYtsch) etc.

Ils ont aryanisé le vocabulaire soit pour les mots à radical «ari» comme: wehren (-Ϝai-h-r), Gewehr (la hache?), wahr (lat. ver-), Ehre (honneur des Ari), Aehre, Währung, fahren (voyager par un moyen de transport métallique), führen, Führer, Herr, bohren... soit pour les mots dont le radical est une ethnie, comme les Uns ou les Annii qui, avec deux infixes (Y et la hache), donnent «ohne» (sans), laissant supposer leur marginalisation par rapport aux autres ethnies germaniques ou germanisées, ou encore par ex. les Ko-en dont est issu Caïn et apparentés aux Qaïnites, qui se sont aryanisés en Co-h-en. Mais dans le creuset plus récent du peuple allemand, ils se sont tellement raréfiés que «nul» se dit «kein» — c'est presque Caïn —, tout comme lat. nemo, null-us et nihil correspondent à une absence presque totale de «Numa» (ou de «Nem» des tombes étrusques). Vers quelles regions sont-ils donc émigrés les Koen? Vers Israël sans doute (les cohanim), mais en passant par la Grèce où ils forment le commun, l'État: κοιν-ός, et par la Turquie où la ville de Konya est à rapprocher de l'it. conio (frappe — attribuée à Crésus roi de Lydie).

Co-en serait à l'origine de l'all. schön, beau, tandis que können, pouvoir, et kühn, hardi, se rattachent à la forme Ko-en.

Par ailleurs, dans le lexique anglais nous trouvons 'coin', monnaie mais aussi pierre angulaire: coin ou quoin — ce second terme étant à confronter avec Queen, sans parallèle dans nos langues. La tradition des femmes assises sur le trône d'Angleterre s'enracine dans une société matriarcale, préindo-européenne, composée de bâtisseurs.

Le puzzle allemand se compose d'une longue série d'éléments cimentés par la hache: mehr (les mair, constituant une majorité), sehr (les SaYri ou Syriens), Held, halten (souche de 'lad', de 'latins'), fehlen, hell (< El), Wahl (Ϝal), ahnen et mahnen (<ani et <manes, les ancêtres qui

inspirent les pensées des vivants et les conseillent dans les rêves), Bahn (Bani), Wahn (Vani), Haken (<ak), hoch (h+aYc), helfen (les elfes), Henker (anges à la hache), haben (à cfr. avec fr. avoir, sans h), Hexe (sorcière — un mauvais souvenir laissé par les Hyksos), lehren (affaire des Lares), Lohn (évoque ceux de la Laine, et correspond à ce que la laine rapporte), nehmen, Sohn (par rapport à angl. son, scand. -sen et russe сын), Stahl, stehlen (les tali, éponymes d'Italie), hart et Hirt (H+rot), Ruhm (les roumi), Heimat (H-ai-mat, la mère patrie), Heirat (implique les rot), Heilig (le héros tombé sur le champ d'honneur — avec théologie des soldats morts pour la Patrie, auréolés de gloire). Maints nom propres sont aryanisés de la sorte: Harald, Heinrich, Helmuth, Herbert, Hermann (Arminius) — et en français: Henri, Hervé, Hubert, Hugues et Hé-loïse (Louise).

Il y a une subtile différence entre Barnard et Bernhardt, entre Roswita et Hroswitha (ou entre Necker et Ho-necker).

Hitler n'aurait pas accepté l'écriture Itler (ce nom pourrait s'interpréter comme I-t-la(i)r, soit des lares commerçants).

Toutefois, si *l* est suffixe généalogique et *er* le pluriel, le radical est alors -it-, c'est-à-dire (wh)ite, blanc. Hitler, le champion de la race blanche.

* * *

Pour la branche des Ra-ma ayant participé à l'invasion indo-européenne de l'Inde, il n'y a pas d'autre herméneutique possible quant à «h» infixe dans les noms de Rahma, Brahma, ou brahmane: ce signe a été inséré comme symbole (la hache) d'aryanisation.

La culture pré-aryenne, qualifiée de mystérieuse, découverte à Mohenjo-Daro dans la vallée de l'Indus et à Harappa au Penjab pourrait s'expliquer par l'irruption et sédentarisation des roux barbus (Ha-rappa surtout). On a dit que les proportions de la piscine (6 × 12) répondent à la règle d'or brahmanique.

Langue

L'ethnie en question s'est alliée (c'est-à-dire croisée par mariage) avec les Sémites, si bien que Sem est mis en tête de la généalogie. Ceci a eu lieu à une époque très reculée, lorsque le langage était en formation; ainsi s'explique la place stratégique occupée par -simus en latin (superlatif), -sam en allemand (adjectivant), сам en russe (même).

L'union de Sem et de Rama se trouve scellée en Sémiramis, la reine de Babylone.

Quelle était la langue parlée? Dans l'Inde méridionale par exemple, on serait tenté de opter pour le b-rah-oui, une des langues dravidiennes. En Inde du Nord, par contre, le sanscrit védique était la langue des brahmanes; mais à côté du sanscrit il y avait les pracrîts, dialectes regionaux (ou protovédiques, voire prévédiques).

En Europe, on sait que les Thraces parlaient une langue indo-européenne du groupe oriental.

Au vu de l'important ensemble d'éléments lexicaux répérés il n'y a pas de doute quant à la possibilité de décoder des pans entiers de nos vocabulaires, et plus particulièrement de l'allemand, à partir des préfixes, infixes et suffixes ajoutés au radical ethnique. Ceci est vrai aussi pour les LeϜ ou les laγ, pour les anges, pour les antes atc., radicaux ethniques à partir desquels se sont construits d'autres pans de vocabulaire.

Dans le cas qui nous occupe, qui a pu être l'auteur de tant de mots? Partiellement, l'ethnie qui est au cœur du radical, pour les termes désignant des produits ou des techniques, parce que le nom représente un label; les autres, les péjoratifs notamment, et les termes déchus, se seraient ajoutés plus tard, façonnés, par mépris, par la nouvelle classe au pouvoir.

Ces hypothèses n'épuisent pas la question.

L'Europe

Le nom grec de notre continent désignait d'abord, paraît-il, la Grèce continentale, mais les géographes ioniens appelaient Europe toute la terre connue à nord de la Méditerranée et dont la frontière orientale était le Tanaï (Don). Ils appelaient ces regions ainsi, à cause du type roux très fréquent, des *rav*, car

Europe = aiY raYp

avec un excès de déterminatifs.

La Crète

Au sud de la Mer Egée, l'île plus grande du bassin, la Crète appelée aussi Candia garde pour elle le secret de sa civilisation. Je remarque que soit Candia, soit Crète renvoient à une civilisation pastorale à cause du préfixe, le premier nom étant celui des andes, le second celui des R(h)ètes, donc des roux. En tant que île, la présence d'une race nigritique est inévitable et en fait se lit dans C-nossos. Par contre le labyrinthe, le «labrys» (hache double), dont est issu le lat. tardif labarum, et la coltivation des olives portent la marque des LaϜ.

Un cas exceptionnel d'heureux menage à quatre, ou plus.

Onomastique

En dehors de la Bible:

Les «Réphaïm» de l'épitaphe du roi Tabnit (v. page 18). Les «A-raboth» ou Septième Ciel. La nymphe A-retusa. A-ph-rodite. Le prêtre Bérose; Hipparque, Parrhasios, Praxitèle, Sargon, Socrate, Virgile.

Dans l'Ancien Testament:

En plus de Rebecca et de Rachel déjà mentionnées, il convient de rappeler Réu et son fils Sé-rug, patriarches à mi-chemin entre Sem et Térah; Ruben, fils aîné de Jacob (nom choisi pour faire plaisir à sa mère Rebecca); Raguel (beau-père de Moïse); Ruth (la rousse); Baruch; Bérékya (5 Is. 8,2), Roboam et Jéroboam.

Archanges: Raphael et Gabriel. Ce dernier, Ga-b-riel, est = rejeton de Re + deux préfixes: Ϝ + γ de l'adolescent;

Dans le Nouveau Testament:

Ba-rabbas (donc pas bar-abbas, fils du père).

Dans le gnosticisme:

Pa-raclet, nom apparenté à Héraclite, Hercule, Héraclès, Périclès.

Noms propres

Arrigo	Graham	
Arthure	Grégoire	
Bert- (et -bert)	Grouche	
Boris	Jérome	
Brigitte	Karl (cf. Arles et Harl-em)	
Bruce	Marc	avec préfixe «M»
Brutus		comme en Mercure
Carol	Margot	
Eric	Raïssa	
Fred	Rajiv	
Frédéric (2 fois)	Raoul	
Fritz	Raphaël	
Gabriel (v. supra)	Richard	et le noms en -rich
Gé-r-ard		comme Hein-rich
Grâce	Riprand	

Noms propres

Robert
Rocco
Roger
Roméo
Ruhollah (Khomeïny)
Rupert
Serge
Thérèse, dont la forme avec ‘n’ est
Terentius
Zorba

Noms de famille

Arafat
Aragon
Arbed
Arco
Barca (Amilcar et Annibal, famille d’armateurs cartaginois très puissants)
Borg
Borja
Bourbon
Brahms
Braque
Brazza
Brecht
Breznev
Broglie
Brougham
Broz (Tito)
Brüghel
Burghiba
Burroughs
Craxi
Cromwell
Derby
Drake
Erasme
Farouk
Ferguson
Ford
Fracci
Freud
Fröbel
Garcia
Géricault
Gorbatchev
Gramme
Grimaldi
Gromyko
Grotius/de Groote
Irujo
Irving
Karajan
Karpov
Kerouac
Kreiski
Krupp
Krutschev
Mou-barak
Parizeau
Perez
Perrault
Porsche
Rabelais
Racine
Rakovski
Ravel
Reagan
von Reden
Reibnitz
Reza

Noms de famille

Rhodes
Ribbentrop (2 fois)
Richelieux
Robinson
Roche
Rocke (feller)
Rommel
Rossel
Rousseau
della Rovere
Rubens
Rubinstein
Ruffo
Ruiz
Russel
Ruysbroeck (2 fois)
Rycke
Shariff
Tourguéniev
Treccani
Trudeau
Vargas

Questions diverses

L'intellectualisme n'était pas le monopole des LeϜ. Moins solennel que Logos, ῥῆμα à rattacher à Ra(h)ma, veut dire la même chose. L'équivalent latin est le Verbe, concurrent théologique du Logos et même préféré par les Chrétiens pour parler du Fils de Dieu.

Sur une échelle plus modeste, le verbe devient le j-argon (it. gergo) avec substitution du digamma avec un simple γ.

Les rav, plus particulièrement à la phase raγ, ne sont pas moins logiques des lagides: cf. arguer, argutie, argument, lat. ergo, it. ragione, ragionamento. En Palestine, il y a le procédé t-argumique (enraciné dans la branche marchande, et précisément de ceux qui, émigrant en Italie lors de la diaspora du IIe s., exerceront le commerce sous l'enseigne d'une «targa»).

Ils excellent dans l'arithmétique: all. rechnen, angl. reckon, et Archimède.

Stratégie militaire

Rafle, raid, it. razzia. Barricade. All. K-rieg (échange de flèches). Harceler (avec des armes qui ne peuvent être que des haches, après avoir été des arcs).

Sur mer: a(r)-raisonner, activité piratesque découlant de «Rasena».

Chasse

En plus de l'arc, qui est pour ainsi dire le mantra de la race, et du carquois, il y a all. treiben (rabattre le gibier, avec ou sans limier, cf. it. bracco).

Agriculture

Lat. fruges, fructus, fr. orge, all. Roggen, it. orzo, fr. gruau, esp. trigo, fr. gerbe, cribler, friche, arachides en Brésil, haricots, montrent que les Ϝraγ sont passés par l'exploitation des sols en grandes surfaces, commencée probablement en Phrygie qui s'appelle en grec φρυγία, et vendaient la production en gros, en employant des expressions de poids/mesure en brut: comme trop, all. grob, it. greggio (matière brute), internat. vrac, angl. rough (écriture raγ et prononciation raϜ — comme le génitif masc. russe en -go prononcé 'vo'). L'all. t-ragen s'applique au transport de ces marchandises.

Élevage

Il est représenté par lat. grex, it. gregge, par b-reb-is et par troupeau et grec τ-ραγος (bouc) qui renvoient à la branche marchande de la race à cause du préfixe T. Ces animaux ont été en effet la monnaie d'échange du troc (comme lat. pecus et pecunia).

Métallurgie

Brame, forge, verge(lle), graphite, it. rame (cuivre), chrome, fourbir, all. Schrott (ferraille) montrent la conversion à la métallurgie.

T-rép-aner (percer) dévoile une activité de recherche dans le sol ou au sein des roches pour trouver de l'eau ou des minérais. Le préfixe T est l'emblème des tailleurs de mégalithes.

Artisanat

arg-ile (grec κέ-ραμος); broc; carafe, cratère; cruche, all. K-rug.

Orfévrerie

arg-ent et surtout l'or, grec χ-ρυσός avec allusion à la Géorgie (russe Грузия). La coupe en or de Mycène appartient à une de leurs écoles. Les Étrusques excellaient comme orfèvres; d'ailleurs Mycène est présente en Étrurie également sur le plan de l'architecture monumentale.

La b-roche, b-ricoler rappellent la 'race': voir l'agrafe de la tombe de Bernardini de Préneste pour savoir ce qu'est une broche, ce que 'bricoler' veut dire.

Maçonnerie: fr. brique, all. Brücke, it. t-rave et archi-trave (poutre), angl. roof, all. Brett et Ge-rüst, fr. tribune et porche.

L'arc qui a été l'arme de chasse ou de combat de cette 'race' l'a inspirée aussi dans l'art de bâtir. La voûte inconnue aux Grecs a été introduite à Rome par les Étrusques.

Les arpenteurs se servaient du «groma». T-racer nous renvoie directement à la 'race'. Les connaissance géométriques se lisent en trapèze et rhombe.

Les constructeurs avaient toutefois des collaborateurs, notamment les Laγ comme dans le cas de la Cloaca Maxima, et les Laγ des loges maçonniques de Mésopotamie et Égypte, dominées par le goût du colossal.

Le rébondissement moderne de leur architecture est le style ba-roque et rococo, dont le berceau est D-re(s)den. Ce style a trouvé en Amérique Latine un terrain idéal d'épanouissement, à la suite des créoles, et a débouché sur le triomphalisme, cher aux Jésuites.

Habillement: robe, ruban, braca, brocart, broder, cravate, all. Kragen (col) et Rock (veste ou jupe), tarbouch, tricot, turban. Le costume typique porté par les marchands à la foire s'appelle en all. Tracht.

Le métier à tisser s'appelle en italien 'arcolaio'.

Commerce: Les Turcs et la race rouge l'ont exercé (avec les abus inévitables). On remarque dans une majorité de termes la balance en préfixe, emblème du commerçant (T). Ainsi on a: ang. t-rade, russe t-org, t-roc, ta-rif, t-rafic, les péjoratifs tricher, truquer, it. truffa (et aussi es-croc, fraude) compensés par all. t-rauen et angl. t-rust. L'it. t-arga est l'enseigne d'une boutique. Il y a aussi p-ric-s (prix), b-rader, b-rocante. Puisque pour écouler la marchandise il fallait traverser les mers, il n'est pas rare de rencontrer des pirates (pi-rates), comme les Te-resh.

La motivation du commerce est aussi explicitée par le préfixe 't' de l'angl. travel, voyager.

Chevalerie

Le cheval porte le nom de la population qui l'amène. Ainsi l'all. PFerd montre que le cheval a été reçu par les Parthes.

La race rouge est rappelée dans all. Ross, reiten, t-raben; dans it. frusta (cravache), briglie et redini (rênes), bi-roccio (cabriolet); fr. arçon, bretelles (rênes), haras; dans angl. horse (aryanisé, comme haras).

Le cheval de Mahomet s'appelait Bo-racq.

Médecine

θε-ραπευτική (thérapie) renvoie aux rab, tout comme Sé-rapis, dieu guérisseur gréco-égyptien qui préfixe le serpent sous la forme S.

Les rudiments de l'art de guérir se lisent dans «sirop», friction et all. reiben (frotter avec un onguent). L'onguent est le grec χρῖσμα d'où χριστός. Il y a aussi l'arsenic. Il est possible que l'all. Ar-z-t (médecin) soit = rot avec Z (serpent) infixe; par contre 'carabin' ne pose pas de problème, ni rus. врач. La médecine se rattache à la Médie. L'archange Raphaël, l'ange médecin, se manifeste dans ce pays.

Technique et technologie

Creuser, cric, crochet, creuset, argane (machine), robinet, robot, roquette (all. Rakete, it. razzo évoquant la 'razza' ou race), trépan. Brevet pour la protection de la création technique.

Théatre

Les origines du d-rame se trouvent dans le Ramayana qui offre un large éventail de thèmes, en faisant intervenir dieux, rois, génies, démons, animaux qui parlent... Le spectacle était représenté à la Cour pour flatter les descendants des Rama et amuser les invités.

Art de la cuisson

La familiarité avec le feu se lit dans: feu grégois, it. b-race (braise), b-ruciare (brûler), briquet... (Prométhée est rappelé à page 71).

La cuisson des aliments se lit dans it. f-riggere (frire), borsch, brioche, brochette, crêpe, Krapfen, porridge, ragoût, ramequin, ravioli...

Habitat

Étant donné le rayon de dispersion, toutes les espèces sont représentées, depuis le plus nordiques aux plus tropicales.

Dans la faune, l'animal fétiche était, dans certains régions ou sociétés, le Dragon, symbole de l'autorité souveraine en Chine.

Des reptiles et serpents on a déjà parlé; eux aussi ont connu un destin controversé, tantôt divinisés, tantôt assimilés à l'adversaire définitif.

Les cervidès (cerfs, all. Hirsch, karabaux) représentent l'habitat plus nordique ou de haute montagne. Les mers arctiques sont rappelées par l'all. Robbe (phoque).

Un autre animal fétiche était le porc, ce qui explique le tabou de cette viande chez les Musulmans comme chez les Juifs: il remonte à l'époque où des rav ou rab ou raγ imposaient leurs vues en matière alimentaire.

De l'ours on a dit et on en reparlera, étant donné son importance (deux constellations lui sont consacrées).

En Afrique, les raϜ ont baptisé la girafe (elle aussi a une place au ciel).

Oiseaux: l'oiseau de bon augure est la colombe, grec «pe-ris-tera» (recit de Noé). Un autre fétiche est le corbeau, d'où s'appellent des villes en Allemagne, Ravensbürg par exemple. A Rabe correspond lat. corbus et it. g-racchiare (croasser à cfr. avec Croatie). Dans un habitat tropical on retiendra le perroquet (fétiche des pirates), mais aussi la grue, dont une espèce hiverne en Afrique en provenance de la France. L'all. Störch est surtout lié aux Turcs.

Parmi les *insectes*, le scarabée était une amulette en Égypte et en Étrurie.

Flore: dans ce domaine, en plus du raisin dont on a parlé et des éricacées, on a all. Birke (bouleau), lat. fraxinus (frene), lat. robur (rouvre). Fleurs: la rose et l'œillet dans la version italienne ga-rof-ano.

Voici une liste des termes plus caractéristiques ou argotiques de quelques pays d'Europe (en plus de ceux qu'on a déjà rencontrés):

français: agrafe, arc, archive, argot, arôme, bric-à-brac, bricoler, brimade, brise, brousse, crèche, cric, farouche, frédonner, fréquent, frère (frater), fret (lat. fretum, mer), fretiller (propre du poisson), arg. fric, arg. fripouille, frivole, froment, arg. frousse (cfr. grec φριξ), garce, garçon, grabuge, graminés, grammaire, grimoire, grisbi, griser, grogne, groupe, orgueil (germ.); paraphe, parfum, près, prestige (lat. praes-tigium), prêter, priver, produire, profit, propice, propre, prude, germ. rafle, ravir (lat. rapere), rebours, régime, région, arg.rififi, ripaille, rivière, rixe, riz (oryza), rôder, ruse, sergent, serf, tracasser, trace, traité, germ. trappe, traquer, travail, très, trêve, tribu, tricot, tripe, tripot, trophée, troubadour, troupe, urgent, verve…

italien: arcigno (revêche), arraffare (s'emparer de force), arrembaggio, auriga, baracca, baratto, baruffa, birba, birichino, bramare, briga, broglio, carabina, credere, crescere, crogiolo, crudo, ergastolo (bagne), farabutto, faraglione, forbici (ciseaux), fragole (lat. fraga), frassino (lat. fraxinus), fretta, furbo, furto, garbuglio, gradire, grado, gramaglie, gramo, gridare, groppa, groviglio, arg. gruzzolo (magot), Orco (Pluton, les Enfers), provare, racchia (j. fille sans attraît), ragazzo/a, recare, ridere, risma (terme équivalent à race, péjoratif), roba, rocca, rogne (tracasseries), ruffiano, ruggine, tracotante, tradire (fr. trahir), tregua, truffa…

allemand: Arbeit, barsch, Betrug, Brille, borgen, brechen, Brief, Brot, (rappel 'rot'), Brücke, Brüder, bürgen, Dorf, dürfen, erben, Farbe, Frieden, fromm, greifen, grüssen, arg. Krach, Kraut, kriechen, Pirsch, Pracht, prüfen, Rahm, Rad, Rat, Reeder, retten, Rowdy, Rücken, rufen, Ruhm, (avec 'h' inséré à titre de hache indoeur.), rühren, sterben, Störch (cigogne, oiseau guide des turcs), tragen, treffen, treiben, Treppe, werden, wirken, Wort, würgen, Zwerg…

anglais: brass, bread, breath, bribe, bridge, British, brothel, to carve, craft, crop, crowd, to drive, free, to frighten, racket, raid, rallye, rifle, rope, row, rugby, travel, trust, work, wrath…

espagnol: brujo (sorcier)

russe: грозйть (menacer), дерево (arbre, cfr. lat. tribus), доьрыи (bon), дорóга (chemin), дорого (cher), дружьа (amitié), дурак (idiot), король (roi), кремль (Kremlin), орýжие (arme), разум (intellect), реьята (enfants), родина (patrie), родйтель (parent), рыьа (poisson), трéьуется (il faut), хорошó (bien)…

langues scandinaves: Berch-t-a (avec 2 déterminatifs fém.); fyord.

On devrait mettre à contribution non seulement les autres langues européennes, mais aussi les sémitiques, par exemple:

hébr. ruah (esprit)
be-resh-it (au commencement)
rachanim (les sages - courant de pharisiens)
erosh (= ai rosh): humanité

arabe: ba-roud (combat.

Folklore

— derviche;

— Gra-(h)-al, issu du lat. tardif Gradalis (récipient mythique qui rend invincible) inspiré de l'évangile apocryphe de Nicodème et de légendes celtiques.

— *Ramadam* (Carème), nom du mois dédié au jeûne rituel prolongé qui remonte peut-être à une pratique des Rama.

Termes dogmatiques ou lithurgiques adoptés par le Christianisme

— arcane: mystère accessible uniquement aux initiés;

— it. cresima (onction, confirmation) issu du grec χρῖσμα;
— ermitage (lat. e-rem-ita);
— la grâce;
— kérygme;
— Paradis (par rapprochement à hébr. Perath, accad. Purattu, l'Euphrate (= ai Y-φ-rat-); le Paradis était sur l'Euphrate;
— paroisse (lat. parochia);
— prêtre (all. Priester, it. prete) issu ou non de grec presbu-teros;
— prophète.

CHAPITRE V

LES ANGES EN TERRE PROMISE

Les douze tribus se sont dissoutes à profit d'une administration coiffée par une classe sacerdotale tout-puissante. Dans le Royaume édifié en Terre Promise les anges y sont sans doute, mais ils ont perdu beaucoup de leur identité à cause des métissages subis et ils se retrouvent dans une situation inconfortable, comme assis sur les bancs de l'opposition. Il n'empêche qu'il y eût une reéemergence d'éléments purs, soit physiquement, soit dans leurs cœurs, et bien attachés à leurs traditions. Ils avaient un calendrier à eux, des fêtes, des croyances 'moins orthodoxes'. Dans la société ils occupaient le bas de l'échelle, à moins de gravir les échelons tous à la fois, comme ce fut le cas pour David. Ils exerçaient des metiers peu rémuneratifs: bergers, carpentiers, pêcheurs — eux qui étaient le sel de la terre. Alors ils expriment leur mécontentement par la voix des prophètes, chez qui déjà on découvre les accents de l'enseignement de Jésus.

Jésus lui-même était un ange, comme rejeton de David et en raison de la conscience qu'il avait d'être le fils de Dieu, père des anges.

Être un ange, cela pourrait lui avoir valu d'être blond, ce qui correspond largement à la tradition iconographique (sensus fidelium).

C'est au niveau des couches les moins favorisées qu'on retrouve non seulement les descendants des anges, mais aussi la croyance dans l'existance de ces émissaires divins; les Sadducéens (les «daces» dans la mosaïque juive) méprisaient ce qu'ils taxaient de superstition populaire. Cette croyance était en effet tellement enracinée chez les catégories sans statut social que lorsque Pierre libéré de prison frappa à la porte de la maison de Jean-Marc (Actes des Apôtres, 12,13-15), tout le monde pensa d'abord que c'était un ange.

Si Jésus était un ange physiquement aussi, il devait avoir une taille exceptionnelle, cfr. Juges 13,6 (au sujet de la naissance de Samson): «La femme dit à son mari: un homme de Dieu m'a abordée qui avait l'apparence de l'Ange de Dieu, tant il était majestueux».

L'enseignement de Jésus

1) Les énigmes

On sait que le roi du Delta en posait au roi du Sud.

Le plus célèbre est celui de la légende grecque d'Oedipe et du Sphinx sur les trois âges de l'homme, avec enjeu de vie ou de mort.

Dans la Bible, un exemple nous vient de Samson fils de Manoah (celui-là dont Juges 13,3-4 dit: l'Ange de Yahvé parut à sa mère et lui dit: «Tu vas concevoir et tu enfanteras un fils»), qui proposa à son festin de noce une devinette à prix:

> Juges 14,12
> «De celui qui mange est sorti ce qui se mange,
> et du fort est sorti le doux»

dont la clé était (v. 18)

> «Qu'y a-t-il de plus doux que le miel,
> et quoi de plus fort que le lion?»

Ezéchiel, le prophète de l'exil, met une énigme dans la bouche même de Yahvé (17,1-10):

> «La parole de Yahvé me fut adressée en ces termes:
> Fils d'homme, propose une énigme et présente une
> parabole à la maison d'Israël...
> v.3: Le grand aigle...
> v.7: Il y eut un autre grand aigle...

Ces deux aigles sont respectivement Nabuchodonosor et l'Égypte — qu'en sera de la vigne (Israël)? Ce thème de la vigne symbolisant un État, voire le Royaume de Dieu, est repris par Jésus dans la parabole des vignerons homicides (Mt. 21,33-46, Mc. 12,1-12, Lc 209-19).

Le Proche Orient était le terrain de culture des énigmes, qui sont une forme désormais évoluée de l'ancien enseignement astrologique (v. IIe partie du livre).

Jésus parlait lui aussi volontiers par énigmes, chose que ses disciples lui reprochent parfois.

La première énigme de Jésus peut être considérée la réponse qu'il donna à 12 ans à ses parents préoccupés de son absence:

> Luc 2,49
> «Ne saviez-vous pas que je dois être
> dans la maison de mon Père?»

où il pense «Père céleste» alors que Marie parlait du père adoptif.

Beaucoup plus tard, peut-être vers la fin de son ministère, Jésus lance un défi dans le Temple:

> Jean 2,13-21
> «Détruisez ce Temple et en trois jours
> je le rébâtirai»

défi qui ne sera compris par les disciples que lorsque Jésus revint de la mort à la vie. Le temple dont il parlait était son corps.

Du même genre fut sa réaction devant des gens pressées de voir des signes. Elles n'auront que le signe de Jonas (Luc 11,29). Son discours sur le Pain de Vie à la Synagogue de Capernaüm (Jean 6,35-51) déconcerte ses disciples:

> «Cet enseignement est difficile à admettre».

2) La dissimulation

La dissimulation souvent accompagnée d'anachronismes voulus, caractétise les énigmes et les allégories proposées à fin que le Pouvoir (tantôt la Perse, tantôt l'Empire romain) «puisse entendre sans comprendre». Toutes les apocalypses suivent ce procédé. Ainsi Baruch appelle-t-il «Chaldéens» les Romains; César est «Nabuchodonosor». Jean l'Évangéliste attaque Babylone mais vise Rome, appelée aussi la Bête avec profusion de symboles (les sept têtes ou les dix cornes de la Bête, l'ange moissonneur, la grande prostituée, le cheval blanc...). Plus subtile est la dissimulation chez Esdras, si la femme (Sion) qui pleure son fils mort le jour de ses noces est, comme pense Wellhausen, la communauté chrétienne de Jérusalem qui pleure le Fils, l'Agneau dont Jean évoque les noces.

L'opposition entre la Jérusalem céleste et la cité terrestre est une donnée qui s'enracine dans la tradition des anges.

Jésus emprunte ce procédé pour lui-même, à decouvrir derrière le sujet du recit, comme

en Jn 10,1,7,11	le berger c'est lui
en Jn 15,1	Jésus est la vraie vigne
en Mc 2,19	il est l'époux le jour de ses noces
en Mc 2,17	il est le médecin.

3) La parabole

Pour son enseignement, Jésus s'est surtout servi de la parabole qui, comme son nom l'indique, est un procédé typique des rabbins (pa-rab-ole et pa-rag-on, c'est à dire confrontation d'une réalité accessible à tous avec une réalité cachée). Le rapprochement cependant n'est pas toujours évident et les apôtres demandent d'expliquer le sens caché.

Si parfois les paraboles sont obscures, c'est pour que

> «ceux qui n'ont pas connaissance des secrets du Royaume de Dieu
> puissent regarder mais sans voir,
> puissent entendre, mais sans comprendre»
> (Luc 8,10).

et aussi pour réaliser les écritures (Mt. 13,34-35).

Mais lorsque l'interlocuteur est de bonne foi, Jésus explicite le sens caché de ses paroles: ainsi en Jn 3,3 il déclare à Nicodème, pharisien de bonne volonté:

> «Personne ne peut voir le Royaume de Dieu
> s'il ne naît de nouveau»

ce qui ne veut pas dire «rentrer dans le ventre de sa mère» comme Nicodème supputе, mais «naître d'eau et de l'Esprit».

Puisque le Royaume des Cieux ne pouvait être compris que par les anges, Jésus en a fait l'objet de plusieurs paraboles, pressé par ses auditeurs de le définir:

— parabole du semeur (en Mt. 13,1-9), avec explicitation en Mt. 13,18-23
— parabole de la mauvaise herbe (en Mt. 13,24-30), qu'il explique en Mt. 13,36-43
— parabole de la graine de moutarde, en Mt. 13,31-32
— parabole du levain, en Mt. 13,33
— parabole du tresor caché, en Mt. 13,44
— parabole de la perle, en Mt. 13,45-46
— parabole du filet, en Mt. 13,47
— parabole du grand repas de mariage, en Mt. 22,1-14.

En Luc 14,15-24 il dit que «beaucoup sont appelés, mais peu élus».

Dans une autre parabole (Mt. 16,5) Jésus assimile au levain l'enseignement des Pharisiens et des Sadducéens.

3) Le langage de l'ange

Si par les paraboles l'enseignement de Jésus s'enracine dans la tradition rabbinique quant aux formes, l'essentiel de son message et le langage qui le revêt sont ceux de l'ange. Lorsque Jésus parle du Royaume des Cieux, ou il dit que le Père siège au ciel (et que le Fils de l'Homme ira s'asseoir à sa droite), il tient un langage formé au contact d'une religion astrale avec une référence toute particulière au Père Céleste (intronisé dans la Grande Ourse). Il n'y a pas de prière plus séant à un ange que le Notre Père qui est aux Cieux. Et la suite: que ta volonté soit faite, sur la terre comme au ciel, puise à la même source qu'Hermès Trismégiste (gemellarité terrestre-celeste).

Jésus répondant à Pilate: «Mon royaume n'est pas de ce monde» résonne angélique et gnostique, à l'instar de Mt. 28,18 «Tout pouvoir m'a été donné au Ciel et sur la Terre».

La passage en Jean 14,2

> «Il ya de nombreuses demeures
> dans la maison de mon Père»

a une résonance astrologique (les maisons des astres).

Trop longue serait la revue des passages où Jésus s'exprime en ange; il suffit de s'arrêter sur

Mt 5,34 Le Ciel, c'est le Trône de Dieu
5,45 Votre Père, qui est aux Cieux
5,47 Votre Père celeste est parfait.

Une fois sur deux Jésus dit: Père — qui es au Ciel; le Royaume de Dieu est, dans sa bouche, le Royaume des Cieux.

Une expression qui s'enracine dans la tradition des anges est celle de «Fils de l'Homme».

> Jean 1,51
> «Vous verrez le Ciel ouvert et les anges
> de Dieu monter et descendre sur le
> Fils de l'Homme»

Ce titre provient de Daniel, prophète angélique, et de Hénoch éthiopien, Livre des Paraboles 46,3

> «L'ange me répondit: C'est le Fils de l'homme
> qui possède la justice»

et ailleurs (62,7,9,14; 70,1 - 71,14,17).

J'ai déjà dit, et j'y reviendrai bientôt, que les anges étaient le véritable peuple élu, et j'ajoute ici qu'ils avaient avec Dieu un rapport de filiation directe, ancestrale, qu'ils étaient le peuple dont Dieu était le Père.

Jésus était ange à part entière, il portait en Lui sublimée la conscience d'être le Fils de Dieu.

Jésus Fils de Dieu

Dans les Évangiles on repère trois textes dans lesquels Jésus se désigne comme le Fils:

Marc 12,1 : Parabole des vignerons meurtriers (les grands prêtres qui ont réfusé de reconnaître l'origine divine de Jésus).
Les premiers envoyés sont les prophètes, le dernier est le plus proche de Celui qui envoie, qualifié de «Fils». Même le fils, l'héritier, a été tué.

Marc 13,30: Le jour de la Parousie:
Le Fils est supérieur aux anges, mais il ne connaît pas ce jour-là, qui est du seul ressort du Père.

Marc 10,38: Dieu seul sait à qui sont reservées les places à droite ou à gauche.

De l'avis des exégètes, cette limitation dans les pouvoirs ou connaissances du Fils prouve l'authenticité de ces trois logia.

Une preuve ultérieure de cette conscience qu'avait Jésus de sa filiation divine découle de ses prières, parce que en s'adressant à Dieu, il l'appelle «Abba». Nous n'avons que deux exemples de ses prières:

a) à Getsemani, où Marc souligne de l'avoir entendu dire «Abba, tout est possible pour toi; éloigne ce calice».
b) en Mt. 11,25 et en Luc 10,21, là où il loue Dieu d'avoir réservé aux petits sa révélation majeure. Les deux évangélistes utilisent une source commune, caractérisée par un logion appelé «johannique» en raison de certains termes employés, propres à la Gnose, comme: révélation, connaissance (le Père connaît le Fils, etc.).

Dans la pensée paulinienne, qui n'est pas d'un seul venu, la filiation est d'abord essentiellement spirituelle: logique conforme à la mentalité pharisienne qui admettait les anges, la résurrection et la puissance médiatrice de l'Esprit. Aux débuts de l'Église, Jésus intéresse Paul surtout pour sa fonction, qui est celle d'Acteur du Salut. Mais venu en contact, pendant la captivité, avec le monde grec qui se préoccupe des essences Paul cherche à mieux définir l'identité du Christ, en tenant compte de l'exigence d'intermédiaires entre Dieu et les hommes. Ainsi présente-t-il Jésus comme une Pensée de Dieu qui devient le Christ au moment de la création, Médiateur Suprême de l'époque eschatologique et Seigneur des derniers jours, donc à l'origine de tout (Parole Créatrice) (I Cor. 8,5).

C'est cette même exigence qui fait écrire à S. Jean, au début de son évangile: «Au commencement était le Verbe… et le Verbe était Dieu. Tout fut par lui… Et le Verbe s'est fait chair…» Saint Justin disait que le Logos émanait de la Volonté de Dieu, qui se parle à lui-même, et Tatien eut recours à l'allégorie du flambeau pour expliciter la procession de Jésus.

Cette Parole créatrice ou Verbe est un intermédiaire cosmogonique, qui nous amène fort loin du sentiment filial témoigné par Jésus qui ressuscité dit encore une fois, en

> Jean 20,17, à Marie de Magdala:
> «Va trouver mes frères, et dis leur:
> Je monte vers mon Père et votre Père…»

Qui pouvait le comprendre? Les rabbins, les lévites, les cohanim? Sûrement pas. Pourtant le Tentateur dans le désert l'avait interpellé en vertu d'un tel privilège: «Si tu es fils de Dieu, ordonne...»

Dans l'Ancien Testament et le Judaïsme, on ne donne pas le nom de Père à Dieu (Osée dit que Dieu est comme un père adoptif).

Qui était encore assez ange en Palestine pour comprendre Jésus? Seul Saint Pierre l'a confessé «Fils de Dieu» et le cœur du Maître a débordé de joye.

Les Juifs diront qu'il blasphème.

CHAPITRE VI

LE BERCEAU DES ANGES

Dieu a fait trois fois la promesse:

— à Abram, dont il modifie le nom en Abraham, en Gen. 17,8

«A toi et à ta race après toi, je donnerai le pays où tu séjournes, tout le pays de Canaan».

Cette promesse a été faite à un «Rama», un rejeton de Ra.

— au jeune Jacob, le rêveur de visions angéliques, Gen. 28,13

«Je suis Yahvé, le Dieu d'Abraham ton ancêtre et le Dieu d'Isaac. La terre sur laquelle tu as couché, je te la donne à toi et à ta descendence».

Cette promesse a été faite à un ange.

— à Moïse, qui est lévite, Dieu dit (Exode, 3,6 et 8)

«Je suis le Dieu de tes pères, le Dieu d'Abraham, le Dieu d'Isaac et le Dieu de Jacob…

Je vous ferai entrer dans la terre que j'ai juré de donner à Abraham, à Isaac, à Jacob et je vous la donnerai en patrimoine».

La 'race', les anges et les lévites ont été les bénéficiaires de la promesse. Bien que se rencontrant en Jacob, déjà à mont de son arbre généalogique ils s'étaient croisés plusieurs fois. Il s'agit des seuls mariages que Dieu n'ait pas désapprouvés.

L'histoire de chacun de ces peuples plonge les racines dans l'époque plurimillénaire des chasses dont l'art rupestre récapitule les phases en Dordogne, Ariège… Il s'agit pour l'essentiel de la section plus récente du Paléolithique: le Magdalénien, c'est-à-dire de 12 à 8.000 ans avant notre ère.

La fouille linguistique montre qu'ils ont traversé la période de la chasse, de la pêche et de la cueillette et ont établi très tôt des liens de collaboration en participant aux mêmes battues de chasse et aux mêmes émigrations commandées par des impératifs climatologiques: la fonte des glaces, qui repousse les bisons, les ours, les rennes toujours plus au nord.

Les ḶF ou LeF à l'âge de la pierre

Cette population est celle des alphs ou elfes des légendes scandinaves, qu'on peut observer le soir à l'orée des bois nordiques… Leur ancienneté, leur mode de vie en symbiose avec la nature, ressortent du lat. olfactus, l'odorat des alphs (sens estompé de nos jours) flairant la proximité des fauves, les herbes comestibles ou curatives, les fleurs (cf. flairer et fiores). En Bretagne ils dégrossissent les lechs. Ils se caractérisent par la dépygmentation, l'albinisme (alb-), dû à l'habitat de glaciers, peu ensoleillé. Nous les trouvons occupés à couper la pierre, cfr. si-lex et all. sch-lag-en. A Schleswig-Holstein on a trouvé des scies, des pointes de flèches en silex[38], outillage destiné à la chasse.

Pour augmenter leur force de frappe ils inventent le propulseur, qui exploite le principe du levier (contenant le radical de l'ethnie). Il s'ingénient de coller ensemble (cfr. all. k-leben) deux outils différents, comme la pointe et la bâton, au moyen de résine (l'ambre jaune ou résine fossile appelée en grec ἤλεκτρον).

Ils habitent dans des grottes (et plus tard sur les palafittes). Le clou (lat. clavis) qui sert de clé, montre le souci de prévenir d'éventuels larcins, ou d'empêcher d'être surpris dans le sommeil par une main (ou patte) meurtrière.

La lampe fait son apparition: les plus anciennes connues sont celles des chasseurs de l'Europe Occidentale du Paléolithique supérieur.

Sur les parois de leurs cavernes ils gravent les premiers caractères à titre d'écriture: g-lyph-e, qui sera d'abord un pétroglyphe. Par la suite l'écriture aura comme support le tronc de l'arbre, mais elle reviendra à la pierre lorsque on érigera des colonnes (lat. co-lum-na, donc encore un exploit des auteurs du «lumen», mais à la phase pastorale: j'observe ici que l'ag-γlom-ération des 'lum' à donné en angl. «s-lums», cf. aussi le péjoratif all. schlimm).

Lat. ca-lumnia accable de son côté cette branche d'éleveurs, qui est par contre flattée par l'angl. g-lamour et par l'expression *shalom*, la paix. L'autre forme de salutation dans l'allégresse: alléluia, s'adresse aux Alulim antédiluviens.

Par contre, le cri de joie «Hosanna au plus haut des cieux» est un hymne au soleil: Ho-sanna, cf. all. Sonne et arabe Zeni-th, avec désinence th marque-fém., parce que pour certains peuples le soleil est femelle, comme en allemand: c'est pourquoi on dit du Dieu de l'univers, assimilé au soleil par syncrétisme, qu'il est père-mère de la création parce qu'il possède les deux genres, tout comme la lune d'ailleurs, mais le rôle de créateur revient au soleil, qui réchauffe et éclaire, en sortant des ténèbres, du néant, hommes et choses.

[38] H. WEINERT, *l'Ascension intellectuelle de l'humanité*, Payot, Paris 1946, pages 235-237.

La 'race' à l'âge de la pierre

L'arc (angl. arrow) est le mantra de la race en même temps que son outil rédoutable pour la chasse à l'ours (arc-tos). Une remarque s'impose au sujet de l'arc. Au départ de l'ancêtre éponyme Ra ou Re, nous ne trouvons ajouté ici ni γ niϜ, mais C. Pourtant la chasse à l'ours précède de beaucoup la culture pastorale. Ce C ajouté au mantra (R̥ + C) n'est pas le homologue de K, n'est pas le pictogramme des cornes. Ce C n'est rien d'autre que la grande invention de la tribu des chasseurs, la silhouette de l'arc. Mais cette lettre s'est prêtée par la suite, tout aussi bien que K, pour symboliser les cornes (tout comme h a symbolisé d'abord la haie, puis la hache).

Une datation aussi ancienne, dans laquelle peut-être la différenciation sexuelle ne s'est pas encore imposée, doit être admise aussi pour les autres tribus de chasseurs comme les anges (anc), les ag (ac), la lignée de La (pour le tissu géographique: la-c).

En confrontant arc-tos avec ours et angl. (h)orse, on est en droit de penser que l'arc C a été lu par la suite S en vertu de la fausse loi satem-centum.

Lat. f-rag-mentum, all. b-rech-en (briser), fr. b-rèche (technique d'éclat de la pierre) nous restituent le scénario rupestre de leur *berceau*, avec parallélisme entre le radical rup de rumpere et it. rupe.

Le Mésolithique est caractérisé par l'abondance des outils de pierre de petite taille[39], comme les microlithes trouvés à Boberg près de Hambourg, utilisés pour les flèches qu'on collait avec de la résine. Les γ-raffiti nous disent qui sont les artistes préhistoriques gravant des scènes de chasse ou des silhouettes d'animaux sur les parois des grottes ou sur les os.

Il y a de fortes chances que les *harpons* (qui expliquent l'all. werfen) étalés dans les Musées Préhistoriques aient été façonnés par les archers roux. Et comme lat. f-lectere et f-lèche nous montrent les LaC (avec C = arc) en train de décocher, et l'arc sans flêche est inconcevable, on voit que les deux ethnies ont collaboré à la découverte et chassé ensemble.

L'arc est l'outil le plus important inventé par l'homme du Paléolithique supérieur, puisque il permettait d'atteindre la proie à distance. Mais l'arme de tir et de chasse est par la suite devenue une arme de guerre entre hommes.

[39] H. Weinert, *op. cit.*, page 214.

«Yahvé vit que la méchanceté de l'homme était grande» et s'affligeait dans son cœur (Gen. 6,5-6). La terre était pleine de violence (Gen. 6,13). Ainsi fut décrété le déluge. Et pour sceller son pardon, Dieu choisit comme signe l'arc-en-ciel (qui s'appelle, en grec, ἶ-ρις, forme phonétiquement proche des 'рыж' russes, à l'instar de la colombe: πε-ρισ-τερά, soit oiseau des 'Ris'). L'A-rarat (U-rartu) rappelle les 'rot'.

Devenus constructeurs, les chasseurs à l'arc (dont le protoype était Hercule, figure de proue de la mythologie grecque pré-indoeuropéenne) se sont ingéniés pour transférer dans la pierre le dessein de l'arc. Bien avant d'être introduite en Italie par les Étrusques, la voûte était connue en Ur en Chaldée au 4e millénaire av. J.C.[40].

Les anges à l'âge de la pierre

Les sources historiques, notamment Tacite, mentionnent les Angli, une ancienne peuplade de la Germanie Indépendante sur la côte du Chersonèse cimbrique (qui passa en 449 de notre ère sur les îles britanniques).

Les anges mythiques nous apparaîssent à l'âge de la pierre occupés à pécher à la ligne, cfr. all. angeln et aussi fangen (attraper du poisson ou du gibier), tandis que chin. wang signifie attraper avec un filet. Ce terme de «angeln» nous donne la preuve irrécusable de l'existence des anges vers 10.000 ans avant notre ère, en nous faisant en même temps apprécier ce qui a été la grande invention des anges: l'incurbation d'une tige pour saisir la proie (angle, à rapprocher à grec ἀγκύλος et all. Winkel).

Raffinement extrême pour l'époque, qui a trouvé des applications non seulement dans la pêche et la chasse, mais aussi dans la navigation: l'ancre (grec ἄγκυρα, cfr. aussi ἀγκύλος, courbé, it. unc-ino, crochet).

La familiarité des anges avec les poissons se reflète dans le récit de Tobie, où l'Archange Raphaël extrait un remède du fiel, du cœur et du foie d'un gros poisson du Tigre (Tobie 6,5).

Pour Weinert[41] les grands acteurs de cette période allant du début du Paléolithique récent au Magdalénien étaient les Cro-Magnon (disparus, ou se prolongeant dans les Basques), ainsi que les Eskimo et les Aïnou refoulés aux extrémités septentrionale et orientale de l'Eurasie. Par la

[40] H. WEINERT, *op. cit.*, page 240.
[41] H. WEINERT, *op. cit.*, page 190.

forme de la tête et du corps, les Aïnou sont, toujours selon Weinert, les descendants des Cro-Magniens. Je souligne de ma part, à leur sujet, la place occupée chez eux par l'ours, auquel ils consacrent une importante cérémonie en souvenir des chasses ancestrales à l'Ours des cavernes, celui-ci définitivement disparu. Par ailleurs, l'ours ou l'ourse a été la toute première hypostase terrestre des deux constellations-guide des nomades, évincée par la suite par la charrue ou le char auquel 7 bœufs sont attelés (lat. septem-triones). Mais l'importance de l'ours était si pregnante que même si cet animal n'est pas de ceux qu'on attelle, on continua de parler du Char de l'Ourse plutôt que du Char des bœufs.

Après l'ours et les bœufs attelés, il paraît y avoir eu une troisième hypostase, le cheval (angl. horse, avec e final pour respecter la féminisation de l'ours sous la pression de sociétés matriarcales).

On le voit, l'ours des cavernes a marqué la mentalité des hommes chasseurs, qui le craignaient et vénéraient à un temps, car il était pour eux le Seigneur de la contrée, un danger de mort et la source de la subsistence. Ainsi est-il encore honoré de nos jours par les Aïnou et aussi par d'autres peuplades comme les Lapons et les Ougriens de l'Ob. Pour les Glyaks (ou Guiliaks ou Nivkhs), ethnie paléoarctique établie sur le cours inférieur de l'Amour, composée de clans de pêcheurs sédentaires cimentés par le culte de l'ours, et pour certains groupes de Toungouses (les Orotchons et les Orotches) l'ours est «Seigneur».

Chez les Votiaks, population de chasseurs-agriculteurs finnoise de la Russie centrale, et d'autres groupes finnopermiens, dont la religion comporte un Être Suprême Céleste, il y a interdiction de prononcer explicitement le nom de l'ours (on recourt à des locutions pour parler de lui).

En Grèce, l'ours est présent dans le culte d'Artémis, et les jeunes filles choisies pour lui rendre un culte s'appellent ἄρκτοι (ourses).

Les noms d'ἄρκ-τος et d'Ἀρκτοῦρος (gardien de l'ourse) font allusion aux archers. Artémis apparaît déjà dans les documents mycéniens du XIIIe s. av. J.C. comme déesse de la chasse; Mycène ville de l'Argolide, a été un des fiefs des Ṛγ.

Bien que l'ours ne porte donc pas de nom angélique (arktos), les anges l'ont annexé à leurs croyances suite aux relations avec la 'race' des archers (battues de chasse, échange de techniques...) et ils l'ont intronisé dans la plus grande des constellations portant le nom d'ourse. Ce procédé n'irait pas de soi, si les chasseurs paléolithiques n'avaient pas remarqué que, quelque part qu'ils fussent, ces sept étoiles-là leur indiquaient le chemin du retour. Lorsque, à une époque ultérieure (le Wurm terminal), les anges durent abandonner la contrée, ils savaient, en s'orientant d'après la constellation de l'ours, comment revenir à leur berceau et à celui du «Seigneur de la contrée», l'espèce ours.

Théologie de l'ours

Une des façons de désigner le nord est la locution latine «septemtriones» qui correspond aux sept étoiles de la Grande Ourse, comme si chaque bœuf était une étoile. L'expression latine est la dernière venue, avant elle cette constellation était le Char, car sa forme suggère la charrue à roues, invention des premiers agriculteurs asiatiques: la roue est le symbole du Bouddhisme. (J'observe toutefois que lat. rota et all. Rad attribuent la roue aux roux, comme aussi d'ailleurs all. Rohr, car on a d'abord roulé sur des cylindres, cf. grec κυλίνδω, rouler, et kylindros. S'ils ne l'ont pas inventée, ils l'ont du moins introduite chez les peuples parlant latin ou allemand. De plus, même ses éléments constitutifs renvoient à la race, cf. it. razza, rayon. En anglais, ce n'est pas la roue, mais le 'rail' qui se réclame de Ra).

Quelques noms liés à la roue et ses applications: Tram, Farady (rotor), Gramme (dynamo), Ruhl (roulette du casino).

Mais le Char, qui a intronisé les bœufs ou les chevaux dans lès sept étoiles (car à mesure qu'on apprivoisait ces animaux on les attelait au Char déjà intronisé au Ciel, si bien que le Soleil parcourait la voûte céleste cfr. Platon, Phèdre XXVI: Zeus s'avance le premier dans le ciel, conduisant son char ailé... Derrière lui marche l'armée des dieux et des démons...), le Char disais-je n'est pas non plus le premier occupant de la Constellation. Le tout premier occupant a été l'*ours*. Cependant, une des sept étoiles est plus divine: c'est la VIIe ou η, appelée en arabe Al Kaïd (le Chef), alors que les Manitos d'Amérique l'invoquent comme Grand Ancien (voir page 11).

Tout comme dans le Ciel il y a beaucoup de demeures (Jean 14,2) ou de sentiers célestes, nombreux sont aussi les trônes: trône de Dieu, trônes de ses élus, de la Vierge, du Soleil etc.

Les trônes sont classés par S. Paul parmi les Anges, ce qui est légitime puisque le procédé de transposer au Ciel certains personnages, animaux ou végétaux terrestres (Zodiaque) est angélique.

Les anges en effet se choisissaient des astres pour se faire guider, et s'identifiaient à l'astre ou esprit supérieur. Un exemple irrécusable de cette étroite assimilation Ange/Étoile est donné par Lucifère, ange très beau et intelligent qui avait choisi l'étoile du matin et qui, comme on sait, avait désobéi et avait été précipité de son trône (Is. 14,12). La déchéance terrestre d'un ange désobéissant est beaucoup plus saisissante si elle est assimilée à la chute d'un trône céleste. Le Sitz im Leben de ce procédé de transposition pourrait être la Chine au vu du frasaire usité pour l'essentiel depuis la période Chang: Empire Céleste, Temple du Ciel, les 4 Palais (plus un cinquième, celui de l'Empereur, correspondant à l'Étoile Polaire).

Hermès Trismégiste disait: le monde d'en-haut, est comme celui qui est en bas.

Les hermétistes affirment que tout homme est soumis à un astre dont il est l'image.

La Grande Ourse mérite un discours à part. Ses 7 étoiles étaient 7 anges, postés devant le trône de Dieu. Raphaël dit à Tobie, en forme d'enigme, qu'il est une des sept étoiles du trône de Dieu. Dieu avait donc son trône dans l'ourse, et c'est dans ce sens qu'il faut lire aussi Isaïe 6,1.

On voit ainsi que l'ours, tout en n'ayant pas un nom angélique, est néanmoins étroitement associé à la théologie des anges, ceux notamment qui ont atteint la Chine par une route du nord ou par le Bosphore en suivant les cigognes.

L'origine nordique des anges — qu'ils soient établis en Chine (īn ʿâng) ou embarqués sur les bateaux phéniciens — ressort de cet élément décisif: l'exigence de s'orienter vers le grand nord, berceau de la race, ce qui a été possible grâce à la Grande et à la Petite Ourse.

Religion des anges

I

La *théologie de l'ours* comporte deux éléments:
— son nom est ineffable (ne doit pas être prononcé)
— il a droit au titre de Seigneur.

Ces deux éléments sont entrés dans la théologie des anges et sont passés dans le judaïsme, surtout lorsque au retour de l'exile les Hébreux font intervenir massivement les Anges comme intermédiaires d'un Dieu très majestueux, qu'ils évitent de nommer.

La projection de l'ours au ciel, et la projection du Palais du Dieu Suprême (en chin.: Shang-ti) intronisé dans la constellation de la Grande Ourse, sont à l'origine des locutions «Père Céleste», «Être Suprême», «Seigneur d'en haut», «Celui qui siège sur le trône» (Apoc. Jean 5), «Esprit Saint» (tandis que dans l'hindouisme il est question d'esprit-guide).

Le Ciel n'est pas divinisé en tant que tel, comme la Terre productrice (les Tchou offraient des sacrifices au Ciel et à la Terre), mais comme le Siège, le Royaume de Dieu, du Seigneur intronisé solennellement.

II

Le *culte des ancêtres* a été la première manifestation de sentiment religieux. Weinert[42] détecte les premiers signes de piété envers les défunts, avec crainte des revenants, dès l'époque du Magdalénien. Pour d'autres[43] c'est du Mousterien (-50.000) que semblent dater les premières sepulteurs intentionnelles (squelette de la Chapelle aux Saints en Dordogne).

L'évolution se fait dans le sens d'une divinisation de l'ancêtre éponyme. C'est ainsi que Brahma est devenu le Dieu Suprême de la 'race' établie en Inde, tandis qu'en Égypte c'est Ra tout court qui reçoit les honneurs dûs à une divinité. Lah, le Logos, Elohim sont autant de noms sous lesquels est honoré l'ancêtre lagide ou lévite.

Mais le peuple élu a un Dieu qui s'appelle Yahwé.

> Dt. 5,6-7
> «Je suis Yahvé, ton Dieu, qui t'ai fait sortir
> du pays d'Égypte… Tu n'auras pas d'autres
> dieux devant moi».
> 5,9
> «…moi, Yahvé, ton Dieu, je suis un Dieu jaloux…»

Ce document yahviste, pas plus que l'élohiste d'ailleurs, ne paraît instituer le monothéisme universel de Yahvé, qui se proclame uniquement dieu d'Israël.

Comme dans le cas de Brahma et de Lah, il s'agit ici également de l'ancêtre éponyme.

Selon l'Univers cabbalistique de Halevi Z'ev ben Shimon[44] il y a un Créateur (Metatron) qui domine deux armées parallèles, celle d'Elohim et celle d'YHVH:

[42] H. Weinert, *op. cit.*, pages 159 et 252.

[43] *Préhistoire de la Côte d'Azur Orientale*, par L. Barral et S. Simone, Imprimerie Nat. de Monaco 1968, page 86.

[44] Z'ev ben Shimon Halevi, *la Cabbale*, Seuil 1980, page 74.

Créateur
Metatron

Armée d'Elohim		Armée d'YHVH
Zaphkiel		Raziel
Mal: Samaël		Zadkiel: Bien
	Michael	
Guérison: Raphaël		Haniel: Grâce
	Gabriel	
Séraphim		Hasheralim
	Sandalphon	
Béni Elohim		Tarshishim
	Ishim	
	Cheroubim	

Elohim n'est pas Yahwé. On a eu tendance dans la Bible à fondre les deux traditions, bien que les rédacteurs aient privilégié les documents yahvistes.

Yahvé est le dieu des chasseurs. Les tribus des chasseurs de l'âge de la pierre ont servécu dans le noms de certaines populations historiques et même de notre ère actuelle.

Le radical en question serait Ac ou Ag (toujours cette alternance de C/G représentant l'arc), qu'on rencontre dans l'all. J-ag-d (chasse), w-ag-en (oser), lat. ag-ere (chasser), ac-us (pointe) et dans la hache (évolution du pointu au tranchant) précédée d'un 'h' indo-européen. Il est à la base de lat. ego, des Y-acoutes (peuple vivant en Sibérie et dont les dieux sont les T-ang-ara), peut-être aussi des Ἀχαιόί (achéens), bien que ce nom puisse se lire A-χαιοί et s'identifier à la gens Caia ou Gaia chez les Latins[45]. Le nom des Ἀχαιοί, lié à la «sagaie», javelot, est le plus intéressant parce qu'il innove en mettant, à la place de C ou G, le

[45] Alberto SANTANGELO, *Grecia, antica patria di Latini e Sabini Milano 1983.*

signe χ créé de toutes pièces pour symboliser la hache (le symbolisme est développé aux pages 129-131).

«Ag» est aussi le radical de grec ἅγιος (saint, sacré), dont l'esprit rude tient lieu de h (hagio-).

Précédé du serpent S, le radical «ac» explique lat. s-ac-er.

L'ancêtre vénéré par les tribus qui chassaient (au départ de la Dordogne en direction du nord pour suivre la proie à la trace, à mesure que la fonte des glaciers l'attirait vers les regions arctiques) AC ou AG (A suivi de l'arc-flèche), est donc tout d'abord un dieu de la chasse. Il est tout à fait vraisemblable que les ang-es ne représentent que la forme collective des ac ou ag, si on attribue à la nasale n la fonction pluralisante. Par rapport aux «Ac» ou «Ag», restés chasseurs et devenus guerriers, les anges représenteraient plutôt une élite d'intellectuels et de commerçants aimant les déplacements.

La filiation divine des anges est donc une procession ancestrale, en harmonie avec certains codes de la septante qui appellent ἄγγελοι les fils de Dieu se commettant avec les filles des hommes.

Voici, par le biais de l'alphabet profane, l' étymologie de Celui qui répondit à Moïse (Exode, 3,15)

> Tu parleras ainsi aux Israëlites:
> «Yahvé, le dieu de vos pères...
> C'est mon nom pour toujours...»

Suivant le code des anges, le radical ou mantra est précédé et suivi du déterminatif (Y - ak - Ⅎ).

Les noms qui le plus adhèrent au mantra du chasseur sont J-ac-ob, J-acq-Yes, I-s-aac (qui a donné aussi une fonction, celle de l'ishakku à Sumer), Jo-ach-im, E-z-ech-iel. A leur suite peut se ranger aussi Bacchus, divinité païenne.

Les Basques semblent avoir eux-aussi hérité ce radical, au milieu duquel ils ont infixé «s», d'autant plus qu'ils sont considérés les descendants des Cro-magnoïdes, dont la race grande et blonde formait l'armée des anges sur terre. L'extinction des Guanches aux Canaries est d'autant plus regrettable, mais profite néanmoins au caractère mythique des anges.

Quant aux Russes, il appellent Dieu ьог, c'est-à-dire le mantra «ag» précédé du déterminatif.

Le mantra des chasseurs (ag) est aussi au cœur de l'all. Bogen (arc), prouvant les liens étroits entre eux, les roux et les lagides.

Étant donné l'importance prise par la hache, on ne sera pas étonné de voir le principe immortel ou puissance 'ag' des chasseurs transformé en aχ (donnant «Achéens» ainsi que, en Égypte, la force spirituelle Akh et le nom composé Akh-naton, alors que lat. ego et Agha (khan) sont restés fidèles au mantra primordial).

Il n'est pas impossible que la croix gammée 卐, symbole des tribus indo-européennes férues de pureté raciale, documenté à Crète, Paestum, en Inde, au Tibet etc., soit une stylisation de la hache encore plus poussée et soucieuse d'harmonie, bien que ce signe puisse représenter la roue à axes des chars de guerre introduits par les Hyksos (voir page 131).

Dans un souci d'ajournement et aryanisation, manifesté déjà à l'égard d'Abraham, Yahvé aurait remplacé dans son propre nom l'arc et la flèche (C/G) par h (comme Kronos devient Χρόνος par substitution de K par χ).

J'écarte l'hypothèse d'une équivalence Yahvé = Jovis (tout en admettant qu'elle est défendable) pour deux raisons: l'une, ontologique, parce que Jovis n'est pas le Père des anges. L'autre, étymologique, parce que la syllabe 'vé' est accentuée pour marquer qu'elle ne fait pas partie du thème, qui est «*ah*»)avec préfixe Y et suffixe Ϝ, comme dans le nom de J-ac-ob). Dans le Judaïsme, on constate la forme J-ah-u qui fait mieux ressortir le caractère suffixale du digamme.

Et comme 'h' ajouté dans les noms est tardif, lié aux invasions aryennes[46], j'envisage l'alternative qu'il ait été soit annexé directement à «A», soit placé en substitution d'une lettre ayant de préférence un son proche; H achève la lignée des armes de chasse C et G, devenues armes de guerre, et l'identité de Yahvé comme Esprit des chasseurs ac (ag) et comme Père des anges est légitime.

Jupiter/Jovis contiennent tous les deux l'allusion à l'oiseau (l'aigle, bien entendu): Jovis est lat. avis avec J préfixé, Y infixe (J-aYv-is). Cette même forme correspond à l'idée des ancêtres (lat. avi, hébr. abba, lat. abbas, abbé) qui s'identifiaient aux oiseaux (aves, tandis que 'ave' est une forme de salutation et de bon augure, si l'oiseau est de bon augure - le grec ευ, bien, doit s'y rattacher).

Quant à Ju-piter, soit lat. pater (et Peter), soit sanscr. pitar correspondent à grec π-τερ. Jupiter est p-ter précédé de deux déterminatifs: J + Y. L'épervier: lat. accu-piter, est lui aussi construit sur base de π-τερ. L'all. Vater, qui préfixe Ϝ, est à rapprocher au nom indien Avtar, ainsi qu'à la divinité suprême Sa-vitur (grec Σω-τήρ = ΣαϜτηρ) et

[46] P. Bosch-Gimpera, *Les Indo-eropéens*, Payot, Paris 1980, pp. 63, 84.

A-vatar (réincarnation du «Vater» et du «Wetter», temps atmosphérique, qui, au vu de l'angl. water, eau, devait correspondre à la saison des pluies, notamment celles de la mousson indienne de juin à septembre). En somme, la périodicité de l'Avatar qui revient pour inaugurer une ère nouvelle — une année, ou même un seul semestre c'est-à-dire d'un solstice à l'autre, cf. all. wieder, à nouveau, et Widder, Capricorne ou solstice d'hiver — (si bien que la longévité des patriarches indianisants comme Abraham, rama, peut être réduite de moitié devenant ainsi acceptable, tout comme aussi l'âge invraisemblablement avancé de Sarah lors de la conception d'Isaac), correspond au 'dies natalis' célébrant la renaissance solaire de Mithra (25 déc.) avec retour du Soleil après l'hiver et les intempéries, ou aux deux solstices, aux deux moussons d'été et d'hiver accompagnées d'orages (cf. all. Ge-witter et aussi Donner-wetter, le germanique Donar dieu de l'éclair et du tonnerre, assimilé à Jupiter puisque Donnerstag = jeudi). Le fonds commun indo-germanique explique l'association de la mythologie hindoue et de la terminologie allemande (à laquelle on peut ajouter Wu(n)der, prodige céleste, et Winter soit comme pluriel de Wind, soit comme Wi(n)ter = Wetter).

Là-dessus se greffent des idées de paternité du Soleil qui juge en tonnant et comme Jupiter avec la foudre frappe l'impie, et d'évocation d'oiseaux migrateurs ou tout simplement annonciateurs des orages qui éclatent. Il y a lieu d'observer que π-τερ est un pluriel en raison de la suffixation en 'r', les oiseaux étant légion. Un seul, se dirait pita, alias P-ta(h). Les russes ont п-тица p-tiza, l'oiselle.

Le mythe solaire tient une place immense dans la tradition religieuse hindoue: il y a le Ciel Père ou Dyaush Pitar, Syria le Soleil associé aux quatre autres divinités protectrices Vishnu, Çiva, Pârvâti et Ganeça, et Savitur invoqué dans la très puissante gâyatrî tirée du Rig Veda:

> «Om bhuh bhuvah svah — tat SAVITUR — varenyam —
> bhargo devassia dhee mahi dhiyo — yo nhah praçno-dayat»

accompagnée d'un acte d'adoration au soleil levant.

* * *

Le vocable «abba», un des plus vénérables qui existent, m'amène à faire un détour débutant par le plur. a-n-b>amb (comme ang est le pluriel de ag).

L'itinéraire des «amb» aboutit à grec emporion (comptoir marchand) et lat. imperium qui a donc une origine commerciale (à l'anglaise), donc aussi à fr. «s'emparer».

Les sources historiques, et précisément Jules César, B.G.II, mentionnent les Ambiani, soumis en même temps que les Nervii.

Géographiquement, notre détour aboutit à Is-tamboul (Istanbul) avec apparition de la balance en préfixe. Cela va de soi pour les villes portuaires qui servaient de comptoir comme d'ailleurs Ta-rante et O-t-rante en Italie (comptoirs des Rot avec n pluralisant) et U-t-recht (siège d'une foire internationale, ancien comptoir des Raγ aux Pays Bas). L'A-T-lantique lui-même est un énorme comptoir des «Atlantes» (à cfr. à gr. τάλαντος, balance), forme gentilice des Las (ce qui donne, avec article et préfixe, A-T-las et α-θ-λητής, athlète, car il s'agissait d'hommes grands et forts), ethnie reconvertie dans le commerce et basée entre autres sur une île mystérieuse, l'*Atlantide*, probablement située sur l'Océan pour servir de relais aux têtes-de-pont de l'autre côté, car il reste une ville importante appelée Atlanta en Géorgie.

Mais les antes sans aucun préfixe avaient déjà, au départ d'Ant-werpen, abordé dans un millier d'îles: les Antilles.

Parallèlement aux Antes, il y a les Andes, dont le noyau primordial ou phonème ethnique est AD. Ce radical se trouve à la base de J-ud-a, de Judith avec suffixe féminin Θ, d'Eudes, de l'Hadés, de l'Edda, de l'Adel (noblesse), tandis que avec 'n' pluralisant on obtient les 'andes' (pour apprécier l'alternance ad/and il est intéressant de comparer l'it.

v-ad-o (I° pers. sing. du présent indicatif = je vais)
à cf. à S-veden.

and-iamo (I° pers. plur. du présent indicatif = allons).

Aucune ethnie n'était tant répandue parmi les allemands que celle-ci, puisque j-ede signifie chacun.

La fréquence des Andes parmi les allemands donne raison à ceux qui attribuent à ceux-ci une origine scandinave. En effet si les andes (donnant it. and-are) sont allés jusqu'aux Andes an Amérique, chez nous en Europe leur descendance s'est établie, avec 'n' gentilice et cornes en préfixe, dans le Kodanus (Kattegat) qui explique le nom de S-ca(n)dinav-, tout comme Antinoüs, le favori d'Adrien, ou Antinoé, ville sur le Nil, signifient scandinave, préfixes en moins. La déesse éponyme de cette race blonde (cf. grec ξανθός) était S-khadi, ancêtre des scandinaves mais aussi des Khedi-wé (titre octroyé au vice-roi d'Égypte par les ottomans) et de Kadha-fi. A première vue, qui aurait imaginé une arrière-grand-mère suédoise pour le turbulent premier libyen?

Mais les Basques aussi se reclament d'elle, puisqu'ils appellent leur pays «Eu-s-kadi» (parmi d'autres appellations d'origine).

Des jalons importants des scandinaves sémitisés sont les cités fortifiées (Agadir), les bornes ou 'kudurru' mésopotamiens et le royaume prépersan d'Akkad/Agadé: sous celui-ci, l'arbre sacré qui était normalement un palmier a été évincé par un conifère, souvenir des contrées nordiques.

En revenant aux av-es, il est intéressant de relever que cette racine est tout naturellement celle de l'œuf, lat. ov-um (aϝv-) et grec ᾠός (aϝo-), comme résultat de l'observation des mœurs des oiseaux.

* * *

Limites de la fouille linguistique

Un obstacle à la transparence étymologique vient du fait que, tout au début et pendant longtemps, les voyelles n'étaient pas marquées, avec comme conséquence une lecture ambiguë en présence des liquides (r̥, l̥) ou nasales (n).

L'écriture cunéiforme est tout à la fois et pour chacun de ses éléments, pictographique ou idéographique et phonétique. Les signes, isolés, correspondent toujours à une syllabe, par ex. ba/ab pour notre 'b'[47].

Pour saisir la différence, qu'on se contente de confronter l'angl. King avec l'all. Ko-en-ig; dans ce dernier cas, la lecture des 3 consonnes est syllabique: on voit que le mot a été forgé sur K-N-G et lu en conséquence.

D'autres exemples pourraient être: S-raël lu Is-raël, S-lam lu Is-lam, χ-naton lu Akh-naton, T-lant lu soit at-lant, soit ta-lant, m-rich lu Emme-rich, (H) m-rabi lu (H) ammurabi, etc.

La Cappadoce pourrait être un cas limite résultant de la lecture in extenso du préfixe K devant la Dacie (K-Doce, où K se lit Cappa en grec) impliquant que la région a été occupée durablement par les Daces.

Les slaves se passent fort bien des voyelles et ils écrivent par ex. Trst pour Trieste.

N, lorsqu'il se trouve au centre d'un mot (comme Tanger), brouille les pistes de la recherche du véritable radical ethnique.

A tout ceci s'ajoutent les impondérables du graphisme. Il y a des phénomènes, tels l'alternance σσ/ττ (cf. grec τεσσαρες/τετταρες) ou le rhotacisme (r pour s), qui ne se justifient pas sur le plan phonétique. On sait que, dans l'inextricable arbre généalogique des écritures, les scribes opéraient, en passant d'une langue à l'autre, selon les besoins, une

[47] S.N. Kramer, *L'histoire commence à Sumer*, Arthaud, Paris 1958, page 300 (note sur l'écriture sumérienne).

réaffectation de signes alphabétiques: par ex. l'écriture sogdienne affecte, pour *d* ou *t*, le «l» de l'araméen; dans des cas pareils, remonter à la racine primitive est une entreprise désespérée.

Conclusion

Les Anges, les astres, les elfes ancêtres des Lévites forment un soubassement mythologique soudé au subconscient collectif de l'humanité non seulement judéo-chrétienne. Dieu qui nous suit dès l'âge de la pierre, dès l'époque des grandes chasses, se sert toujours des mêmes messagers, les anges, ses enfants, pour nous parler ou nous communiquer ses volontés, ou bien des signes célestes (comètes, arc-en-ciel) lorsque de grands évènements se préparent; il en fut ainsi pour les Rois Mages, des astrologues à qui une étoile indiquait le chemin à suivre.

Implications pour la linguistique
(Origine semi-conventionnelle du langage)

Quelque 25 siècles avant cette date Platon se demandait déjà si l'origine du langage était naturelle ou conventionnelle.

A titre de curiosité je signale que l'académicien soviétique N. Marr a émis une théorie selon laquelle tous les mots de toutes les langues remonteraient à quatre matrices: sal, ber, yôn, roch, grâce aux multiples variations et combinaisons.

Tout ce qui précède éclaire la question du langage, qui à l'air d'être conventionnel tout en ne pouvant pas l'être, puisque pour se mettre d'accord il faut déjà qu'on parle.

C'est la structure autour des différents radicaux, qui est conventionnelle, par le mécanisme des infixes, préfixes, suffixes. Autrement dit, l'origine des radicaux est orale, mais le restant est dû à l'écriture, à des symboles qu'il a plu à une élite de faire reconnaître, et qui sont chargés de préciser, classer, déterminer (sexe, âge, royauté, arme...). Grâce à ces préfixes, la datation des mots est possible sans recourir au Carbone-14: l'arc et la flèche remontent à l'époque de la chasse; les cornes à l'époque pastorale; T à l'âge de la pierre, ou à celle du troc; H (la hache) à l'invasion des indo-européens, X fêtera 4.000 ans dans deux siècles...

Mieux on connaît la fonction des préfixes, infixes, etc., mieux pourra-t-on décoder le terme analysé.

On est toutefois loin d'avoir dégagé le terrain de toutes les broussailles, car on se demande quel cerveau, ou pool de cerveaux (et à partir de quand) aurait décidé de faire correspondre à chaque idéogramme (γ, Ϝ, S etc.) un son déterminé.

De toute façon ce pool de cerveaux était au service des populations brassant toutes les races jusqu'aux plus récentes invasions aryennes. Après les dernières vagues, on a cessé de se servir de la clé du langage telle que je viens de décrire. Les derniers greffiers cryptographes ont emporté le secret avec eux dans la tombe. En effet, on a réalisé depuis d'innombrables inventions, mais aucune n'a donné lieu à un emblème à préfixer, assorti de son correspondant.

Tout au plus, dans certains cas l'habitude est restée d'appeler par le nom de l'inventeur ou du pays d'exportation toutes les générations successives, améliorées, de la découverte ou de l'article innovateur, comme zeppeline, cashemire, bristol, curie, röntgen...

L'innovation des modernes est par contre la création de sigles construits avec les lettres initiales de plusieurs mots associés, formule adoptée surtout en politique: PSC (parti soc. chret.), UNO (United States Org.), H.L.M. (habitations à loyer modéré, où personne ne chercherait dans la première lettre l'emblème de l'aryanisation).

La notation des symboles a été greffée très tôt (la limite étant cependant l'aurignaco-périgordien: –30.000) en produisant un jeu de variations autour de noyaux d'origine mystérieuse mais pratiquement innombrables, les radicaux des ethnies (*ac* ou *ag* pour les chasseurs, par exemple).

Les ethnies et les termes de parenté

Il est normal de rechercher l'origine des termes de parenté dans les ethnies plus anciennes organisées en famille. Ainsi «*ancêtre*», oncle, angl. uncle, all. Onkel et Enkel (petit fils) renvoient aux anges; *pater* remonte à l'oiseau par l'aile (π-τερ), tandis que l'all. Vater et l'angl. father y remontent par la plume (cf. all. Feder et angl. feather). L'it. federa correspond à la taie remplie de plumes, tandis que fodera et all. Futter (doublure) prouvent que les premiers vêtements de nos pères étaient faits de plumes (ailes portées en pectoral). Par la suite on a tissé, mais l'all. Faser, fibre, paraît rappeler Feder, avec S pour d., *mater* comporte un radical (ma) presque universel pour désigner la mère, tandis que la désinence calque la forme de 'pater'; on a déjà vu que la suffixation en 'er' est un pluriel (page 24), ainsi est-il permis d'arguer que l'enfant, par rapport auquel ont été forgés tous ces noms de parenté, avait plusieurs pères, mères, frères, sœurs et cousins (all. Vetter). Sur le plan social on a un aperçu de l'organisation du clan primitif, où les hommes exerçaient leurs prérogatives paternelles sur tous les petits, tandis que les femmes les allaitaient, dorlotaient, berçaient et instruisaient indifféremment; *frat-er* est, lui, enraciné dans l'ethnie des rot avec allusion directe à un séjour sur l'Eu-phrate (v. page 101), tout comme l'angl. brother ou brethren, le russe brat et l'all. Bruder. *Neveu*, nièce, all. Neffe et Nichte, angl. nephew, lat. nepos, it. nipote s'enracinent dans le substrat des Néphilim.

La *sœur* (lat. soror) présente des difficultés d'interprétation comme l'angl. sister, russe сестрá et all. Schwester.

Braut et Bräutigam (l'épouse et l'époux), ainsi que Frau (la femme) nous ramènent aux roux, mais Mann (l'homme et le mari) se rattache aux mânes, des hommes en chair avant d'être les âmes des morts.

L'approche étymologique du début du siècle, qui n'a pas, à ma connaissance, évolué, se dégage de la suivante description du «Paradis indo-européen» par Vittore Pisani (Introduzione alla linguistica indeuropea — Rosenberg & Sallier, Torino 1949 — pages 49/50):

> «La ricostruzione di quello che fu chiamato ironicamente il paradiso indeuropeo avvenne soprattutto su base glottologica: se la comparazione confermava l'esistenza in epoca unitaria del nome di un animale, di una pianta, di una istituzione, se ne ricavava senz'altro che gli «Indeuropei» possedevano e adoperavano quell'animale e quella pianta, avevano quell'instituzione...... In *petēr «padre» si vedeva il protettore (sanscr. radice pa- «proteggere»), in *mātēr «madre» colei che ordina (sanscr. rad. ma- «misurare, ordinare»), in *dhughster «figlia», colei che munge (sanscr. dug- mungere), in *bhrātēr «fratello» colui che porta, che nutrisce (sanscr. bhṛ- «ferre») e si ricava da ciò un quadro idilliaco della famiglia indeuropea; *bhāgos «la quercia» veniva confrontata con φαγειν e perciò gli Indeuropei mangiavano ghiande e così via. — Anche qui molti fantasmi sono stati banditi ad opera di studiosi di diverse tendenze come Hehn, Schrader, v. Bradke, Hirt...... i quali hanno tentato di accoppiare ai dati della linguistica quelli della preistoria, della zoologia, della botanica, ecc., ma l'immagine del mondo indeuropeo è pur sempre falsata dall'idea che gli Indeuropei costituissero una nazione, un'unità razziale e culturale.........»

Invention de l'écriture

Au départ de certains termes à diffusion universelle nous pouvons attribuer les priorités suivantes:

— les gravures rupestres (g-raff-iti) sont des desseins gravés par les raϜ, sans caractère de message;

— les g-lyph-es sont des pictogrammes gravés par les LeϜ pour transmettre intentionnellement un message; la première lettre de l'alphabet, alpha, impliquerait que les Elfes ont établi la liste des signes, tandis que les Phéniciens ont promu leur diffusion pour les besoins du commerce.

— l'alphabet acrologique mis à point soit par les cananéens, soit par les phéniciens prend le départ des premières gravures de cornes et attributs sexuels qu'une race nigritique a laissées dans les centres artistiques du cycle aurignaco-périgordien.

En Babylone, le dieu de l'écriture était Nebo.

L'alphabet, répertoire ethnique

L'alphabet est non seulement une série de pictogrammes représentant des animaux (aliph par ex., le bœuf) ou des outils ou des armes de la préhistoire; il est aussi le répertoire des phonèmes ethniques: comme *rho* (cette lettre occupe la 3e place dans l'alphabet arabe et s'appelle «ra»).

Psi grec désigne une ethnie bien définie puisque en latin, où pourtant cette lettre n'existe pas, il lui correspond «i-p-se». Il s'agit de personnes qui avaient l'habitude de tromper (cf. ψευδω).

ψ se comprend mieux en relation avec deux autres lettres grecques: *y-p-silon* (Y) et, anciennement, *e-p-silon* qui toutes les deux dessinaient un homme aux bras levés (*silon* est de la même racine que fr. sil-houette). Une stylisation identique se retrouve justement dans la lettre *psi* (ψ). Cette ethnie, qui connaît la calvitie, cf. gr. ψιλος, est représentée par Si-sy-phe et explique βα-σιλ-εύς, roi, ainsi que Basile et russe Vassili.

Strabon mentionne une tribu de Psylli près de la Grande Syrte.

Gamma est le clou servant de projectile, choisi comme emblème des premiers chasseurs. Souvent cette lettre est remplacée par J (ou «i») comme par ex. en Jérémie, Jé-roboam, Jéricho, Jérusalem... et 'ji' suffixe de respect chez les Indiens.

A l'instar de sig-ma, gam-ma aussi en écriture capitale cunéiforme et désinence 'ma' sumérienne indiquerait la fonction divine de ce signe-clé des messages gravés, comme cela s'impose surtout dans l'écriture nordique appelée O-gam.

Dalet désigne l'ethnie des «dali» et leur réalisation en dur.

Lamed dessine une crosse, une arme (lame) et désigne l'ethnie des lama; le nom de *lambda* (λ) à confronter avec lat. lampad- (lampe) provient de l'alphabet magique (v. IIe partie du livre).

Ma est l'ancêtre éponyme des ismaéliens. Nous reconnaîtrons en effet dans I-s-ma-ël le même mécanisme vu en I-s-ra-ël: nom propre issu d'un collectif (de «ma», précédé de l'art. plur.); serpent infixe; -el en désinence, qui n'est pas théophore mais dérivatif (= le petit, le rejeton de...). Il s'agit de la même ethnie des mages et de la maϜia.

Nu ou *nun* est le radical des noirs et dessine soit le serpent (naga), soit les seules cornes du céraste (hiérogl. fe ⌣, simplifié en grec ν).

A propos du serpent, je remarque que son nom générique commence par S (dessein du serpent, voir page 30) dans presque toutes les langues: angl. s-nake, langues latines: s-erp- (s'enracinant dans l'ethnie rupestre issue de Rê), allemand S(ch)-l-ange (cfr. lat. anguis), russe з-мей, où le préfixe choisi n'est pas le croissant C, mais un signe plus proche du reptile; enfin grec σήψ, moins courant que ὄφις.

Parmi les ophides, le céraste fait exception à la règle, parce qu'il est cornu; donc son préfixe est c/k.

X n'existerait pas sans les H-yks-os: depuis leur incursion sur les chars à deux roues (stylisées par X), leur nom est devenu le label de l'invention, v. page 131. Cette lettre n'aura jamais été mieux à sa place que dans le nom de «taxi», auquel elle a porté beaucoup de chance.

Il ne reste plus grande chose de certaines autres ethnies, mais leur présence dans l'alphabet prouve qu'elles ont compté pour beaucoup dans la préhistoire ou proto-histoire; ex.: *tau* ou taϜ, qui dessine la table en pierre, pour y écrire des lois ou tabous, ou pour faire des offrandes. En sont représentants Tobie et Tibère (avec Ϝ) et Tagore (avec γ).

Leur existence est rappelée dans l'hydrographie: le Tibre ou Tevere en Italie, le Tago en Espagne; dans l'orographie: Tabor en Palestine... L'habitat parle de taïga, de tigre (un des rares animaux à s'appeler partout de la même manière).

Par la suite, le tau grec est devenu l'emblème des commerçants grâce à la découverte du bras libre. Les taϜ ou taγ ne paraissent pas s'être adonnés au commerce, mais ils sont de préference restés fidèles au travail de la pierre comme le s-tupa asiatique et l'angl. step, avec perspective ouverte sur les pyramides à degrés de Saqqara, dont celle du Roi Djéser bâtie par son architecte Im-ho-tep: 70 m de hauteur, 6 gradins, des fausses portes d'entrée, un puits, les chambres funéraires du Roi et de la Reine. Avec lui, l'architecture de pierre remplace les constructions antérieures de brique et de bois. Ses bons services lui ont valu la divinisation, des chapelles partout. Im-hotep (avec un préfixe m qui doit avoir le même sens que celui de m-staba) était souvent représenté en scribe — parce que il était aussi le premier ministre du roi, mais également parce qu'il devait faire ses calculs de volumes: il a écrit des livres qui ont disparu (il n'est toutefois pas difficile d'imaginer que parmi les sujets traités il y avait, à côté de notions astronomiques à utiliser pour l'orientation des temples, la table de multiplication, la calcul décimal, la démonstration graphique c.-à-d. géométrique de l'équation $(a + b)^2 = a^2 + 2ab + b^2$, les solutions entières de l'équation $x^2 + y^2 = z^2$ comme par exemple $3^2 + 4^2 = 5^2$, ainsi que le théorème du carré de l'hypoténuse, tous secrets vulgarisés par un parent proche des Taγ, TaϜ & Tep: il s'agit de Py-thag-ore, qui a entretemps remplacé l'emblème primitif T, propre des hommes de l'âge de la pierre, par ϑ, précédé de suffixes).

En Égypte, les Hotep étaient concentrés à Thèbes où, au XXe siècle av. J.C., avait régné une dynastie de Mentou-hotep, dont un se fit bâtir en face de Karnak un temple funéraire à terrasses unique en son genre. D'autres traces de leur présence sont données par le mastaba de Pta-hotep à Saqqarah et par la statue funéraire d'une dame Hetep.

Les stupas, reliquaires bouddhiques, étaient par contre hémisphériques, tout en s'appuyant sur un piédestal, ou step, all. Stufe.

Le rapprochement logique est grec τάφος, to(m)be, et une terminologie technique comme tuf, qui a servi de matière première, tube (conduit d'abord en pierre), lat. tego (recouvrir un toit) et teg-ula (tuile); le vocable all. Mass-stab montre qu'ils se servaient d'un bâton pour mesurer les proportions des mastaba. Lors du déclin, la relève a été prise par les Maçons qui ont bâti les véritables pyramides grâce à la connaissance de «secrets» qu'on cherche toujours à élucider.

En voyant les pyramides à degrés du Mexique, et sachant qu'entre ce pays et l'Égypte subsistent des liens irrécusables, on est forcé d'admettre comme trait d'union la présence des architectes ho-tep. Ceux-ci forment en effet ces grands peuples de bâtisseurs que sont les A-Z-tèques, les Zapo-tèques et les Tol-tèques (en composition avec les Tali, nous suggère leur capitale Tula ainsi que, pas loin de là, Dallas capitale du Texas), tandis que le Mex-ique et les MaYa tout autant constructeurs de pyramides représentent l'élément maçonnique, qui n'a pas oublié d'amener dans les bagages le calendrier de 365 jours élaboré en Égypte (en remplacement de celui préexistant basé sur la lune) dont nous-mêmes avons hérité. Il s'agirait donc d'une corporation de maçons émigrés d'Égypte en Amérique (fidèlement reflétée dans le peuple des Mixtèques, connus à dire vrai plus comme métallurgistes que comme constructeurs).

Il serait dès lors extrêmement intéressant analyser les pyramides des uns et des autres, en Égypte et au Mexique, pour conforter la fouille linguistique par les trouvailles archéologiques.

La déchéance se lit dans fr. tau-dis, it. tug-urio et le toucoul abyssin ainsi que, sur le plan social, dans l'it. teppa (apaches) tandis qu'en Amérique Latine ils se sont fait connaître sous le nom de Tupa-maros. Mais certains étaient devenus des tisserands (lat. texere et toga, all. Tuch et Stoff, angl. towel, taffeta... tandis que les surdoués 'teppistes' s'illustraient dans l'art du tapis qui répond aux exigences d'une vie nomade sous tente), si bien que l'all. taugen signifie le savoir faire manuel, d'où Tugend (qualité) et tech-nique.

L'angl. tough (dur, se référant à la matière employée par les Taγ) présente l'écriture en γ et la prononciation en Ϝ.

La dispersion géographique des 'teppistes' est remarquable: là où ils étaient plus concentrés sont nées des villes comme la Thèbes béotienne ou la Thèbes aux cent portes capitale de la thébaïde ou Haute-Égypte, dans la région des stupas ils ont légué leur nom à la s-teppe et au Tibet, Tupat en chinois; finalement chacun de leurs établissements était un 'topos', terme entré dans le lexique universel.

Encore de la hache

Parmi les dernières lettres de l'alphabet grec il y a une dont les spécialistes en écriture, comme par ex. J. Naveh, négligent d'expliquer le 'signe': il s'agit de χ (chi). Le fait d'occuper une des dernières places prouve son origine tardive.

A mon sens, il n'est pas question ici d'ethnie: χ dessine la hache de combat, qui se distingue de la hache commune du fait qu'elle est pourvue d'un emmanchement.

Les grecs avaient deux moyens d'aryaniser leurs mots:

1) — l'esprit rude (uniquement en début de mot, et seulement pour les voyelles et 'r');
2) — ce signe χ, qui se prononce presque comme h, et dans lequel il faut reconnaître la hache (car H est par contre la haie, usurpatrice du droit re représenter la hache, alors que seulement le cursif *h* est une hache et pas une haie).

A différence de l'esprit rude qui ne peut être que préfixé, χ s'ajoute aussi en infixe. Je pense surtout à la draχme et aux βραχμᾶνες (brahmanes); ceci apporte la lumière nécessaire à confirmer l'interprétation déjà donnée: le h infixe de brahmane et aussi Abraham représente la hache indo-européenne, et Yahvé a tenu à actualiser la graphie de son protégé coupé du reste des brahmanes désormais établis en Inde.

Il est normal que gr. σχίξω (couper en deux) soit écrit avec χ. Comme préfixe, χ a intégré différents métaux: l'airain (χαλκος), l'acier (χάλγψ, χάλυβος avec allusion au loups) et l'or (χρυσός avec allusion à грзия, la Géorgie); la horde (ὄχλος); les biens (χρῆματα); les caractères de l'écriture (χαρακτήρ, χαράσσω: graver, avec allusion à la 'race'); la couleur: χρῶμα avec allusion aux XraYm cramoisis et parallélisme couleur = rouge, même si rouge se dit ἐ-ρυθρός parce que les 'rot' (c.-à.-d. les ρυθ qui sont allés en Érythrée) étaient arrivés en Grèce, ou dans le lexique grec, avant les XraYm et avaient déjà légué leur nom à la couleur rouge.

De son côté, le russe présente хлеь (pain, cf. all. Laib et lat. gleba, ainsi que fr. b-lé tout court), хо-роший (bon, avec allusion aux roux aryanisées, aboutissant à Hi-roshi-ma), des noms de famille comme Raxmaninov, d'États comme Xa-barovsk.

En Indochine les Mair, dont on a vu des efforts d'aryanisation en Homère et all. mehr (les plus, comme s'ils étaient une majorité dans la mosaïque allemande), préfixent aujourd'hui la hache et s'appellent Kh-mer. Ils sont de la même race de Su-mer et Go-morrhe (alors que So-dome avec ses perversités met en cause E-dom, les adamites etc.).

Les mages équipés de hache ont remplacé γ par χ, cf. μάχη (lutte). A l'instar de H ou de l'esprit rude, la lettre χ permet de dater (dans le sens anglais: up-date) le mot qu'elle intègre à l'ère des invasions indoeuropéennes. On peut même affirmer que H (la haie) a été détourné, au profit du symbole aryen, suite à l'introduction de χ par les Aχéens, dans les langues dépourvues de khi grec; son choix est dû au fait que le son qui lui correspond est le plus proche de kh.

Dans l'alphabet cyrillique la hache s'est introduite aussi tardivement et à deux reprises, occupant les dernières places:

— comme χ
— comme ч (tout à fait notre h cursif, qui représente une hache retournée).

Ainsi le terme человек, qui veut dire «homme» doit-il être séparé en че-ловек, soit un lévite ou leukos brandissant la hache.

Même réflexion au sujet de 'c-lan' (groupe, mais aussi 'fils' en langue étrusque); en russe, nous trouvons ч-лен, membre d'un groupe. Comparons aussi чистый, pur, à 'chaste', lat castus: l'arme arc a fait place à la hache.

L'importance de la hache — comme arme d'abord et comme symbole d'appartenance à une élite après — a été telle qu'on l'a introduite à plusieurs reprises dans les alphabets, où elle occupe les dernières marches de l'échelle, étant si tard venue:

— comme h cursif (en usurpant la haie, H — c'est pourquoi on trouve ce signe encore au milieu de la série);
— comme χ grec (antépénultième);
— comme χ et ч dans l'alphabet cyrillique (parmi les dernières lettres).

Il y a de quoi avoir été obsédé par cet outil et nul ne s'étonnera de lire qu'il hantait déjà les rêves du héros sumérien Gilgamesh (Épopée de Gilgamesh, I[e] tablette, 6e colonne, vv. 9-20):

> … Gilgamesh parla à sa mère: «Ma mère, j'ai vu un second rêve: Dans Ourouk-l'Enclos gisait une hache pour laquelle on s'était rassemblé; le Pays d'Ourouk se tenait auprès d'elle… Je l'ai caressée comme une épouse…»

Après la hache, un autre signe est venu s'ajouter à la liste des alphabets, en correspondance d'une invention bien plus décisive pour l'issue d'un combat. Il s'agit de la lettre X: un des signes les plus éloquents sur l'identité entre l'invention et le peuple qui la crée ou l'introduit. Les Hyksos, provenant d'Asie, ont apporté le char de guerre, et qui dit char dit roue, dont le principe réside dans l'*axe* ou essieu (lat. axis) autour duquel tourne la roue à rayons, dont X est l'expression plus simplifiée.

La découverte des Hyksos (H-yks-os) est symbolisée par X (iks) qui, à l'exception du grec et du russe, est entré dans toutes les langues: cette lettre est l'avant-dernière de l'alphabet latin, tandis que dans l'étrusque elle clôture comme lettre 'morte', en forme de +, l'alphabet de Caere.

Cette mise à point a de plus le mérite de réconfirmer la priorité des Hyksos dans l'introduction des chars de guerre et des chevaux, qui est contestée.

Le symbole de la roue n'a pas eu une diffusion comparable à la hache, mais a constitué tout de même une 'lettre de noblesse' d'appartenance à une élite guerrière et conquérante, qui conférait du prestige aux noms parés de X comme Alex-, Axel, Roxane, Xavier, Xerxès, Xénophon, Roxolani, saxe, Xérès etc., qui ne peuvent pas être antérieurs à l'introduction du char. Le croisement des axes est évoqué dans des termes comme l'all. Ax-t (hache).

Puisque nous savons que les Hyksos ont envahi l'Égypte vers la fin du 18e siècle av. J.C., le certificat de naissance de X doit avoir été établi aux environs du 17e siècle, à l'insu des Hyksos qui ne l'emploient pas à la place de ks dans leur nom.

Il reste à établir si la croix gammée ou svastika 卐, parfois écrite comme χ (chez les Celtes), symbolise la hache comme X, ou la roue comme X ou 卐.

Les mots commençant par C sont plus anciens, car cette lettre a été employé tout d'abord comme emblème des chasseurs (r̥ + C donne soit 'arc', soit 'race'). Mais plus tard C a été employé en alternance avec K pour symboliser les cornes (C + r̥n), et alors les mots commençant par K ou C remontent à la civilisation pastorale, comme par ex. gr. κερκις (navette de tisserand), lat. *co-nucula* (quenouille) ou angl. to *k-nit* (tricoter) évocateurs d'une industrie manufacturière de la laine, ou *carder* (kämmen en allemand); la déduction est évidente aussi pour les produits préparés par les pâtres comme all. *K-äse* (fromage des bergers asiatiques), *kéfir* (yaourt du Caucase), *keramia* (pots à lait et autres provisions des 'cramoisis'), et hébr. *casher* ou cawcher (viande de veau ou mouton abattus selon les rites), mais la datation est valable pour les autres mots aussi: par ex. lat. co-lumna (colonne) nous dit qu'elle a été érigée après la conversion des «lum» nomades à la sédentarité; la ca-lomnie, la ca-lamité, le célibat, la calvitie sont autant de notions acquises à la même époque. En vertu de cette règle, les 'lama' étaient déjà convertis à l'élevage lorsqu'ils ont commencé à écrire en se servant du roseau (ka-lamos).

Et si certains fruits/légumes comme ky-nar (artichaut), la carotte ou la caroube ont le préfixe cornu, c'est qu'ils n'étaient pas connus avant l'époque pastorale.

Pour donner un exemple de datation, lat. omnes (tous les hommes) et russe умный (intelligent) ont précédé lat. homines (les hommes) et les invasions indo-européennes.

L'all. Garten, jardin, et slave grad, russe го-род (ville, au départ d'un verger clôturé) sont plus anciens, ou n'ont pas évolué, par rapport à lat. h-ortus ou à grec χ-ορτος qui ont suivi la mode en préfixant la hache, avec l'irruption des indo-européens. On pourrait objecter que 'hort-us' étant un verger, h aurait été préfixé en tant que haie, sa valeur originaire; mais cette objection n'a pas de chance en raison du χ préfixé à gr. χ-ορτος, qui n'a jamais eu d'autres signification que la hache.

Si on pouvait établir l'identité entre les Aï-nou en Japon et le H-ai-naut belge (avec son célèbre cranaval de Binche), les premiers se seraient séparés sans connaître les haches de combat.

Les Hamites ou Chamites se sont mis à l'heure indo-européenne, tandis que les Sémites semblent figés à l'époque (très ancienne, comme je dirai tout à l'heure) où on adorait les serpents. Mais la souche est la même, celle des «ami» (cf. esp. amo, maître) et des γami (cf. all. Bräutigam), et le signalement coïncide, car σιμῦς et camus désignent une même forme de nez.

L'indien *swami* vise Sem avec Ϝ infixe, et se rattache à Siam. A cette ethnie de «ami» doit se rattacher aussi lat. (h)omo homin-is (venant ainsi réconfirmer l'hypothèse que les «hommes» appartenaient à une race négroïde), et le grec γ-υμν-ος à rapprocher à fr. gamin, la nudité étant permise seulement aux enfants.

Bo-hème et Ba-hamas ainsi que les E-s-kimos du grand nord renvoient aux (k)hamites.

> *Les Bochimans*: l'étymologie néerl. Boschjemans = hommes des bois, est primesautière.
> Les Bo-chimans se distinguent des autres africains, entre autres, par les yeux bridés et les pommettes saillantes, si bien que les premiers voyageurs européens les ont pris pour des jaunes, des asiatiques. La vérité est qu'ils sont apparentés aux chamans asiatiques. Par ailleurs, le chamanisme n'est pas inconnu aux pygmées. Étymologiquement, on peut les rattacher également aux Chamuni, avec lesquels ils ont en commun le goût des gravures rupestres, et à A-chemene, éponyme des Achéménides (dynastie fondée par Cyrus).
>
> *Noms de Chamanes*: Khamenei, Khomeyni, Schuman.

Les termes qui préfixent ou infixent S, le signe du serpent, remontent à une époque presque sauvage de l'humanité et sont donc pré-pastoraux (malgré une émergence qui peut être tardive, comme dans le cas des Serbes ou des Slaves), car cette lettre confère la noblesse par allusion au reptile, divinisé dès les plus anciennes populations (les noires par exemple, qui affichaient le céraste), et puis rejété. Dans les registres de la population, les greffiers ont préféré la remplacer par des signes plus importants, comme les cornes, la balance ou la hache.

Les mots qui préfixent T en tant que balance supposent en principe un degré assez avancé de civilisation, à savoir l'échange ou la vente de metaux, de monnaies, de bijoux, de produits du sol. Parmi ces mots, le grec τ-ράπεζα (table et banque), enracinée dans une communauté de rav cambistes et logiquement précédée du symbole T, et τα-λαντος (balance, poids et monnaie talent).

La balance est aussi l'emblème de la justice, c'est pourquoi elle préfixerait la Torah, qui veut dire Loi avec ses implications de justice, fût-elle du Talion (cf. notamment Gén. 21,12), mais qui était aussi un Traité — code d'alliance — entre Dieu et son peuple en vue d'un but à atteindre, avec exposé ou rappel des engagements réciproques (cf. notamment Deutér. 6,10 et suiv.).

Le Tribunal est un autre terme accroché à la balance, si les tribuns étaient à l'origine les juges des litiges entre acheteurs et vendeurs.

A côté de tout cela, il existe de figures légendaires comme les

A-T-lantes (et l'Atlantide), ou les A-T-rides dont l'éponyme est A-T-rée, descendant directe de Rê, sans aucun déterminatif, mais préfixant la balance et l'art. pluriel a(i), alors que dans Ty-rol on a préfixé aussi le déterminatif Y, et on a suffixé -l pour indiquer la descendance.

Mais lorsque T ne représente qu'une table en pierre pour offrandes ou pour graver les lois, les mots qui l'annexent peuvent remonter carrément à l'âge de la pierre, comme par ex. tailler, tell, tellur- (terre), tabou, table, taphos, tuf, Tiber, Tibet. La notion du diable chez les allemands, Teufel, devrait remonter à l'âge mythique de la pierre; donc aussi Mephis-tofeles qui est le démon de leurs légendes populaires.

La nécessité de régler les rapports humains et prévoir des châtiments est aussi ancienne que la période paléolithique: on l'a vu dans le cas des tabous gravés sur des blocs. Il en est de même pour le Talion — lat. Talio, corpus de lois adopté par les hommes de la pierre 'taillée'.

La lecture des noms de famille

On a vu que depuis la plus haute antiquité, à la faveur de mariages mixtes ou d'annexions de territoires appartenant à d'autres populations, les personnages de l'histoire portaient souvent des noms composés: Nabu-cho-don-osor; Nabo-pol-assar; Arfacsad: (raϜ d'abord); mais pour Archimède, il est préférable de voir en 'm' le signe du pluriel et en 'd' le suffixe d'appartenance généalogique (donc Archimède est 'fils des Archi', comme Pa-lamède, l'inventeur du jeu d'échecs, et de la lettre Y selon Hérodote, est «fils de Lama»).

Les rois mésopotamiens d'avant le déluge portaient des noms vraiment très compliqués: En-me-en-lu-an-na, En-sib-zi-an-na; après le déluge, on voit un peu plus clair, par exemple Me-lam-kish ou Barrak-nunna.

En Grèce, les grandes familles rappellent dans leur onomastique l'appartenance aux lagides ou à la 'race', ou un mariage mixte; certains noms sont toutefois d'interprétation difficile, comme Thémistocle, Epaminondas ou Miltiades. Si le nom débute par *eu* comme en Eu-xin (la mer des étrangers du point de vue des grecs, cf. ξένος), Euripide, Euclide, ευ doit être décodé: ai + Y, même s'il s'agit d'une femme, comme Eu-terpe, Eu-rope, parce qu'on la considère issue de telle ou telle autre famille. Un exemple de la fonction d'article dévolue à 'eu' ressort des Eugubins = ceux de Gubbio.

Les noms de famille modernes reflètent souvent la pratique des mariages mixtes. Un nom très long et compliqué contient souvent, de part et d'autre du phonème ethnique, plusieurs éléments surajoutés: magnificatifs, armes, gentilice...

LECTURE DE QUELQUES NOMS DE PERSONNAGES BIBLIQUES

EDEN

Adam: bâtisseurs à embl. Δ
Eve: fém. de aves
Caïn: co-en
Abel: baal

PATRIARCHES

Terah: renvoie à la chaîne Taurique ou, dans la graphie Therah, au désert Thar traversé par les caravanes du Rajasthan
Abraham: rama
Sara: saurienne, syrienne *)
Lot: latin
Isaac: ishaqqu, ac ou ange
Rebecca: rab
Jacob: ac ou ange
Esaü, hébr. *Esav*: Eusèbe
Laban, *Léa*, *Lévi*: lévites
Rachel: race
Ruben: rabbin
Simon: sémite
Juda et *Gad*: ad ou andes
Dan et *Dina*: danaens
Aser: assyrien
Nephtali: néphilim, neptune
Joseph: σοφ-ός ou all. Sippe
Benjamin: ben-gamin (hamite)
Ephraïm: hébreux
Manassé: (ma)nasser, nassau
Moïse: maçon (nom reçu en Égypte où les maçons sont bien établis, cf.
- A-mosis
- Thut-mosis
- Amen-meses
- jebel Musa (Sinaï)
Jéthro: ἰατρῦς
Raguel: raγ
Aaron: rune
Balaam: lama
Samson: sémite
Samuel: sémite

*) Saraï présente le thème en -i des subst. fém. sanscrits et de plusieurs déesses indiennes: Kali, Parvati, Lakshami

ROIS

Saül: lat. Aul-us, Sol
Absalom: lama
Salomon: lama
Jéroboam: rab
Roboam: rab
Josaphat: suffète
Joram: rama
Azarias: sayrien, azur
Ezéchias: comme Isaac
Joachim: ach ou ange
Sédécias: dace

PROPHÈTES

Elie: el, hêlios
Elisée: Las
Jérémie: rama
Ezéchiel: comme Isaac
Osée: Ase

Amos: soit maçon, soit camus, (h)amite
Michée: mage
Job: abba
Ruth: rousse, érythréenne
Esther: star, istrienne
Daniel: danaen
Esdras: ras
Jonas: ionien
Siracide: race

Psychologie du scribe

La fidélité du scribe aux symboles ne recule devant aucun argument et il se confirme que la morphologie sémantique est une question d'écriture.

La cacophonie par exemple aurait dû inciter à renoncer à des préfixes comme M devant une velaire (c, g) ou une dentale. De tels termes cacophoniques ne se rencontrent, autant que je sache, que dans la nomenclature africaine:
— Mbalmayo (Cameroun)
— Mbumba (qui, comme le Ngoko, est un département du Cameroun)
— Mkasihoua (nom d'une personne que H.M. Stanley rencontre dans son voyage africain), et
— Mpouapoua, toponymique cité par Stanley (il ne les a pas inventés).

Chez les musulmans, l'euphonie est assurée par la forme syllabique: mu-sulman (soit, lama), tout comme dans le nom de Mo-hammed ou Ma-homet (hamite).

Pour rester sur le continent africain, nous savons que le hiéroglyphe égypt. pour «m» représente le hibou. Était-ce donc cet oiseau qu'il fallait à tout prix garder? ou M n'est que Σ, ou W, disposé autrement? (probabilité à ne pas sousestimer, ni surestimer). Par ailleurs, il y avait en grec une forme de n (ν) qui ressemble à s'y méprendre à μ (m) du grec et qui représenterait une fois de plus le céraste avec ses deux cornes. Il ne faut pas chercher midi à quatorze heures et rationaliser en termes abstraits. Le scribe n'avait qu'un souci: respecter l'idée du serpent; la fidélité phonétique ne l'interresse pas; la cacophonie l'indiffère. Avec désinvolture, il remplacera un signe comme ϑ dont il ne dispose pas, par φ qui phonétiquement ne lui ressemble guère.

Pour ce qui est de la syllabe *ma* ou *me* des sumériens, elle est chargée d'une signification de sainteté ou respectabilité qui n'a pas, ou n'a plus, aucun rapport avec le symbolisme de M. Me-hercule serait donc Maître Hercule, Son Altesse Hercule.

Un domaine où ce souci du scribe est évident, est celui des tout premiers éléments morphologiques parce que leur nature ophidienne ne fait pas de doute. Ainsi certaines langues forment le pluriel en ajoutant -

s, d'autres -n (et les langues sémitiques -m, ce qui accrédite son caractère ophidien).

Certaines langues ont le génitif en -s (génitif saxon, parfois en latin aussi); le gentilice romain (qui est une sorte de génitif appropriant le généré au générant) se formait en suffixant -n(i).

La fonction pluralisante de 'n' rencontrée maintes fois n'est donc qu'un gentilice du phonème ethnique (qu'on a greffé aussi aux verbes).

Il y a des langues à système génitif/pluriel, comme l'allemand; mais il y en a d'autres où il y a parallélisme. Ainsi, pour ne citer que trois exemples, l'anglais forme soit le génitif, soit le pluriel avec le signe s; en latin, le génitif est en -i et en -ae, tout comme les pluriels respectifs; le copte préfixe n (ou m) pour ces deux fonctions. Un tel parallélisme a sa raison d'être dans le fait que les enfants étaient plusieurs, si bien que le génitif impliquait ipso facto un pluriel.

La flexion de certains noms prévoit 'd' au génitif, comme Hellas, Hellados; Paris, Paridos; lampas, lampados; lapis lapidos (pierre). Au pluriel, le thème en 'd' se conserve pour la raison donnée.

Si des scribes ont commencé à former le pluriel et le gentilice avec le céraste, d'autres en se superposant ou cohabitant ont soit repris ce système, soit écarté le céraste à son nasal pour y mettre à la place leur propre serpent, sifflant. Toutefois il y a une autre possibilité, celle d'une écriture (ou lecture) maladroite, car Z et N sont un même signe, et tout en symbolisant le serpent, ont un son différent. (Les maladresses s'expliquent entre autre par le sens de l'écriture, qui peut être horizontal, vertical, boustrophédon, etc. Un amusant exemple de lecture tête-bêche est donné par m r̥ f ⇆ f r̥ m: μορφή/forme).

Le scribe chargé de traduire par ex. du cunéiforme en phénicien ou en grec, et vicéversa, se demandait: de quel(s) signe(s) disposé-je pour rendre tel symbole? Sa liberté se limitait au choix du signe, lorsqu'il y en avait plusieurs pour un même symbole.

Tel scribe a composé A-μαζ-ων, tel autre a préféré, voire dû, écrire «maδone».

Aux destinataires, aux générations à venir, de se débrouiller et se disputer sur l'interprétation.

Penchons-nous sur le cas exemplaire d'Athènes.

Ἀθῆναι veut dire «les danaens» provenant, si l'on veut, de l'Égypte selon la légende de Strabon (v. page 43), en passant par un peuple qui n'avait pas les sonores, comme par ex. les Étrusques, et dont les scribes ont respecté le symbolisme en se servant de ϑ (l'inverse: le nom originaire était Thènai, avec ϑ rendu par δ en Danaens, est impossible parce que thèta est très tardif, comme il ressort de la 2e partie du livre).

Il en va de même pour les magnificatifs, aux sons disparates: une fois c'est V, une autre F, ou B, ou la voyelle Y/U.

Lorsque le scribe devient grammarien, il restera tout aussi fidèle aux symboles pour former les conjugaisons et les cas, tellement dissemblables d'une langue à l'autre, d'une famille linguistique à l'autre.

Les pronoms cependant qui commandent la flexion des verbes s'expliquent par des personnes bien déterminées, par ex.:

lat. *ego*, *hic* et *haec* avec leurs accus. *hunc* et *hanc*, l'all. *euch* (vous, acc.), l'angl. *each* (chaque) visent les anges (avec n ou sans);

lat. *me* vise les «ma» d'I-s-ma-el, des mages, des mânes (cf. russe меня).

L'interlocuteur privilégié de Ego (ou all. Ich) qui sont des anges est le lat. *tu* ou l'all. *Du/Dich*, c'est-à-dire un tèque ou un dace dans la plus simple expression du radical. Ces hommes de la pierre expliquent d'ailleurs l'angl. do, all. tun (faire) et le fr. tuer, all. töten. L'ancêtre éponyme est P-Tah.

L'identité de Ich et de l'accusatif Mich refléterait celle des anges et des mages: ceux-ci seraient les anges avec préfixe M. Dans un tel cas, il y aurait convergence de la chute des anges avec la légende des géants.

lat. *ille* (it. qu-el) vise El;

l'all. *wir* (nous) et *er* (lui) visent les 'viri' latins, soit les Ari;

l'all. *uns* (nous, accus.) vise ceux de la Hanse;

l'all. *jene* vise les ga(Y)ni;

l'angl. *same*, russe сам = même, et l'angl. *some* (certains) visent les sémites;

Les articles

Les articles, séparés ou incorporés, consistant de voyelles, sont le rappel des hommes dont le nom s'identifiait à ces premiers éléments du langage; les articles basés sur les consonnes pe ou te, séparés ou incorporés, présents surtout dans l'aire méditerranéenne (grec, copte...) sont un rappel des inconnus qui avaient l'habitude d'ériger des menhirs en forme de π et T. P-To-Lémée, lama, les avait tous les deux.

L'enseignement de l'alphabet

J'ai évoqué dans le III chapitre que les femmes étaient tout aussi bien représentées que les hommes — au niveau mythologique — dans l'art d'écrire. En particulier les Muses, chacune avec ses attributions et son prénom, se rattachent collectivement à la franc-maçonnerie. Les traditions de celle-ci, dans le judaïsme, étaient gardées par la Massora, chargée de la protection littérale et alphabétique des textes sacrés. Seulement des spécialistes pourront donner là-dessus les lumières nécessaires.

Concurramment à la Massora, d'autres traditions étaient véhiculées par les prêtres (lévites, aaronites, cohanim) et à partir du moment où l'enseignement (de l'alphabet, des textes sacrés) devient prérogative des castes sacerdotales ou du «pater familias», il n'est plus question de femmes aux temps historiques.

Grâce à la fouille linguistique j'ai pu individuer quelques tribus qui étaient «enseignantes» par excellence, parce que le pater familias ou le chef de tribu se reservaient le droit de conserver la tradition et d'enseigner aux seuls initiés les vérités, les secrets et les cultes leur appartenant en propre. Une de ces familles était la gens Volumnia ou des Lemni detenant, outre à la prérogative de l'instruction (v. page 76), également le secret de la langue étrusque.

Le «volumen», rouleau de papier écrit, est bien le livre des Volumni.

En gros, ils étaient une ramification parallèle à celle des Lares, eux aussi responsables de l'enseignement comme nous apprenons de l'all. lehren, tandis que les Deutsch enseignaient à Rome (lat. doc-ere). Il y avait de plus, dans le monde latin, une institution, la

schola

qui se rattache linguistiquement à une serie de notions presque ésotériques, enracinées pour la plupart dans le lexique italien et aboutissant dans la tradition du judaïsme:

— le Schéol (Hadès — d'où peut-être all. Seele, âme);
— it. scoglio (récif) < gr. skopelos, mot pré-indoeur;
— it. scagliare (jeter du haut d'un 'scoglio');
— it. squalo (squale);
— it. scalo (escale);
— it. cipolla (all. Z(Ϝ)iebel: oignon;
— it. cavolo (choux);
— it. scivolare (sur des sites glissants - en relation avec all. Schiff, fr. eschif, it. schifo qui nous renvoient aux Scythes (avec ϑ à la place de 'f', cf. russe скиф);
— gr. κεφαλος;
— it. cavallo, issu du lat. tard. caballus (de probable origine préindoeur.).
cfr. Bu-céphale: cheval d'Alexandre le Grand;
— la *cabbale*;

— it. sciabola (celt. gabalos)» ja-velot: arme parmi les plus anciennes, pouvant être brandie d'une seule main et partant préférée à partir de la domestication du cheval, que ceux de la forme 'gabal-' ne connaissaient pas;

arabe Qabila, tribu.

Toponymiques: *ital.*

Scylla (mentionnée toujours avec Charybde), l'Esquilin (Rome), Cagliari (Sardaigne);

non ital. Kaboul

Onomastique: Scaevola et Sulla (monde romain)

Kubilay

Phonème ou radical ethnique: celui des Ali, A-Y-li (d'où *aula*, auditoire d'école), Eoliens, Ba-al, GaYle etc.

Je deduis de toute ceci:

1) que schola et cabbala sont apparentées et que la première était la tête visible, ouverte à tous, d'un courant devenu chez les Hébreux ésotérique et mystique (fondé sur l'étude des lettres et concevant la création du monde comme un processus d'émanation de 10 chiffres et 22 signes de l'alphabet),
2) que le chemin de la Cabbale débute par la Russie Méridionale (Kaboul) et par la contiguité des Scythes, appelés Scol-otes par Hérodote (V° l.) et passe par l'Italie où elle amène le cheval, caballus (alors que les Romains reçoivent l'equus par la population des Equi/Aquitaines, qui veut dire 'equites' ou cavaliers, suivi de 'n' gentilice), la sciabola, les choux, les oignons, des produits manufacturés comme le scialle (fr. châle) et l'institution de l'école,
3) que le Schéol, nommé dans la Bible par Job comme lieu aquatique de séjour des morts, ténébreux et sans retour (7, 9, 10,21-22, 26,5) est un endroit au profil parsémé de récifs, infesté de requins, et glissant, d'où les cadavres étaient jetés, ou amenés dans des grottes off-shore par des imbarcations ou eschifs (les scythes: l'it. 'schifo' dans sa II signification traduirait en termes olfactifs l'état de décomposition des corps abandonnés à leur triste destin). L'expérience du Shéol pourrait avoir été vécue près de Scylla, d'autant plus que Jonas, qui appelle Yahvé du sein du shéol (2,3-4): «Tu m'avais jeté dans les profondeurs, au cœur de la mer...» rappelle la mer ionienne où Scylla se trouve (Scylla et le Shéol pourraient d'ailleurs expliquer le nom de la Sicile).

Voilà donc cinq familles concernées par la garde de l'écriture et ses sécrets (cf. scrib-/crypt-):

— les maçons, pour autant qu'il y a un lien entre eux et la Massora;
— les daces (cf. aussi grec di-da(s)ko, corr. à it. te-desco);
— les Lares;
— les Lemni ou Volumni (Lama avec -ni gentilice);
— les Auli.

* * *

Ajoutons ici que la légende de Cadmos (à qui les Grecs attribuaient l'apport de 16 lettres phéniciennes à leur alphabet) est tout à fait véridique puisque à Athènes existait une société de savants appelée Académie.

L'institution du sabbat

Originairement, le sabbat était le jour de la pleine lune, qu'on met en relation avec une racine sbt, croître. Il n'était donc pas le 7e jour de la semaine, mais le 14e jour du mois lunaire.

Pendant la pleine lune on se rassemblait dans les sanctuaires (Béthel, Gilgal, Sion, Carmel en époque royale) pour offrir des victimes à Dieu. Le sabbat mensuel est devenu hébdomadaire, et mis en tête de l'année (Lév. 23) de retour de Babylone.

Les motivations du sabbat sont différentes dans l'Exode et dans le Deutéronome. Dans le premier (Exode 16,29-30; 20,8-11; 34,21) le sabbat appartient à Dieu, qui s'est reposé le septième jour de la création, tandis que, en Dt. 5,14, ce sont des considérations humanitaires qui exigent le repos, tout en se souvenant de l'esclavage souffert en Égypte.

Cette observance est même devenue, lors de l'Exile, une caractéristique du judaïsme avec codification des usages.

Le nom du sabbat n'est pas commun à toutes les langues, par exemple les anglais ont satur-day et on pretend que ce jour est consacré à Saturne, alors qu'il s'agit de Soter, epithète du dieu Sabazios dont il est question ci-dessous. Les allemands ont Sam-s-tag et les français sam-edi.

Le sabbat (hébreu sabbat; dans la septante Σαβάτ) est par contre attesté en Italie (sabato) et en Russie (subbota).

Saboter: tous les dictionnaires disent que ce mot veut dire «détruire les instruments de travail», mais en réalité il signifie «faire respecter la sabbat».

Cela dit, nous ne savons toujours pas à qui nous devons le sabbat, si ce n'est qu'on trouve les premières traces d'une consécration chez les Babyloniens, où il est jour néfaste (sabaṭṭu babylonien).

Les patriarches ne connaissaient pas ce jour de repos et ce sera seulement Moïse (Exode, 16,23) au début du séjour au désert qui en parlera comme d'une tradition établie.

Avant d'entamer la démonstration que le Sabbat était le jour de Sabaoth, ancêtre éponyme des SabaYdes savoyardes (Sabaudia) en Italie du Nord, et, sans le serpent, dans l'allemand Bade(n), je releverai les témoins linguistiques suivants: angl. body, corps cf. it. budello et lat. abd-omen, ventre; all. Boden, sol; Bad, bain qui est apparenté au grec ba(p)t-izo, lié à gr. baϑus, profond, à all. Boot et à fr. bateau. La religiosité est implicite dans all. beten prier, et dans l'it. abbazia (abbaye), abbate et son équivalent féminin, badesse. La bellicosité résulte de battre et bataille.

Le dieu Sabazios avec ses cultes à mystères se rattache aux SabaYdes, avec serpent en forme de Z à la place du 'd'. Des serpents lui étaient d'ailleurs consacrés, ensemble avec la pomme de pin (en souvenir des pinèdes, où le culte s'est formé). L'épithète de ce dieu était Σωτήρ. En tant que divinité suprême, il fut identifié à Zeus et eut droit au titre de ὕψιστος.

Par la deuxième lettre de l'alphabet, B (ou grec beth) on a un aperçu du vécu de ces montagnards: beth représente, à l'horizontale, un paysage de conifères ou cupuliféracées: 2 sapins (it. a-bet-e), ou 2 bouleaux (lat. bet-ulla, l'arbre national de la Russie où samedi se dit subbota); les premiers donnant le bois pour bâtir, cf. it. baita. chalet de montagne, et pour meubler, cf. all. Bett, lit; les seconds se prêtant tout particulièrement pour fabriquer les sabots, spécialité sabaYde (à cf. à esp. zapatos).

Dans la Bible, beth est entré avec le sens de maison puisque Jacob est dit baptiser Bethel (maison de El) le lieu où Dieu lui a parlé en songe.

Le fait que les anglais consacrent leur Saturday au dieu Soter-Sabazios prouve que le sabbat a été vraiment dédié à Sabaot.

Il est donc à exclure une éventuelle dérivation issue du lat. sept-em ou du grec hebd-omos = VIIe (jour de la semaine).

La divinité en question a fait une carrière assez sinueuse, ainsi par ex. pour les Nicolaïtes, secte gnostique, Σαβαωϑ est un fils rebelle de la Mère divine Βαρβήλω, tandis qu'en Afrique Occidentale (Bénin) il est devenu, en tant que Sabbatha, le dieu reponsable de la variole qu'on apaise en le comblant de serpents.

La compénétration de la Maison de Jacob et des SabaYdes a eu lieu pendant l'esclavage en Égypte; si ceux-ci chômaient de temps en temps pour rendre le culte à leur dieu éponyme dans les temples, il a plu au Dieu d'Israël d'être honoré de la même manière une fois par semaine.

Yahvé Sabaot (1 S 17,45) qu'on traduit comme «Dieu des armées» serait donc un titre parmi tant d'autres, ésotériques ou pas, acquis par syncrétisme.

La traduction de Sabaot, complément de Yahvé, par «des armées» ne se justifie pas. Dans l'A.T., Jér. 11,20 (Yahvé Sabaot, qui juges avec justice), Dieu est vu comme un juge, et non comme un commandant d'armée. Dans Jér. 5,14 non plus, on ne voit le rapport entre Sabaot et les armées. Dans le I livre de Samuel, 1,3 ce titre est lié au culte de Silo (chaque année, cet homme montait de sa ville pour adorer et pour sacrifier à Yahvé Sabaot) avec pélérinage des tentes, fête rappelée aussi par Josué (18,1-3), mais ici, où pourtant le titre de «Dieu des armées» se justifierait à cause du contexte guerrier, Yahvé est appelé «le Dieu de nos pères».

Dans le Ps. 23,10 de David, Sabaot est traduit par «des vertus», tandis que dans la Septante (II Rois, V,10 et VII,18, il est traduit par «pantokrator».

En Israël, l'ethnie sabaYde, sabbatique et peut-être baptisante est représentée par: Sabataï Zvi, mysthique du 17e siècle; en outre

Zébédée (ou Zabdi, ou Zabadias) père des apôtres Jean et Jacques le Majeur, tous pêcheurs de profession;
Zébédéi, père de Micha (II, Esd. 9,17);
Zébédia, nom de deux israélites dans la Vulgata;
Zébidah, femme du roi Josias (4 Rois 23,36).

Différents califes, émirs, sultans portent le nom de Abd, d'où Abdias, prophète juif mineur, Abdullah et, sauf erreur, les bédouins (c'est pourquoi l'infiltration de Sabbatha jusqu'au cœur de l'Afrique ne peut pas étonner). Il est dès lors possible que certaines tribus nomades, entrant en contact avec des nord-africains ou des arabes, aient préféré au préfixe S/Z le serpent naga (ν) d'où le nom des *Nabatéens*, sédentarisés à SE de la Mer Morte, ayant comme centre Petra avec ses quelque cinq cent mausolées aux façades représentant des autels ou des temples.

Démonologie

Le mythe qui identifie les démons aux anges déchus au moment de la création nous est parvenu par des sources tardives: l'épître de Jude, 6 et la II épître de Pierre, 2,4. Ils instiguent à la désobéossance, à la trahison etc.

Le démon Asmodée (gr. Ἀσμοδαῖος, qui tue l'un après l'autre les sept maris de Sara (livre de Tobie) est homonyme avec Amédée, ou Μαθθίας, à part le serpent après l'article a. (Mathusalem veut dire: rejeton de Maϑus, au pluriel en -m).

Les démons ont été introduits dans le judaïsme (par ex. v. Sagesse 2,24) sous l'influence babylonienne; la croyance aux démons, comme celle des anges, relève de la religion populaire.

Satan est issu de l'hebr. satan qui veut dire 'adversaire'. Dans la Septante, il est traduit par διάβολος.

Comme les autres démons, il incite lui aussi au mal, cf. la prière Notre Père de Jésus, avec une expression maladroite (car c'est le Mal qui sème en nous la tentation, pas le Père) qui doit être retournée comme suit: «ne permet pas que Satan ou le Mal nous tente (expérience vécue par lui dans le désert), mais libère nous de lui».

Dans le Nouveau Testament, il apparaît comme le chef d'un royaume bien organisé, cf. Mt. 13,19-38 et aussi Mc 3,24 et Luc 10,17ss. Marc n'emploie jamais le terme de διάβολος.

Ce n'est qu'en Zacharie III,1-2, Job I,6ss. et II,6ss et I Chron. XXI,1 que Satan devient un nom propre.

L'Apocalypse, et aussi Luc 10,18, nous le présentent comme le dragon. L'iconographie en a été influencée et le représente sous la forme de serpent roulé autour de l'arbre édénique de la science du bien et du mal; toutefois si Satan dérive de Seth, son berceau est le pays de la soie (cf. lat. seta, ainsi que satin — des pis-aller par rapport à all. Seide). Les grecs et les romains (dont la plus ancienne source est Horace) appellaient la Chine «le pays de la soie»; la route de la soie traversait toute l'Asie, faisant cap à Byzance.

Seth est donc arrivé du pais de la soie, tout comme le typhon (à cf. à Taiwan) des Mers de Chine auquel il s'identifie et qui, dans le mythe allemand, est devenu le Teuf-el en passant par l'Anatolie comme Tubal-Caîn.

Sidon (Saïda) en Phénicie, le dieu Poséidon, les Séudites (le Sud), les Hassidim se rattachent aux Séthiens. Il existait toutefois une secte de Séthiens, sous-secte ophite, qui avait une conception dualiste du monde par la lutte sans relâche qui se déroule entre les ténèbres (σκότος) et les principes supérieurs (φῶς et πνεῦμα) pour la libération des éléments lumineux et pneumatiques, et qui employait des formules rappelant le recit biblique de la Genèse (le pneuma divin qui plane sur les eaux). Satan et les séthiens ont une tradition qui les range parmi les ramifications de la race blanche.

Pour ma part, je n'aurais aucune difficulté à accepter l'identification des *Esséniens* avec les Hassidim (mais pas la motivation, basée sur la correspondance de l'araméen hese, saint, avec l'hebreu hassid). Il s'agirait plutôt d'une option du type Hellad-/Hellen-, ou d'une lecture N pour Z. L'identification est d'autant plus authorisée que leur Livre de la Guerre portant instruction en vue du combat eschatologique entre les Fils de la Lumière et les Enfants des Ténèbres s'accorde bien avec les mythes des séthiens, mais le rapprochement des Esséniens avec le Sinaï s'impose avec beaucoup plus de poids et a ma préférence. Il ne s'agit pas d'autochtones péninsulaires, mais d'israélites nostalgiques du Sinaï du temps de Moïse. Les textes de Qumran ne mentionnent jamais les Esséniens — ce nom est donné à la secte par les historiens, tout comme d'ailleurs le mot 'Chrétien' n'appartient pas au vocabulaire du N.T. Si la secte, tout en étant assez hétéroclyte, était mieux connue comme celle des «Sinaïens» avec un goût prononcé pour l'anachorétisme dans le désert, c'est à cause de sa fidélité à l'Alliance sinaïtique conclue entre Yahwé et Moïse, la Voie dont la majorité s'est écarteé. La retraite dans le désert de Juda devait rappeler le plus possible les 40 ans passés dans le désert du Sinaï, pour hâter par imitation le dénouement de la crise, qui ne saurait tarder, car depuis le décès du Maître en Justice «les 40 ans sont écoulés» (Doc. de Damas, XX, 15).

Les Cénobites de Qumran se considéraient par ailleurs le «petit reste» d'Israël, notion qui remonte en effet à l'époque du séjour sinaïtique:

> Deutér. 4,27
> «Yahvé vous dispersera parmi les peuples, et
> il ne restera de vous qu'un petit nombre»

appelé «le reste» ou «le petit reste» par Isaïe 4,3 (le reste laissé à Sion sera appelé saint) et 10,20-22 (ô Israël, ce n'est qu'un reste qu'en reviendra), et «les rescapés» par Abdias 17 et Joël 3,5.

Ils savaient également que Yahvé avait promis à Moïse d'envoyer encore, en Terre Promise, un prophète comme lui (Deutér. 18,15), ce qui explique leur messianisme. La Torah et Moïse, étaient tout ce qui comptait pour eux, comme si la suite ne les eût pas concernés. C'est le Document de Damas (deux manuscrits se rapportant aux Esséniens), qui exprime plus particulièrement la nostalgie de ce moment privilégié de l'histoire qu'avait été le séjour au Sinaï. Ainsi la Communauté s'était groupée, comme au temps de l'exode, en «milliers, centaines, cinquantaines et dizaines» et avait un prophète, précurseur du Messie attendu à Sion (qui veut dire Sinaï et en est le prolongement). Le «mont de Sion» est le contrepoids de la montagne dite Mont Sinaï où Dieu donna la Loi à Moïse (le Maître de Justice, dont il est question également dans la

Vulgate du prophète messianique Joël 2,23: Fils de Sion, jubilez, car Yahvé vous a donné le Maître en justice — c'est à dire le IIe Moïse). Le thème de la montagne sainte et de la montagne de Sion qui est tenue distincte de Jérusalem recourt dans les Psaumes (Ps. 15(14),1; Ps. 43,3), en Joël 2,1 et 4,17, en Isaïe 2,3:

> «Montons à la montagne de Yahvé
> ... car de Sion vient la Loi»

et 4,5

> «Yahvé créera partout sur la montagne de Sion...
> une nuée... et une fumée».

Les visions d'Isaïe concernant Sion contiennent des références aux théophanies de l'Exode (cf. 19,9 et 24,15):
Exode 24,15:

> «Moïse monta sur la montagne.
> La nuée couvrit la montagne»

suivi du v. 16 où la nuée couvrit le Mont Sinaï pendant six jours.
Exode 19,18:

> «La montagne du Sinaï était toute fumante
> parce que Yahvé y était descendu dans le feu».

Souvent Sion désigne Jérusalem, dont il est le nom le plus messianique, cf. Isaïe 59,20

> «Alors un rédempteur viendra à Sion... Oracle de Yahvé»

repris par S. Paul (Rom. 11,26), tandis que S. Jean (Ap. 14,1) a eu une vision de l'Agneau sur le mont de Sion.

On peut conclure que le sionisme de Herzl s'enracine à Qumran, où les esséniens, messianistes, attendaient le IIe Moïse à Sion, tout comme le I[e] avait autrefois guidé les élus dans le Sinaï.

> Ce IIe Moïse promis par Dieu aux Hébreux «dans le pays que Yahvé ton Dieu te donne» (Deut. 18,9) ne pouvait être que Jésus (à part le Messie annoncé par les prophètes, qui auraient pu se tromper). En effet, la loi donnée à Moïse visait une mosaïque de peuples sortis de la préhistoire, à la nuque raide, et se devait d'être aussi rigoureuse (par ex. peine de mort pour qui profanait le sabbat), mais ne répondait plus, 1500 ans après, aux exigences de la nouvelle société sédentarisée et civilisée et nécessitait des réformes et ajournements. Jésus l'a adoucie, à commencer par le sabbat lui-même, périmé, et a remplacé au ritualisme excessif la religiosité intérieure. «Je mettrai mes paroles dans sa bouche et il leur dira tout ce que je lui ordonnerai» (Deut. 18,18). Ce n'est que pour cela que Dieu l'a envoyé: réformer la Constitution qui avait vieilli; donner une interprétation plus souple du Décalogue, du talion (Mt. 5,38); parler de Dieu

comme d'un père qui aime même les pécheurs, et non comme d'un tyran redoutable. Mais ses paroles se sont heurtées aux intérêts constitués, et personne n'attendait un prophète-législateur: de ce rôle, même Jésus ne paraît pas en être conscient, cf. e.a. ses réticences aux questions de Pilate. La réfutation de Jésus a été alimentée par son échec personnel (mort sur la croix), alors que l'extraordinaire expansion et épanouissement du Christianisme prouvent que Dieu était avec lui.

Mais on ne s'attardera pas ici sur ce sujet, sous peine d'assimiler Jésus, les Esséniens et les Sionistes aux démons.

* * *

Malgré la variété de noms démoniaques tels:
— Asmodée, démon perse;
— Bélial, chef des forces du mal, cf. II Ep. aux Corinth. et les manuscrits de la Mer Morte;
— Belzébul (hébr. Baʿalzĕbūb, qui veut dire Baal-le-boiteux, cf. ital. zoppo), divinité philistine adorée à Ekron ou Akkaron, hébr. ʿEqrōn, gr. Ἀκκαρον, cité de la pentapolis philistine qui nous fait songer à l'étrusque Charun, démon infernal accoutré comme l'imagination populaire le reclame, d'où «charogne» pour les cadavres (terme qui n'a rien à voir avec la 'chair');
— Léviathan (cf. Job 3,8 et 40-42) relevant de la mythologie phénicienne (traduction: Lévi + ϑ + an gentilice);
— Méphis-topheles, démon des legendes allemandes dont le nom se rattache au cité Asmodée dans la forme Μαϑίας avec substitution de ϑ par φ, et à all. Teufel (v. supra); ce nom peut alors être traduit par «le démon Mathias», ayant comme origine ou transit probable la Russie où, à défaut de ϑ dans l'alphabet, les scribes locaux se sont servi de φ (pour Θ = Φ v. IIe partie du livre),

le nom de Satan devait être celui préféré par les anges, qui ont tant marqué l'onomastique chinoise. En Chine il dut y avoir un combat sans merci entre eux et les sethiens, qui fabriqueront par la suite la soie et le satin. Le mythe de satan est chinois, a été vécu par les anges, et Jésus nomme Satan dans la parabole du semeur (Marc 4,15), en s'adressant à Pierre («arrière de moi, Satan»: Mt 16,23 et Mc 8,33) et trois fois en Luc seul («Je voyais Satan tomber du ciel comme un éclair» 10,18; «Cette fille d'Abraham liée par Satan» 13,16; «Satan vous a réclamés pour vous cribler comme le froment» 22,31). Mais c'est surtout le passage concernant la guérison d'un possédé muet qui est particulièrement instructif, parce que Jésus (qui sublimait les réminiscences de la tradition angélo-chinoise préhistorique) nomme Satan en donnant la réplique aux scribes, aux pharisiens et autres dans la foule:

Mt 12,24 : les Pharisiens dirent «celui-ci n'expulse les démons que par Béelzeboul»
12,26 : si Satan expulse Satan (réplique Jésus)
Marc 3,22 : les scribes disaient «Béelzebul le possède. C'est par le prince des démons qu'il expulse les démons»
3,26 : si Satan expulse Satan (réplique Jésus)
Luc 11,15 : Quelques uns dirent «c'est par Béelzebul qu'il expulse les démons»
11,18 : si donc Satan aussi est divisé en lui-même... (réplique Jésus).

Ainsi, pour une partie de la population le Grand Adversaire est Béelzebul (dieu des Philistins, qui ont été longtemps les ennemis acharnés des Hebreux, cf. épisode de Samson), tandis que pour les anges il est Satan. Le choix de ce nom par Jésus constitue à mon avis un étalon de l'authenticité des mots proférés.

Quant au diable associé au soufre, il s'agit d'une notion lévitique, des alphs, cf. lat. sulphur (les damnés s'esquintent dans les soufrières).

NUMÉROLOGIE

Les 9 premiers nombres ne sont pas d'une seule série cohérente; ils résultent d'au moins deux séries, élaborées séparément. La principale et peut être plus ancienne compte les jours du cycle lunaire, et précisément 6 pour le dernier quart, 9 pour la lune nouvelle (lat. nov-em) ou premier quart[48].

Pour dire 1, on s'est référé soit à la lune (cf. angl. moon et grec mono; ou bien angl. a-lone = seul comme la lune), soit au soleil (cf. lat. solus = seul comme le soleil; angl. one = lat. ann(um) c'est-à-dire An dieu du

[48] a) P.E. SANTANGELO, *Corso di Storia*, vol. I, p. 16, Ed. Cedam, Padova, 1944.
A torto si credette che le cifre cosí dette arabiche fossero invenzione degli Arabi. Sta di fatto che il numero cinque, indicante la mano aperta, è comune agli arabi e ai romani (> degli arabi è uguale a V dei Romani); che il 6, la cui forma é quella della falce lunare (luna calante) é chiamato in latino sex (cioé sica, falce); che il 9, la cui forma é quella della luna crescente é chiamato in latino nov-em (cioé luna nuova). sept-em sembra indicare la luna sepolta, la luna che non si vede, e o-cto la luna morta. Nella numerazione indoeuropea troviamo dunque i numeri dal 6 al 9 indicati con le fasi lunari, ed é curioso vedere che le cifre arabe raffigurano col disegno ció che le parole europee esprimono con le parole.

b) P.E. SANTANGELO, *Fondamenti etc.*, vol. VIII, 1957, Section: I numerali: pag. 110-118.

Ciel; ou bien russe Odin à cfr. à день, jour: Odin était l'astre du jour) qui sont uniques.

Pour compter deux, il y avait la paire des mains ou des pieds, ou les yeux. En effet ces derniers semblent avoir été utilisés dans ce but, car 8 couché (∞) représente les 2 yeux, dont le nom est gardé dans lat. oc-to (cf. oc-ulum, russe очи) et dans l'all. acht qui signifie en même temps 8 et regarder (acht-en), tandis que l'angl. eight = 8 est à cfr. à all. Auge, œil.

8 devait originairement signifier 2 et occuper la deuxième place, mais il a été bousculé lorsque la série lunaire, ou même une troisième série, est intervenue.

Les phases lunaires n'ont pas l'air d'avoir été déplacées, car au départ de la pleine lune il y a à peu près 6 jours pour atteindre le dernier quart, et 3 autres pour voir recomparaître la lune dans son premier quart.

On dit que le zéro est une géniale invention tardive des Indiens, qui a permis de réaliser le calcul positionnel. Pourtant ce chiffre hors série a toujours été là (les Indiens l'ont tout au plus réexhumé), en tête de liste, puisque il était l'alpha et l'oméga de toute la numération: il représentait dans toute sa rondeur la pleine lune.

Voici comment devait se présenter le premier calendrier/numération:

0	pleine lune	le Dieu manifesté de la Kabbale
—		
—		
—		
—		
—		
—		
(	dernier quart	
—		
—		le Dieu caché de la Kabbale
)	nouvelle lune	
—		
—		
—		

Son nom 'zero' est celui, au masculin, de la lune étrusque E-sera, lat. sera (tard, lors de la lune; le fr. soir est resté au masc.). Doit-on conclure que la numération débutant par 0 est née au sein des Étrusques?, lesquels pourtant n'écrivaient pas en chiffres arabes, mais romains.

On remarquera toutefois que ce nom est porté aussi par le soleil (Surya des indiens) et l'étoile Sirius, tous les deux à la base d'un calendrier. (Les Hébreux avaient un calendrier luni-solaire, mais le jour était censé commencer le soir, au lever de la lune).

C'est pourquoi le verset de Daniel 12,3

> «Les doctes resplendiront comme le zohar du firmament»

laisse planer des doutes sur l'identité de ce Zohar: lune, soleil ou étoile Sirius? Il en va de même pour le livre qui contient presque toute la doctrine de la Kabbale, le Sēfer ha-zōhar ou livre de la splendeur.

Cependant l'interprétation du Zohar = Lune en Daniel est favorisée eu égard à certains mythes repris par des philosophes tels le stoïcien Posidonius d'Apamée ou Plutarque (De facie in orbe lunae), professant que les âmes après la mort élisent la lune comme domicile. D'autant plus que le choix des «doctes» de préférence à une autre catégorie, par ex. les «justes», montre que Daniel puise aux spéculations hellénistiques sur le Νοῦς ou âme rationnelle (ou même supra-rationnelle) qui nourrissent notamment les systèmes des deux philosophes cités (ainsi que de Philon).

Le système duodécimal, basé sur la computation sélénique, est propre aux peuples anglosaxons qui possèdent une série compacte jusqu'à 12: l'angl. e-leven est encore la lune, Lebanah en hébreu ou LaYne en allemand (grec Se-lene). L'autre nom hébreu: Yârêah, correspond à all. Jahr qui est donc l'année basée sur le calendrier lunaire.

Voilà pourquoi les chiffres ou zephirot étaient considérés des dieux: ils représentaient la divinité lune.

> Je saisis l'occasion pour remarquer que les zephir-ot, l'arabe sifr = 0, et le grec σφαῖρα, sphère: le disque de la lune ou du soleil, sont construits sur 'zero' ou 'sera' enrichis d'un infixe qui est un prestigieux symbole astrologique (v. IIe partie du livre). Le Zohar présente h infixe: celui-ci actualise un mot si vieux que personne ne se souvenait de sa signification.
> Quant aux commentaires aggadiques ou halakhiques dits 'seder', 'sifra' et 'sifré', ils doivent se rattacher à une ancienne sagesse astronomique, évoluée.

Étant donné son origine, le système duodécimal a surtout influencé la méthode de subdivision du temps (12 heures, 12 mois), tandis que le système décimal, basé sur les doigts des mains ou des pieds, s'est spécialisé dans les calculs arythmétiques. La base pédestre du calcul décimal ressort des termes comme grec πεντε et russe пять, qui correspondent à la patte ou pied, aux patins, pantouffles et pantalons (formes respectivement avec et sans n).

La patte aurait pu être, dans l'optique des primitifs, tout aussi bien la main, toutefois le pied est plus probable, car les doigts de la main étaient occupés à compter ceux du pied. Le V romain pour 5 représente donc la patte en question. Lat. dec-em et gr. δεκα signifient «les doigts» tout court (cf. δακ-τυλ- et lat. dig-it- et dic-ere qui veut dire 'indiquer en nommant', méthode didactique propre aux daces/doges/deutsch).

L'hétérogénéité en numération ressort aussi du chiffre romain L pour 50. Ce nombre était le plus important pour les Thérapeutes, qui le mettaient en relation avec la Pentecôte, 7 × 7 jours, fête commémorant le renouvellement de l'Alliance. Philon explique dans «De vita cont.», 65, que 50 était pour les Thérapeutes les plus saint des nombres, parce qu'il est constitué par la puissance, ou carré, du triangle rectangle, lequel est le principe de la génération de l'univers. Le L romain symbolise donc le triangle rectangle, figure chère aux Pythagoriciens et aux constructeurs de pyramides. Son hypoténuse avait une longueur de 7 unités de mesure (lesquelles?). C'est tout ce qu'on peut dire de ce triangle, en attendant de savoir pourquoi il était le principe de la génération de l'univers. (Néanmoins, la notion de «génératrice» existe en géométrie: c'est la ligne droite qui, en se déplaçant en fonction d'une ouverture plus ou moins grande de l'angle, engendre la surface du cône, ou du cylindre. Un tel principe, écouté par un profane non initié aux arts et métiers, aurait engendré un énoncé allégorique transposé sur le plan métaphysique — à moins d'avoir imaginé le monde comme un cône, fût-il tronqué, avec une génératrice se déplaçant à 45°).

Par ailleurs, le livre des Jubilés trouvé dans la Grotte 3 de Qumrân partage l'histoire du monde en 7 × 7 années, ce qui veut dire que tous les 50 ans recommençait un nouveau cycle, avec nouveau partage des terres, affranchissements etc. La géométrie et le calendrier se seraient alors téléscopés dans la mémoire des Thérapeutes.

Le symbolisme de C, D et Φ pour cent, cinqcent et mille est explicité dans la IIe partie du livre.

TABLEAUX COMPLÉMANTAIRES

Note: Tout ce qui a trait aux signalements est remis en question par la fouille linguistique de type magique.

TABLEAU DES SIGNALEMENTS DES LÉVITES / LAGIDES

Schéma de filiation de l'ancêtre éponyme

avec γ						
		avec Ϝ				
lag lah		l̥b	l̥v	lev	lav	leu-koi (blancs)
Lagides (en Égypte)	Lévites					(en Grèce)

signalements

peau:	alb-us (blanc)	
cheveux:	g-elb (jaune = blond) f-lav-us (blond) fu-lv-us (blond aux reflets roux)	
yeux:	b-lau (bleu) b-leu	g-lau-kos (glauque) (cf. lauchume, chef des étrusques)
	go-lub-oi (bleu en russe)	

Les lévites étaient ***blancs, blonds aux yeux bleu ou glauques*** (vert tirant au bleu)

Cette convergence «toutes langues» de la couleur bleu pour caractériser l'élite au pouvoir explique l'expression «de sang bleu» pour la noblesse.

TABLEAU DES SIGNALEMENTS DES RAV / ROUX

Schéma de filiation de Ra ou Re (Dieu solaire)

Dieu solaire en Égypte (Héliopolis)	avec γ (préfixe ou suffixe)	avec Ϝ	avec S (suffixe)	avec préfixe T	avec suffixe -ma
rho: alphabet grec	G-rèce reg-s à Rome raja en Inde	Rav, Rab, Rau royaumes assyro-babyloniens	ras (Éthiopie)	Turq- (Turquie) Troie (Turquie)	(B)rama: - Inde - Proche Or. - Rome
	рыж- en Russie et Phrygie	Palestine Europe, etc.	Rasena: Étrurie Russie resh: alphabet hébreux	E-T-ru(s)q- (Étrurie) Turfan (Asie centrale) Taharqa (Égypte, XXV dynastie)	

Signalements

cheveux: рыж- (russe: roux) ruf-us
rouge, roux — constitution:
rub-er — - all. stark
esp. rubio (blond) — - fr. trapu
yeux: all. g-rau (gris) — - it. tarchiato

par contre fr. gris, it. grigio, est de préférence à rattacher à all. Greise et signifie 'grisonnant'.

Les descendants de «Ra» étaient ***roux aux yeux gris***, et très grands cf. all. Riese, géant.

La branche 'red' a les yeux gris ou verts (grey et lat. vi-rid-).

TABLEAU DES SIGNALEMENTS DES «RUNES»

Les «Runes» sont les caractères de l'écriture nordique, scandinave. On peut toutefois tabler sur l'existence d'un peuple de ce nom, chasseur de rennes (établi en matriarcat, à cause du fém. des 'runes' et du nom de la lune: Berchta).

Signalements

Ƒ	γ
b-run	g-rün (all.: vert)
au-burn	avec rappel de la renne
	dans le diphtongue

On obtient une ***race brune aux yeux verts.***

Génétiquement, les yeux verts sont le signe du croisement d'une race foncée et d'une race claire. En effet, les auteurs des «runes» sont le produit de la fusion vers 2000 av. J.C., de plusieurs peuples: les pasteurs à hache de combat, les descendants des chasseurs mésolithiques et les paysans mégalithiques venus, vers la fin du IVe millénaire, des contrées méridionales avec la culture du blé et de l'orge et l'élévage du cochon.

Les chasseurs de rennes remontent eux aussi au Magdalénien, en passant par la culture de Maglemose (Danemark), vieille de 10.000 ans. Tout comme les chasseurs de l'ours, ils ont dû suivre le gibier verrs le nord à cause du retrait des glaciers.

Expansion: G-roen-land
- en Allemagne: Rhein
- en Autriche: Brenner, Krain (it. Carnia); Kärnten (it. Carinzia à confronter à Corinthe en Grèce)
- en France: Rennes, Ga-ronne
- en Belgique: Bo-rinage
- en Suisse: Bern, Bernina
- en Italie: la rivière Arno
Tyrrhen
- en Espagne: Pyrénées
- en Bulgarie: Varna
- en Russie: U-k-raine (voie royale de pénétration en Inde, qui explique le fond indo-iranien)
- en Algérie: O-ran
Touran-

Mythologie: dans le monde classique:
- U-ranus, dieu du Ciel, et son fils
- K-ronos (d'où χ-ρονος qui a changé k en χ par opportunisme)

hindouisme:
- Va-runa (dieu védique, cf. esp. varón, mâle) garant de l'ordre établi, d'où *varna*: caste (couleur, opposée à celle du substrat noir)

Onomastique: Aaron, Haroun, Ron, Brennus, Bruno, Bjorn, Corinne, Irène, Werner, Bern(ard), Varron, (d'où Véronique et Bérénice), (Holo)pherne, Brani (slav), Peron, Renan, Renault, Renoir, Verne, Farnese, Bernini, Bernadotte, Tchernenko, ϑurn.

Titres de noblesse: baron, russe ьáрин (seigneur), ind. maha-*rani.*

Culture: ronéo: runes modernes
- lat. i-ronia: ironie
- a-rena: sable
- g-ranum, cf. all. Korn (blé) et lat. farina
- gu-b-ernare: gouverner un navire

trône (annexé par les anges)
ty-ran (conception despotique du pouvoir)
sérénissime: s'applique aux altesses ou États de préférence sur mer puisque les chefs de la pentapolis philistine étaient les *seranim*, les altesses ou républiques sérénissimes c'est tout ce qui reste des Peuples de la mer (dont les Philistins étaient un contingent: ils corréspondent aux Lusitani, préfixe P ou Ph en plus, c'est pourquoi ils étaient si différents des Hébreux par race et langue, que la Septante les appelle Ἀλλόφυλοι).
La forme rhotacisée est Peloritani (en Sicile).
grec k-ranos, casque, sans doute une coiffe parée du bois imposant de la renne (cf. aussi
couronne et corne, ainsi que le plus ancien «ornare»
ei-rene: paix — mythologie de femmes combattantes
Erinyes, les Furies — ou de ministres du droit
all. fern: loin
F-ron: corvée
B-runnen: source
brennen: brüler
rennen: courir à pied
warnen, avertir (à rapprocher à «varna» pour en déduire l'objet de la mise en garde, et à russe верный, fidèle).
La disposition aux chansons d'amour se lit dans sirène (mythique), sérénade et angl. c-rooner (pastoral).
Défauts: porno
fornication

LES ALI

L'ancêtre éponyme est Al ou El - et lat. ille (lui).

avec γ en préfixe	avec un magnificatif préfixe	avec Y préfixe ou infixe	avec en préfixe: ψ	K	H
Gael					
Galli	Valois	A-Y-li	ψιλός (chauve)	καλός (beau)	hell (clair)
gens Julia	Wales	Y-ellow (jaune)			
joli	all. wollen			kahl (chauve)	Hölle (enfer)
it. giallo (jaune)	βουλή (Conseil)				
à cf. au	Bill				
fjäll suédois	île de Bali				
	dieu Baal				
	bel				

Les Ali étaient blonds et beaux, de teint clair, et chauves à partir de l'époque pastorale. On les saluait en disant «Hallo» (esp. Hola et olé = Aule!, vocatif de Aulus, nom qui devait être courant parmi les toreadors). L'expression s'est généralisée parce que angl. et allem. all = tous.

Étant donné que leurs signalements concordent avec ceux des lévites/lagides, l'hypothèse d'une souche commune est légitime.

Cependant, à chacun son chemin et son destin: ainsi d'un côté il y a Baal et Bélial, de l'autre le Logos.

Les Aryens

Par analogie à ce qui précède, les Arya venus d'Asie centrale ou Inde pourraient être à leur tour une branche de filiation de Ra, hypothèse en balance avec celle qui pose Ari < Asi et dont l'atout sont les dieux Ases du panthéon germanique.

On ne possède pas de signalements pour les Aryens parce que lors de leurs irruptions toutes les couleurs étaient déjà occupées et on doit se contenter des témoignages ou opinions de Tacite sur les Germains et des poètes classiques, d'Homère à Euripide, sur les héros des épopées.

Le signalement des Ases découle du nom fém. Caesellia (qui a les yeux gris-bleu), à rapprocher au prénom latin Kaeso (cf. all. Käse, fromage - produit asiatique) dont Caesar pourrait provenir, à moins d'être lu comme Cyaxare.

Berceau des aryens: une région aride (cf. lat. arid- avec accent sur 'a', et grec ξερ-) comme il y en a dans la Russie méridionale et en Inde.

La formule d'acclamation des aryens est «Hare».

TABLEAU DES SIGNALEMENTS DES GERMAINS

Le nom de ce peuple, étroitement lié à lat. germinare (germer), nous donne l'information, confirmée indirectement par Hérodote, qu'il s'agit d'agriculteurs. Les Germains, nous dit-il en effet, formaient une des nombreuses tribus des Perses et étaient sédentaires (donc, ils cultivaient le sol et ils fabriquaient déjà peut-être la bière à partir de l'orge germé. «F-erment» renvoie, avec préfixe Ϝ, au même peuple maître de cette technique).

Le radical est celui des «Rama» avec préfixe γ, mais la population existe aussi sans préfixe (Armeni, d'Arménie, où à peu près les place Hérodote — et ils sont des éleveurs, cf. it. armenti, troupeaux), ainsi qu'avec le préfixe C des bergers (la région de Carmanie, cotoyant la Perse), ce qui donne «carmin», à savoir rouge. Les Germains partant, à l'époque où ils exercent une activité pastorale semi-sédentaire (lat. carminare, carder), sont toujours des roux — ce qui est logique, étant des «Rama». (Les Italiens les appellent familiairement «crucchi», c'est-à-dire rouquins).

La hache en préfixe est portée par Hermès, à la fois messager, interprète, conducteur de troupeaux et même psychopompe dans l'au-delà. Le syncrétisme avec Thot lui a valu le titre de Trismegiste.

La dispersion géographique de la population en question est décelée en Birmanie, Birmingham, Bermudes, Ormuz sur le Golfe Persique (avec vocation maritime lisible dans it. ormeggiare, mouiller, et ciurma, chiourme, gr. ἐ-ρέται).

Les Germains, tout en n'étant qu'une minorité par rapport à l'ensemble du peuple allemand, ont tout de même imposé leur nom à la Germanie. (La scandinavité des allemands résulte plutôt de la présence massive des ad/andes, cf. jede, dont il est question à page 121).

Les autres noms des Germains sont;

— allemands = lama (cf. lac Leman);

— deutsch = daces;

— gots, apparentés aux Guti (gut, Gott), guitti (ghetto), avec préfixe G = arc, cf. it. gettare; katti (Katze), Attis, Hattites, Hittites, roi Hattis, (Attis dieu phrygien de la végétation et Attila roi des Huns), Hesse, Assia, Ases (correspondance ττ/σσ comme pour τεσσαρες/τετταρες, Ottomans et Osmans, angl. hot et all. heiss) dont l'origine est asiatique;

— teutons, cf. titienses (tribu latine).

Il s'agit des hommes à embléme T (Tani).

Les «Tani» étaient bruns, cf. angl. tan, fr. tanné, et très grands: cf. Ti-tans.
Ce nom subsiste dans le titre impérial japonais Tenno.
Ils devraient être les cousins des Danaens, représentés à Carthage par Di-don. En effet, Don/Tanaïs le confirme.

Paradoxes

'*micro-macro*'

Un paradoxe est celui des termes grecs micro/macro: petit/grand. On peut l'expliquer de la manière suivante: dans les deux termes, r représente le pluriel faisant désormais corps avec le radical (mac/mage), mais micro présente, par rapport aux macro, une autre forme de pluriel: *i* à la place de *a*. Cet *i* (qui est à la fois signe de génitif et de pluriel en latin) fait toute la différence: il s'agit des petits, des enfants des macro. Et puisque normalement ce sont les jeunes qui partent lors du ver sacrum, on comprend que le verbe (e)migr-are porte sur les micro et non les macro.

Les mêmes considérations valent pour minor, minimus (les enfants des Mânes).

Les bâtisseurs

— les Goths: tout autant admirés en Occident pour les cathédrales gothiques, qu'en Orient pour les pa-godes;

— les Mânes: (cf. all. Mann, angl. man, et la notion de «mana» ou force magique des bâtisseurs, d'où e-manare). Ils sont les auteurs des '*moenia*' (murailles), des '*menhir*' qui est un pluriel en 'r' comme all. Männer est le pluriel de Mann, des *manoirs*, des *minarets*.

— les *maçons*: par adjonction de n gentilice, ils remontent aux mac/mages.
Diaspora maçonnique: à Sumer, Mush-damma est le mythique Grand Bâtisseurs (il bâtit des étables et des bergeries); en Égypte, le premier roi-maçon est A-mosis I (1580 av. J.C.); en Amérique pré-colombienne: les Mayas (à cfr. aux O-meyyades), les fleuves Missouri et Mississipi; en Afrique: les Masaï; en Asie: les mausolées; en Grèce: les musées, temples des Muses dont le talent réémerge en Mozart, réputé d'ailleurs maçon.

Portrait des tèques et des daces

Les parallèles lat. tegere/all. decken ou Dach, et angl. teach/lat. docere, plaident pour l'identité des daces et des tèques — le radical étant le symbole des bâtisseurs: T ou Δ.

Le terme aYdace s'applique au caractère des daces. Mais physiquement comment étaient-ils?

Tout comme leurs confrères tannés les Tani (creuseurs de tunnels et de towns), les tèques ont le *teint foncé*, une peau qui n'est pas sans 'tache' (le fameux péché des anges). Ils sont conscients de la pureté perdue et ils se baptisent (all. Taufe). Leur contamination progresse en Afrique, notamment en Égypte où ils occupent des postes de confiance, comme par exemple Po-tiph-ar qui rappelle le tuf et le nom de Pythagore à cause d'un même préfixe et du suffixe en 'r' qui est un pluriel de type étrusque ou allemand, et Im-ho-tep rappelant d'un côté les pyramides, de l'autre la métallurgie par lat. tepor et te(m)perare, inhérent aux alliages.

Il est fort possible que les Mixtèques aient remplacé 's' par x, ce qui permet d'établir un rapport entre eux et le grec μύσταξ, μύστακος- car il y a mastic, astiquer, stuc du côté des tèques, qui auraient été *moustachus*. L'isoglosse de ceux-ci pourrait alors s'étendre de la Mixteca au royaume de Musta(n)g au Tibet.

Leur habitat est vaste en effet et comprend la taïga, la steppe, le tek, le pastèque, le Téquila, le Texas (d'où Tycoon, magnat texan), le toucan, la moustique et πίϑηκος (singe).

En Afrique on les rencontre au Togo, chez les Dogons du Mali, au Dekkan et à Tanger (bien que cette ville, comme les îles Tonga, les asiatiques Toungouses etc., ait été expliquée ailleurs par le radical des anges à préfixe T: ce sont les limites de la fouille linguistique). En Europe, ils ont érigé les docks et les digues et baptisé le fl. Tago à considérer comme le berceau hispanique du ta(n)go, tandis que l'all. Tag signifie jour et donc soleil (qui était la divinité principale des Aztèques). Les allemands les considèrent retors (tükisch, s'appliquant notamment à ceux du tek: de l'Asie tropicale jusqu'à Tokio). L'expérience islamique parle de «taqiya», duplicité.

Le vocabulaire latin les accuse de stupre, d'abus de stupéfiants (stupor, à cause du tabac ou des herbes, cf. it. masticare à charge des moustachus) et, quant au caractère, de réticence (tacere et reticere) c'est-à-dire de peser leurs mots et se taire plutôt que révéler quoi que ce soit de leurs secrets.

Dialectes parlés: les tokhariens.

Maladies: le typus, épidemie qui frappait la manpower astreinte à la construction des pyramides (on donnait l'ail à titre prophylactique).

Mœurs funéraires: pas de crémation, à cause de tibias et de l'it. te(s)chio. Ce dernier mot renvoie à la To(s)cane, où les Tèques tiennent bon face aux Villanova incinérants. Ils creusaient plutôt des tombes: grec ϑήκη, cercueil, et ταφος (all. tief) auquel correspond la forme avec nasale τυμβος, ancêtre du 'templum' latin: celui-ci est donc le monument bâti, en plus grandiose, sur la tombe du héros éponyme. En isoglosse: S-tambul. Leur savoir-faire en la matière leur a ouvert l'accès aux cours pharaoniques.

Une invention qui pourrait facilement revenir aux tèques commerçants est le tank, conténiteur de transport maritime de vin, huile etc., d'où est issu le verbe 'tanguer' qui rappelle le mouvement basculant du tank: Hérodote appelait expressément «vaissaux ronds» les bateaux de commerce. L'all. dank et l'angl. thank sont l'accusé de reception du tank, comme merci est l'accusé de reception pour marchandise livrée.

Une autre forme avec nasale est lat. ting-ere (all. Tünke) qui attribue le brevet de la teinture aux tèques.

A tout ce qu'on vient de dire sur les Tèques ici et aux pp. 127-129 on peut ajouter les notions socio-culturelles suivantes: angl. timber (bois de construction), tympan (terme architectural), tambour (à rattacher à timber), tombola, toupie, totem, le Tao enfin, qui pourrait être le Gén. 6 de nos hommes de la pierre taillée en forme de T (v. page 58).

Noms illustres: Θουκυδίδης = thèque + δ + δ + s (traduction: fils de fils de fils de thèque). Cet historien était un fin analyste des causes. Tacite (autre historien). Pittacos, un des sept sages selon Platon. Stephanos, martyre chrétien. Les Stuarts; Stévin (mathématicien); Tiepolo; Tupolev et Taxis (vocation de la vitesse, cf. gr. ταχύς); Stuyvesant (article stupéfiant); Stevenson (auteur de 'Dr. Jekyll et Mr. Hyde': à compte de la duplicité).

IIe PARTIE

Fouille linguistique par le biais de l'alphabet magique

CHAPITRE I

LE MYTHE

Les résultats présentés dans la première partie du livre constituent la moisson de la fouille linguistique appliquée aux hommes par le biais de l'alphabet profane, ordinaire. On a individué, en parcourant la Bible et les Atlas du monde ancien et moderne, les principaux radicaux des ethnies qui ont façonné l'histoire; on peut en suivre les déplacements, le rayonnement, les déchéances, les isoglosses correspondant à des enclaves dans des points très éloignés de notre globe. Mais quittons la terre pour le ciel. Oublions les symboles que les Phéniciens ont choisis comme étant les plus aptes à répondre aux besoins du commerce, et demandons aux mages de nous laisser jeter un coup d'œil dans leur alphabet.

Somerset Maugham a écrit un conte: «La lune et six sous» inspiré aux contemplatifs (dont je suis). Pour avoir préféré regarder la lune, Gaughin perdit tout: famille, argent, honneur et respect, mais donna un sens à sa vie. Avant de donner tort ou raison à Somerset, lisez ce qui suit, à savoir les résultats de la fouille linguistique effectuée au clair de lune.

Qu'il y ait eu toujours deux sortes d'alphabet, un sacerdotal et un pour le commun, personne ne l'ignore. La classe sacerdotale égyptienne se reservait les hiéroglyphes ou glyphes sacrés, évolués dans le hiératique, tandis que le peuple devait se contenter du démotique. Et comme les mots sont un produit des scribes, il y a deux langages, issus de deux graphies: celle des contemplatifs et celle des actifs. L'alphabet gréco-phénicien est profane dans la mesure où les signes selectionnés sont utilitaires, ils représentent des objets d'usage courant comme les armes, les emblèmes du métier tels Π, T et Δ, des animaux. Il y a des traces pourtant qui montrent que les phéniciens ont superposé leurs signes à des symboles magiques, astrologiques: il s'agit notamment, mais pas uniquement, de lambda, crosse par le dessin et lampe ou luminaire (soleil ou lune) par la dénomination. La prononciation de la liquide n'a pas changée, mais on a la preuve qu'avant la série classique il y en avait une autre, astrologique. Les astronomes le savaient bien, qui désignaient les étoiles par les lettres de l'alphabet grec, même se celui-ci est presque par entier laïcisé. Le grec Ptolémée a ainsi codifié ses 48 constellations.

Ce qui étonnera davantage est par contre la constatation que l'alphabet latin, loin d'être un produit de dérivation, par les Étrusques, de l'alphabet grec tel qu'il nous est parvenu, est un alphabet magique. Disons plutôt que si dérivation il y a, elle n'est pas évidente parce que l'alphabet grec a été trop remanié et a reçu des symboles profanes là où il y avait des luminaires. Dans la moitié occidentale du globe, sans nous en rendre compte, nous communiquons nos idées par des signes astrologiques.

Les sept premières lettres de notre alphabet sont des soleils ou de lunes; la hache indoeuropéenne interromp la série, qui toutefois reprend son chemin et s'en tient presque jusqu'au bout. Les lettres grecques sont beaucoup .plus melangées.

Comparons les deux alphabets:

latin		grec	
cursif	capitale	cursif	capitale
a	A	α	Α
b	B	β	Β
c	C	γ	Γ
d	D	δ	Δ
e	E	ε	Ε
φ	F	ζ	Ζ
g	G	—	—
h	H	η	Η
—	—	θ	Θ
—	—	κ	Κ
l	L	λ	Λ
m	M	μ	Μ
n	N	ν	Ν
—	—	ξ	Ξ
o	O	ο	Ο
p	P	π	Π
q	Q	—	—
r	R	ρ	Ρ
s	S	σ	Σ
t	T	τ	Τ
u	U	υ	Υ
v	V	φ	Φ
x	X	χ	Χ
z	Z	—	—
—	—	ψ	Ψ
—	—	ω	Ω

— Remarque préliminaire: lorsque la cursive et la capitale d'une lettre sont différentes, il faut se méfier: par le cursif on a introduit subrepticement un symbole de type nouveau, ou de nature magique.

— Remarques lettre par lettre:

— La première lettre des deux alphabets est A, α (alpha), tête de vache par le dessein, et vache (cf. all. K-alb) et demi-lune par la dénomination: cf. all. halb, angl. half et all. elf pour 11, angl. twelve pour 12 (respectivement une demi-lune et deux demi-lunes dans le systéme duodécimal).

Pour l'alphabet magique cette lettre était sans doute la lune lorsqu'elle est demi.

— La deuxième lettre est B ou β, qui dans l'approche profane a été interprété comme deux arbres (v. page 142). Mais l'éclairage magique montre qu'il s'agit d'autre chose: les deux moitiés de la lune. Le cursif latin 'b' indique une seule moitié; la lettre capitale montre les deux: en effet le nom de cette lettre signifie both ou beide = tous les deux.

L'angl. to be, le russe ьыть, l'all. bi(st) se rapportent à la lune B, qui est, qui vit.

— Le C latin est la faucille lunaire pour l'alphabet magique, l'arc pour l'alphabet profane où il préfixe tout ce qui se rapporte à la chasse.

C'est à partir de cette troisième lettre que tout change. En grec, le gamma cursif γ est comme l'upsilon y, qu'on a introduit dans l'alphabet par la petite porte, c'est-à-dire comme cursif. Par la suite, cette lettre est entrée par la grande porte, mais en fin de série.

Ceci explique pourquoi on a d'un côté ma-γ-e, de l'autre ma-y-a, ou: lay/legen, Day/Tag, way/Weg, pray/preg-. Comme il est dit en remarque préliminaire, lorsque le cursif est différent, il faut se méfier: un scribe est intervenu pour réaffecter.

Le cas est encore plus flagrant pour le digamme. Lorsqu'il y a gémination (deux n, deux r, etc.), la consonne ne devrait pas changer de son, sauf éventuellement un glissement vers l'aspiration, à l'intérieur de la catégorie phonétique, comme par ex. 2 p = ϕ (ph), 2 t = Θ (th). Pourquoi Ϝ qui est 2 fois le gamma échapperait-il à la règle et se lirait F ou V/B, au lieu et place de «gh»? Parce qu'on a opéré une réaffectation.

Cette mésaventure est arrivé au digamme pour avoir cohabité avec ϕ, qui l'a dominé phonétiquement. Nous ne le constatons plus dans l'alphabet grec classique ou préclassique, mais dans la série latine, F (qui par la forme est le digamme) et précède G (gamma) en égard peut-être de son rang, a vu s'introduire par la petite porte, c'est-à-dire comme cursif, le ϕ des grecs, qui est un signe éminemment astrologique (2 p = 2 demi-lunes = pleine lune). Le légitime locataire de la 6e place de l'alphabet latin s'est effacé devant l'intrus perdant le son qui lui était propre. Entre Γ et F il n'y a, sur le plan phonétique, rien de commun; la graphie seule revèle leur identité foncière.

Les avatars de gamma. Avant d'être sacrifié, dans l'aphabet latin, au profit des arcs C et G, le gamma a dû occuper une place à côté du digamme devenu F. Tout comme le digamme, il a perdu le son guttural sous l'influence de ϕ, et quand certains scribes issus d'écoles laïques l'ont récupéré, ils l'ont logé aux dernières marches de l'alphabet en tant que 'v' (qui se prononce *f* ou *v* suivant les aires géographiques). Le magnificatif de v, avatar de Γ, est W.

— D représente la démi-lune et, en numération, le chiffre romain 500, qui est la moitié de ϕ.

Il n'est pas exclus que le delta Δ, ne pouvant pas être arrondi à cause du support, ait représenté cette demi-lune. Sa dénomination delta ou dalet, résulte de D + lat. alt.

— e ne ressemble ni à E ni à epsilon. On peut soupçonner aussi à son endroit une tricherie de scribes, qui auraient introduit par la petite porte un signe astrologique provenant de la liste grecque: θ (double démi-lune).

— f (grec φ) a été introduit par la petite porte et a dominé phonétiquement le digamme Ϝ.

— G est, comme C, un arc de lune pour l'alphabet magique, alors que pour l'alphabet profane il est l'arc + flèche expliquent ag-ere, j-ag-en etc., alors que le croissant explique l'angl. go, get, l'all. gehen.

Mais l'exégèse magique n'épargne pas ce caractère: des scribes avertis auraient introduit la lune en plérôme, face au θ grec. Ceci expliquerait enfin son décalage par rapport à γ en 3e place. Ici termine pour l'alphabet latin une série compacte de signes astrologiques: alpha, B, C, D, e, f, G.

— H: la hache en cursif dans l'alphabet latin est le cas le plus flagrant de détournement. Néanmoins la hache est entrée dans l'alphabet grec comme η par la petite porte, comme lettre cursive (êta) qui s'écrit H en capitale. Comme les grecs n'aspirent pas, H est devenue une voyelle acrophonique.

— I est acrophonique pour iota ou YoD (nom qui pourrait désigner la lune à cause de D).

— L ou Λ: crosse par le dessin et luminaire par le nom (lambda = grec lampad-).

— M et N sont des radicaux ethniques très répandus, et des suffixes usités pour former le pluriel et le génitif. Les retrouver dans l'alphabet magique pose la question de savoir si, comme alpha et lambda, ils n'étaient malgré tout des signes astrologiques.

Pour M, il est presque certain que ce signe d'interprétation difficile ait évincé un symbole magique représentant la démi-lune, puisque μ en grec se lit mu = mi, c'est-à-dire demi.

Lorsqu'on sait que pour les Sumériens ce qui maintient le cosmos en état de marche et en harmonie, ce sont les «me» ou règles, on a vite compris que Me est la lune avec ses lois cosmiques. Le mantra hindou est Om.

Quant à N (nu) à l'allure ophidienne comme Z, il pourrait à son tout avoir évincé le soleil ou le ciel sumérien en tant que An (Un), ou la lune en tant que Noû(s).

— O est trop rond pour ne pas faire songer à un astre. Je ferai remarquer que les lettres capitales de l'alphabet grec sont nées sur un support qui ne permettait pas de tracer les curves (comme pour bêta B). L'écriture cunéiforme a dû se plier à cette necessité. On peut dès lors se demander si tous les signes curvilignes, dont O, qui y figurent, ne s'expliquent par une introduction postérieure.

— p ou P est astrologique, contrairement à Π qui dessinait au départ un mégalithe, puis un échafaudage, cf. π-λαξ, table et πι-ναξ, planche.

Paradoxalement, c'est l'alphabet grec qui a introduit, en fin de série, juste avant χ qui est la hache indoeuropéenne tardive, le double du P astrologique, c'est-à-dire, le curviligne Φ (la pleine lune), 'ph'.

Les scribes grecs n'avaient d'autre ressource que de se servir de leur π pour transcrire des mots où ce signe profane n'avait rien à signifier. Par exemple π-ληρῶμα (pleine lune) et π-νεῦμα (esprit) sont la transcription grecque de l'écriture Plerôma et Pneuma.

— q ou Q est un signe astrologique, symbole du Quartier.

— R a reçu une hampe supplémentaire pour le distinguer de P. Ceci n'a pas été nécessaire en grec, où ρ et P n'ont pas de concurrant.

Il clôture la série latine des signes à forme astrologique, dont quatre ont le même dessin: b, d, p, q.

Il n'y a pas de quoi s'étonner de voir tant de signes pour marquer ce qui est l'astre le plus visé dans l'alphabet: la lune. Les Mages savaient quelle était la signification exacte de chaque marque: tel jour de la première phase, tel autre de la IIe, etc. sans oublier les formes explicites: croissant, demi, plein.

— S est le serpent, et comme tel il préfixe les noms génériques de cet animal. Le sigma Σ correspond à M, tout comme Z est un N couché. Encore une fois, le symbole astrologique a été évincé, parce que le nom de Sig-ma rappelle la Lune (sica, six, P-syché).

Le sigma cursif a toutefois gardé la forme du chiffre 6, représentant le croissant.

— T (table ou balance) est un phonème qu'on rencontre souvent en astrologie (Mot, Météore) parce que les prêtres égyptiens lui donnaient la forme de demi-lune.

La contiguité de R et S pourrait expliquer le rhotacisme.

La contiguité de S et T pourrait expliquer l'option S/T comme en grec Tessares/tettares, ou all. weiss, angl. white.

— U = Y, lequel alterne avec γ. On ne sait pas au juste ce que Y représente. Son nom u-psilon signifie: silhouette de Y.

— V se confond avec U soit à cause de la ressemblance, soit à cause de la contiguité. Phonétiquement, V et U ne se ressemblent guère.

— X symbolise le char de guerre des Hyksos.

— Z est entré bon dernier dans l'alphabet latin; serpent par le dessin, astrologique par le nom: Zet = all. Zeit, temps.

— Le dernier signe de l'alphabet grec est Ω, qui doit être astrologique, comme on déduit de l'Apocalypse 1,8:

> «le Seigneur Dieu tout-puissant déclare:
> Je suis l'alpha et l'oméga»

(c'est-à-dire la demi-lune et la pleine lune, ou aussi la totalité des étoiles, marquées par les lettres de l'alphabet grec).

Les letttres sont éloquentes; il y en a peu qui font problème. La grande question est leur correspondance à une certaine valeur phonétique: quelle étape représente l'alphabet magique dans l'histoire de l'écriture et du langage?

Plus de la moitié de l'alphabet latin est formé de signes à forme astrologique, et il y a même une séquence crescendo: C - D - e - φ du croissant à la pleine lune.

L'alphabet grec, saccagé de ses luminaires, en a quand même récupéré deux qui sont de taille: Φ et Θ, entrés par la grande porte, alors que les scribes latins ont dû les introduire subrepticement (ce qui prouve l'antériorité de la série latine sur la grecque). Ces deux signes sont interchangeables comme on peut s'en apercevoir dans le russe où l'on écrit par ex. фéodora pour Théodora, скиф pour Scythe ou Σκύϑης, фemides pour Thémis tandis qu'en italien, Maffeo oncle de Marco Polo traduit Μαϑϑίας; par contre la graphie de Matteo/Mattia est un pis-aller dû a un alphabet dépourvu de ϑ, tout comme lat. mater serait un pis-aller par rapport à it. madre et angl. mother au départ d'un alphabet qui n'aurait ni ϑ (c'est le cas du latin), ni les sonores telles *d* (comme c'est le cas de l'étrusque).

A mesure qu'on se rapproche des temps historiques, le souci du scribe devient phonétique; les modernes n'ont plus d'ailleurs que ce souci-là, parce qu'on a désormais désappris la signification de chaque lettre.

L'invention des symboles spirituels revient aux mages, astrologues persans, ou aux prêtres-astrologues chaldéens ou égyptiens. Ils savaient exactement la signification céleste des signes qu'ils ajoutaient en préfixe, infixe ou suffixe à une lettre maîtresse qui était elle aussi un signe astrologique. Connaître les lois du Ciel, les secrets de la lune, les noms et parcours des étoiles était si important que tout ce qui s'y rapportait, y compris l'alphabet, devait être tenu secret. Mais combien de temps peut-on garder un secret? Des scribes laïcs s'en sont emparés et ces éléments ont été affectés à tort et à travers au ciel (ou C est le croissant de la lune), aux étoiles, au soleil (qui est souvent affecté de C ou D).

On peut supposer que le courant profane (les phéniciens) est intervenu en force avec son stock de signes utilitaires (16 en tout, si l'on croît à la légende de Cadmos), qu'il a imposé comme moyen de communication pour les grecs. La classe sacerdotale devait favoriser cette entreprise de vulgarisation faite par des signes autres que les luminaires dont il fallait garder le secret. La chancellerie impériale perse correspondait avec l'étranger dans la langue araméenne, écrite en caractères phéniciens. Que les signes magiques aient préexisté aux lettres utilitaires phéniciennes est prouvé par le nom de quelques lettres comme par ex. lambda = lat. lampad-. Les Phéniciens n'auraient pas dessiné une crosse pour l'appeler lampe. Ce qui est curieux, c'est que la séquence des valeurs phonétiques est respectée, comme si c'était la seule concession que les mages auraient faite à l'école laïque chargée de composer un alphabet pour les gens ordinaires. Il faut croire que les prêtres gardaient bien au secret leur liste, puisque même les hiéroglyphes ne présentent pas plus de 3 signes astrologiques. Dans l'alphabet araméen on en trouve six de ces symboles, et dans l'étrusque une dizaine dont 8, le dernier né, correspond à φ: transposition verticale des 2 demi-lunes, comme en B.

On peut d'ailleurs supposer que tous les 12 premiers chiffres étaient des noms de la lune dans ses différentes formes et phases, ainsi que certaines valeurs comme cent, 500 et mille dont on parlera tout à l'heure. Leur origine se situe en Perse, Chaldée ou Égypte, mais c'est la tradition latino-étrusque qui les a vulgarisés. Je rappelle que 0 (zéro) vient de 'sera' ou E-sera, lune étrusque, et que 6 et 9 se lisent six et novem en latin, avec allusion au croissant et à la nouvelle lune. Par contre alpha, e-leven, twelve et zwölf s'enracinent dans un autre filon de transmission astronomique.

A signaler que «marquer» ou all. «merken» ajoutent en toutes lettres l'arc à M, pour signifier qu'on se sert de l'arc pour consigner les changements de phase. Dé-signer rappelle en toutes lettres le sigma ou arc, précédé de demi-lune. Déterminer implique le 'terme' soit dans le temps que dans l'espace.

La Magie

La magicienne par excellence est la lune, qui ne cessait d'étonner les hommes par ses merveilleuses transformations. Les termes ma-G-e ou ma-G-ia et ma-φ-ia contiennent l'astre nocturne en croissant ou en entier; mais si les scribes grecs écrivaient Μαγ-oi, on comprend la distorsion opérée par la suite à l'endroit des Maya (γ = y), ou des Maγyars.

Le phonème M (qui peut se lire 'mụ' ou 'em') signifie déjà la lune tout seul, dans le sens de mi- (= demi), grec ἡμι- car il n'y a qu'un corps dont on puisse dire qu'il est moitié, et c'est la lune. S'il fallait imaginer un signe astrologique pour M, qui aurait été évincé par le courant profane, ce serait un globe coupé en deux.

Mais ce globe coupé en deux existe, avec le son «d», et c'est D, la demi-lune (et aussi 500 en latin). La terminologie metaphysique affixant D s'explique par la lune, avec la seule restriction citée: abus de la part de scribes laïcs non compétents. Ceux-ci par exemple écrivent lat. iDus (pleine lune, écrite à l'aide de la demi-lune). Le calendrier latin était éminemment lunaire: il commençait par la nouvelle lune, et cette période s'appelait Ca-lendae (croissant préfixé), suivie par les Nonae qui occupaient 9 jours avant Idus. Les jours se comptaient par rapport aux futures Idus ou Nonae du mois en cours, ou aux Calendae du mois successif. Il faut reconnaître que comme Idus correspond à la moitié du mois, le choix de D n'est peut-être pas si déplacé: le sens de pleine lune s'est déplacé vers la demi-lune. Mais en lat. Dies, jour, la fonction de D n'a rien à chercher, sauf si l'on admet que pour les nomades du désert, le jour commence avec la lune. Si on prend le phonème des Mages: M, et on le combine avec D, on obtient soit 'demi' (D + M), soit 'med-ium' (M + D).

Terminologie préfixant la demi-lune D:

Deus ou Dea: la demi-lune (tandis que grec Θεός est la pleine lune)
I-dea: renvoie au monde idéal de Platon
Dominus: le Seigneur du ciel
Dé-mon: 1/2 Moon
Dy-namis: puissance, ange ou esprit — la lune — dans son office d'intermédiaire, exigence philonienne, cf. aussi Actes 8,10; Rom. 8,38; 1 Cor. 15,24; dans le sens de miracle, cf. Mt. 7,22; Marc 6,5; Luc 19,37; Act. 8,13
Dy-naste: roi du ciel d'abord
διά: mot grec signifiant «par l'intermédiaire de»
διάδχος: remplaçant, successeur (titre du prince héritier en Grèce)
Delphinus: Dauphin, grec Δελφίς: l'héritier (comme le fils aîné en France). La lune est fils du Roi Soleil.
Démi-urge: l'intermédiaire de la création pour la Gnose et les philosophes grecs, n'est d'autre que la Dame/Demi (cf. aussi Hébr. 11,10)
Dog-ma: ce qu'il faut croire sur la lune
Dé-meter est la mère lune (au masc.: Di-mitri)
Dé-votion: l'amour des hommes pour la Déesse
Δίκη: la justice ou loi
Donc: 'ergo' pour le discours théologique-astrologique-métaphysique
Duch: mot russe signifiant esprit (identité lune-esprit)
Dobr-: bon, en russe, adressé à la lune. La formule magique «abra cadabra» préfixe à Dobr- le croissant. Les Mages tenaient de la lune le pouvoir de faire des miracles (Θaumaturgie)

Discus (disque): graphie abérrante, qu'il s'agit du soleil ou de la lune
Demain: la lune du jour suivant
Dann: expression allem. de temps, qui se rapporte à la lune
Dünn - mince - n'est pas logique: il fallait préfixer C
Dick - gros - n'est pas logique: il fallait préfixer φ, ou alors θ. Mais comme les allemands n'ont pas th, D pourrait être, dans ce cas, un pis-aller phonétique, tout comme Danke par rapport à angl. thank, et Denken par rapport à think (l'objet des actions de grâce et de la Pensée étant la lune).

Combien de choses ne fait-elle pas, la Demi-lune? Elle De-clare (éclairer), Dé-voile (alors que ré-veler est du soleil), Dé-meure (grec μένω rester, en diminuant...), Dé-ambule (demi-lune par le préfixe, pleine lune par 'ambo'), Dé-rive, Dé-bute (cf. sa-baot), Dé-croît, ou Di-minue (1/2 moon devenant toujours moins, où Moins = Moon), De-vient (ou aD-vient), Dissimule (cf. semel, une fois, et similis = comme le soleil), Dé-çoit (lat. De-ludere; con-cevoir renvoie à la lune enceinte), Dé-roule (tout se déroule à la perfection dans le monde des idées), Di-rige (pendant que le soleil dort); elle annonce et Dé-nonce.

Elle est l'objet de désir (lat. De-sider-ium, où Sider est l'astre), de Dé-mystification (en nous faisant croire qu'elle meurt — et puis elle), de De-mande (demander: confier au 'Mond'). Le Soleil la De-lègue pour nous gouverner.

De la haut, elle nous Donne tout, même des enfants... (v. plus loin).

Le médiateur

Dans la religion de la Perse ancienne, le médiateur entre la lumière et les tenebres (Ormuzd et Ahriman) était Mithra, c'est pourquoi — nous dit Plutarque (De Is. et Os., 46,369) — les Perses l'appelaient Μεσίτης.

La demi-lune inspire toutes les notions de moitié: grec ἥμισυ = 1/2 et μετα- qui veut dire «transformer»; it. metà, fr. moitié; la dentale choisie: τ, est arrivée en Grèce par l'Égypte où elle dessine une demi-lune. On a déjà rencontré med-ius, it. mezzo. Medius ou Media sont à la base du Médiateur céleste, notion gnostique et hellénistique. Le verbe «méditer» ne se comprend qu'en relation à la Media (demi-lune), objet de cogitation des contemplatifs.

Le fr. Sémi = 1/2 est encore la lune, mais elle nous vient du froid (de la Russie, ou par delà de la ligne de démarcation satem-centum). Le russe семь, qui se prononce 'sem' est le chiffre 7 (d'où le fr. samedi) et représente la demi-lune encore que le préfixe est ici le croissant; le chiffre suivant est la pleine lune, car le préfixe est B: Восемь = 8. La forme de 8 rappelle deux demi-lunes, plus que deux yeux.

La forme de la spirante cyrillique russe est d'ailleurs la clé d'interprétation de sig-ma: la sica ou C, l'arc de lune. On n'a pas toujours la chance de voir conservé le nom ou la forme astrologique des lettres magiques. Dans le cas de S, il faut chercher le nom dans l'alphabet grec et le dessin dans l'alphabet russe, issu du grec. Saint Cyrille, un missionnaire et donc un prêtre, avait accès à la série gardée secrète de signes magiques, et il savait que C n'était pas une gutturale mais une spirante.

Ainsi Sera (soir, devenu Zéro), Sûrya nom de soleil en Inde et l'étoile Sirius devaient-ils s'écrire avec un arc de lune. Pour comprendre pourquoi un même nom signifie soleil, lune, étoile, il faut supposer que la toute première signification était le Ciel avec tout ce qu'il contient: astres, nuages, air, gaz, pluie, vent, oiseaux avec ailes et plumes comme p-ter-, aquila, grue, phénix, quetzal... Si donc Zéro est la lune, le soleil et Sirius, c'est que, d'abord, il était le ciel: A-zur.

La lune en tant que Moon (cf. grec mono, l'unique) atteint la plénitude lorsqu'elle va se maniφester (le dieu manifesté de la Cabbale). Son jour est Monday, lundi. Les allemands ajoutent à la fin de son nom la demi-lune: Mond, qui explique Mund parce que la lune a une bouche. Le monde est la projection terrestre des réalités célestes.

Avec sa bouche, la lune ne parle peut-être pas, mais elle fait des grimaces: mimique. La bouche d'ailleurs tient lieu de visage, comme 'ro' en copte signifie en même temps bouche et face, ou la main en russe signifie main et bras, et le pied signifie pied et jambe (la partie pour le tout).

En même temps que la lune est le Moteur de l'univers, cf. Aristote, elle bouge (lat. movere) et se transforme dans la mesure où elle 'mu-e', où 'mu' est le nom de la lettre grecque. La lune est notre amie, l'Amour même. Elle nous aime et nous l'aimons. Amen. Om!

L'intellect

N est une des lettres favorites pour parler des luminaires: le dieu An (Ciel ou Soleil), Sin et Sonne, respectivement lune des chaldéens et soleil des allemands, ainsi que sen-ior, le Seigneur. Malgré l'absence d'évidence comme dans le cas de sigma, un symbole magique devait avoir précédé le serpent naga, dont N est le rappel acrophonique. Je repète que si les astronomes employaient l'alphabet grec, c'est que toutes ses lettres avaient une précise fonction astrologique, connue seulement par la classe sacerdotale, et oubliée. La lecture de N en grec ne débouche pas sur naga, mais — comme nu — sur le Noûs ou l'Intellect d'Aristote (lat. Mens-mentis; angl. mind), moteur de l'univers, Dieu horloger de Voltaire, source de la connaissance (cf. grec gi-g-nosko et lat. co-g-nosco).

Devant choisir entre le soleil et la lune, c'est plutôt vers cette dernière qu'on penche lorsqu'on parle de Noûs, que les philosophes hellénistiques plaçaient au-dedans de leurs systèmes trinitaires; Plotin en particulier pose au sommet le «Un» ou source, qui est pure transcendance (celui-ci pourrait être le soleil), d'où émane le Noûs ou Intelligence éternelle, contenant les essences idéales (cf. Platon). Du Noûs émane la Psyché ou âme universelle.

Sur le plan éthique, la contemplation ou méthode d'assimilation au divin est le but extrême des actions humaines.

A l'instar du P-Neu-ma qui signifie εννέα (nouvelle) et a été identifié à l'Esprit, le Noûs est un autre qualificatif de la lune en tant qu'intelligence.

Si les philosophes, grands consommateurs de traditions, écrivaient en toutes lettres: Lune, Soleil, Demi-Lune, Changement de phase..., leurs textes cesseraient d'être impénétrables. Malheureusement, depuis qu'on a divinisé les hommes comme par ex. les héros éponymes, ces nouveaux dieux tout en devenant anthropomorphes, parés des qualités mais aussi des défauts des mortels, ont acaparré les qualificatifs des astres; mais l'éxigence d'un être suprême n'a pas pu être gommée. Au-dessus du Panthéon on a voulu toujours assoir sur le trône un Dieu abstrait, impersonnel, qui était éternel, tout-puissant, sachant tout, voyant tout, règlant tout, juge suprême (en somme: le soleil ou la lune).

Au gré des traditions et des sensibilités individuelles, le Maître du ciel nous regarde impassible et ne se mêle pas de nos affaires — ou alors il avait des colères, qu'il manifestait par des orages, des tempêtes et des déluges; il frappait de la foudre l'impie (qui est sans reproche?) et envoyait des fléaux (disettes, insectes...), mais aussi il comblait de bénédictions; il guérissait (cf. all. heilen et Hélios, sanare/soin et Sonne), il sauvait et exauçait si on le priait. La manne est un cadeau de Moon.

Parmi les philosophes grecs, les Stoïciens surtout ont développé l'idée que Dieu est Providence et s'occupe du monde. Il est la πρόνοια, à comprendre comme l'ordre des choses, et cet ordre est bon: conception matérialiste, impersonnelle de Dieu. Saint Paul a voulu corriger cette image d'un Dieu qui n'a pas de visage, ni parle ou se revèle, et pendant la captivité il a préféré à la 'pronoia' le mot Oikonomia, qui fait de Dieu l'Intendant, le bon père de famille qui dirige l'histoire du salut. Son Oikonomia a coéxisté avec la Théologia, terme philosophique trinitaire répondant à l'exigence d'un Dieu qui envoie ad extra le Fils. Pour le dire en toutes lettres: le Soleil qui envoie la Lune, son Fils, le Dauphin, l'Héritier.

La Gnose confirme l'approche astrologique: il y a un Dieu supérieur et un médiateur (cosmocrator ou démiurge) assisté par les planètes, les constellations ou les anges. Les exigences intellectuelles de la Théologia (opposée à Oikonomia) se reflètent dans la Transcendance de Dieu par rapport au monde. Déjà la source élohiste (post-exilique) de la Bible présentait Dieu comme plus majestueux, se servant des Anges comme intermédiaires. Cette tradition est tributaire de l'angélologie, qui reflète les croyances chaldéennes et persanes. Mais on aurait tort de croire que celles-ci sont conditionnées par les monarchies fortément centralisées assyro-babyloniennes et persanes: ces Empires au contraire se sont inspirés au modèle fortément centralisé du Royaume des Cieux.

La Loi

Dans les livres rabbiniques on lit que Dieu, dont on n'ose même pas prononcer le nom (réminiscence probable des chasseurs de l'ours), crée par la Parole, la Sagesse (cf. Sagesse 9,1-2) et la Loi. (La théologie chrétienne a assimilé la Parole au Fils et la Sagesse au S. Esprit).

Pour Philon, la Loi était le seul intermédiaire valable pour nous communiquer la vérité révélée. Une telle Loi absolue, source de toutes les lois, qui a ses règles imprescriptibles auxquelles les astres et les hommes ont à se conformer, est encore la Lune, qu'on connaît comme Moon (M + N) ou (N + M): Νομος à comprendre aussi comme Nécessité (ἀνάγκη), et O-νομα, alias Numen (dieu).

La lune et le soleil ont été les premiers êtres à avoir été nommés et invoqués, à recevoir des hommages, des prières et même des imprécations.

En principe, le Soleil règne sur l'Univers; la Lune, régente, est soumise à une Loi et l'administre au nom du Soleil, comme Moïse, puis Jésus apportent la Loi au nom de Dieu.

L'énigme

Mais la lune intrigue plus que le soleil par ses manigances, elle est l'aenig-ma, le secret céleste ou mystère sur lequel on reviendra à propos du mythe. Parler par énigmes, c'est parler de cet astre insaisissable.

Ce mot résulte de N + le caractère G, rendu en grec par gamma.

La nuit

La nuit, lat. noc-t- est un des noms de la lune, avec le croissant en suffixe et la terminaison 't' à interpréter soit comme marque-féminin, soit comme demi-lune égyptienne. A la nuit renvoie aussi le mot copte P-noute pour Seigneur, et le hiéroglyphe P-neter formé de lettres de l'alphabet et de deux oiseaux (les prêtres ne lâchaient pas volontiers les symboles astrologiques, même pour les hiéroglyphes).

Le phonème en N est à la base du Néant, absence de lune Néa ou nouvelle lune, qu'on ne voit pas. (Le fr. rien préfixe R qui est un signe astrologique). La notion si abstraite de néant (nihil), de création ex nihilo, est réconduite au concret dès lors qu'on songe à la lune et à son absence. Il faut chercher la racine de l'abstrait dans le terrain métaphysique ou de la Transcendance.

Néa est la source de toutes les négations à base de N: lat. nec, grec. aneu, all. ohne = lat. sine (visant probablement la lune Sin).

* * *

La terminologie astrologique qui se dégage en développant les signes magiques des seuls alphabets latin et grec pourrait occuper la plus grande partie du dictionnaire.

Par l'alphabet profane, on était habitué à voir préfixés les articles remontant aux hommes de la pierre, des armes, ou des magnificatifs comme le digamme, B, V et W. L'alphabet magique nous habituera à reconnaître:

dans B : l'équivalent de deux demi-lunes
dans φ : 2 P, soit la pleine lune
dans θ : 2 delta, ou 2 T égyptiens, équivalant à une lune épanouie, ou peut-être aussi morte à en juger par gr. θά-νατος, mort; θάπτω, mettre au tombeau
dans D : la demi-lune
dans q : le quartier (comme en b, p, d, C et G)

De tous ces signes, on peut dire que B, θ et φ sont les magnificatifs astrologiques; un 'tèque' comme Py-thag-ore affiche θ.

Lambda veut dire luminaire. Dans tous nos alphabets toutefois c'est un symbole profane: une crosse, un clou ou un aiguillon qui s'est imposé. Même Saint Cyrille n'a pas trouvé de mieux. On peut imaginer que la lettre magique était toute ronde comme le soleil, puisque El était la divinité suprême sémitique, et Hél-ios est le soleil. All est le nom de l'univers anglosaxon. Par le biais des différentes affixations on obtient un mélange de sens: le Ciel (Co-El-) (qu'on invoque: angl. call), lauD-are (louer), Luna, Laune, Lebana, plena (c'est la lune qui explique la notion de plénitude), pluvia, (H)imm-el (ciel: M + L) et Mille (M + L) qu'on écrit aussi φ, deux fois D, valeur conventionnelle du système décimal. Les allemands comptent en ajoutant 'mal' (ein-mal, zwei-mal etc., signifiant: I[e] jour de la lune, IIe jour de la lune etc.). On revient au soleil avec Sol, Bel et Baal; celui-ci avait pour ennemi le dieu de la mort Mot (moitié = lune).

Lux et lumen peuvent s'appliquer au soleil ou à la lune, ou au ciel éclairé.

Lampe et lanterne (all. Amp-el suffixe l au lieu de préfixer) ont été des luminaires ou des étoiles avant d'être des ustensiles.

LorD, le Seigneur, devrait être la lune à cause de D.

Le Logos et le Verbe

Héraclite disait que le Logos (lux: premier-nè de Dieu selon saint Justin) gouverne le monde et nous transmet le sens. Toutes les choses arrivent selon le Logos. Il occupe une place éminente, mais il est clair qu'il n'est qu'un intermédiaire. Dans la théologie johannique, Logos est synonyme de Parole créatrice et s'identifie à Jésus. Origène, en commentant l'Evangile de S. Jean, partage la Monade en trois hypostases et dit que Dieu a créé le Logos; celui-ci est une Pensée de Dieu et devient le Fils au moment de la création, voire de l'Incarnation. Le symbole de Nicée s'exprime en ces termes:

> «son Fils unique (du Dieu créateur) né du Père avant tous les siècles. Il est Dieu, non pas engendré, mais créé. Par l'Esprit Saint il a pris chair dans la Vierge Marie».

On diminue la dignité du Logos ou Verbe en le mettant au niveau des intermédiaires. Le stoïcisme favorisait cette tendance parce que le Verbe est entendu d'abord comme caché au sein du Père, puis manifesté à l'acte de la création universelle. Les verbes «cacher» et «manifester» disent clairement qui est cet intermédiaire cosmogonique: la Lune, fils de Dieu. Philon renchèrit en précisant que le Logos est la loi de l'univers.

Le synonyme du Logos, le Verbe, nous amène à nous pencher sur Rho, autre lettre magique employée pour Ra, le dieu-soleil que les égyptiens dessinaient par un cercle ayant un point dans son milieu. Les Indiens l'appelaient Sûrya (à cfr, comme la lune toute ronde ou Zéro, à all. sehr, beaucoup).

Le soleil est aussi Va-runa dans l'hindouisme; rien n'echappe à son regard. Les Rama s'efforçaient de démontrer par leurs généalogies qu'ils descendaient directement de Ra, le soleil. Mais on aurait tort de croire que ce phonème n'a servi qu'à désigner le soleil. Si D est correctement préfixé, le nouveau mot prend valeur de lune, et en effet le Dharma hindou (la loi de l'univers) est à cfr à l'angl. Dream et à lat. Dormire, deux activités nocturnes du domaine de la lune. Le Verbe en tant que Logos et le Prana en tant que Pneuma sont la lune. «Arbiter» ne se laisse pas attribuer avec précision. Hébr. Ruah est l'Esprit.

D-rôle s'applique à la Lune: elle est drôle, même Dingue; la voilà à nouveau Grosse. Quelle GarCe!

Le soleil Ra donne l'idée de rond (rotundus), de rutilans (rouge ardent), d'orbite ou cours (rota); il règne; il nait (orior, tandis que nascor est enraciné dans la lune). Il regarde (gr. ὀράω) et a une face/ bouche comme la lune: copte ro- la partie pour le tout. Il marque le temps (all. Uhr, hor-loge). Le verbe «or-are», prier, s'adresse à la Hora, le soleil dans une étape de sa course, ou à la ère, le soleil qui règne une année. L'esp. R-ostro est la face de l'astre.

Le dieu suprême du panthéon hindou, Brahman, correspond à russe Время, temps. En grec, le Verbe est Rhe-ma, qu'on écrit soit R - M, soit M - R lu mem-ra (la parole, en hébreu).

Brahman est, dans le panthéon hindou, un dieu abstrait; mais l'abstraction n'existe pas en absolu; ce sont les philosophes qui l'ont créée. Ce qui existe, c'est la Transcendance, suivie de l'éloignement de l'homme par rapport aux choses du ciel. (Cherchez d'abord le Royaume de Dieu et sa justice...).

La Thora

La lettre Θ nous fait revenir à la Loi. Il y a des signes, comme C par exemple, qui sont ambivalents: croissant au ciel, arc sur terre. Dans l'alphabet égyptien, le signe pour t est une demi-lune pour le ciel, une mamelle pour les profanes, qui explique la terminaison en t des noms féminins et l'article féminin pour le copte. C'est donc de cet alphabet que les contemplatifs ont emprunté l'idée de dessiner la lune toute ronde, en bouclant la boucle et aspirant le son: Θ (th).

Se trouvant dans pa-θ-os (souffrance), θά-νατος (mort), angl. Deaθ, θαπτω (mettre au tombeau), cette lettre a peut-être au debut symbolisé la lune morte, mais par la suite on ne fait plus de distinction et on la rencontre même pour le soleil.

La θora est la volonté divine, la Loi divine ou de l'univers. Donc Therah ou Terah s'expliquent par la lune ou demi-lune (astrolatrie du patriarche).

Cette interprétation fait bon marché de l'autre hypothèse, basée sur la balance de la justice en tant que T (v. page 133).

La Lune comme synonyme de Loi se comprend à la lumière de ses règles parfaites (les Me des sumériens) qui assurent l'harmonie de l'univers.

«Cherchez d'abord le Royaume et sa Justice, et tout le reste vous sera donné par dessus» dit Jésus en Mt 6,33, comme en invitant à chercher la paix dans la contemplation du ciel et de la lune. «Ne vous inquiétez pas du lendemain… A chaque jour suffit sa peine».

Terminologie préfixant la lune ronde:

Θu: 'un' en étrusque: un luminaire rond - soleil ou lune.

Θème, synonyme de radical, et précisement celui de la lune (cfr. scr. tamas, ténèbres). A noter, en grec, le suffixe 'ma' sumérien.

Θéorie nous place au cœur des débats et des spéculations philosophiques sur la nature de l'astre nocture.

Θauma: est l'objet d'étonnement, le signe ou miracle.

Θῆλυς: femelle; par inversion des symboles on a ἀλήθεια, Vérité.

Θron-os (trône ou siège du dieu). Au pluriel, les trônes sont mentionnés par l'Apôtre Paul comme des puissances à l'instar des anges et archanges. Le préfixe renvoie à un astre rond comme la lune ou le soleil, mais en tant que siège il peut s'agir des constallations comme le Char de l'Ourse avec ses sept archanges.

Pyθme: ici la lune est en infixe (alternance jour/nuit).

Dans θéatre par contre, θ est décoratif et indique la forme de l'âtre: un amphithéatre. L'allusion au feu faite par l'âtre ou foyer dans un lieu de spectacles mérite une enquête.

Ni θ, ni les autres caractères à hampe comme p, q, b, d, ne représentent la lune comme elle est vraiment lorsque elle est en plérôme, c'est pourquoi on a songé à créer une lettre qui, pour être tardive, occupe une des dernières places soit dans l'alphabet phénicien en tant que qo-φ, soit à fortiori dans l'alphabet grec où ce signe est 2 fois P = φ: donc il se lit comme P, mais aspiré (Ph). Dans l'alphabet latin, on lui a amenagé un strapontin à côté du digamme. Celui-ci a gardé sa forme, mais perdu le son qui lui était propre.

Sophie ou la sagesse

Voici les termes les plus évidents se rattachant au dieu manifesté:

φῶς = lumière, d'où Phosphoros, étoile du matin;

lat. φas, la justice (droit divin)

φoebus: Apollon

φare, et Di-ffero: être divers

φέγγος, éclat (comme lat. φulgere, φulgur etc.)

φυλακή, poste de garde (la lune qui veille)

φαῖνω, briller (cf. les O-phannim)

φase, ne s'applique qu'à la lune

φarce, d'où farcir = être plein

φυσις: nature (s'applique au macrocosme et au microcosme)

φides: confiance dogmatique

φidel: un des attributs de Dieu

φateor, ou conφiteor: confesser, dans le sens d'avoir confiance. Lorsque Paul dit «confessez de la bouche la nom de Jésus», ici 'confession' = 'foi', et l'expression «confession de foi» est un pléonasme

φée: la lune, avec idée de fatalité à la clé (cf. lat. fatum).

On a déjà rencontré Sera ou Zéro. En infixant φ, on a la s-φ-ère.

Si-φ-r est le chiffre ou lune.

La lune a une φace. L'all. -φach permet de compter: dreifach etc. On compte soit les lunes, soit les étoiles.

φull, c'est la face lorsqu'elle est complétement ronde

φe-h-len: manquer, présente deux abus graphiques: φ et 'h'

φorme, et son contraire Dé-former (la lune qui change, s'épuise)

Maφia: potentat de mages: superlatif de Magia

φ-λεγ-μα: le 'ma' sumérien indique qu'il s'agit d'un régent du ciel, probablement le soleil (phlegma = inflammation)

φabula: le tout premier conte de fées a concerné certainement la fée-lune.

φenêtre: cause exemplaire éclatante, à double D, de nos pitoyables baies carrées à deux battants (cfr lat. fe-nestra et si-nister, de mauvais augure; Nestor est donc un nom lunaire anagramme de Ostern).

Soφia est la sagesse, source de connaissance (d'où: souffête) et objet de dévotion (cf. soufisme). Normalement le soleil n'est pas considéré une source de sagesse, mais comme un dieu puissant, créateur, sauveur et guérisseur (et comme tel: φarmakon).

Les étoiles ou constellations qui enseignaient le chemin, comme l'Ourse par exemple, étaient prisées pour leur sagesse par les tribus qui se déplaçaient, surtout pour retrouver le chemin du retour. La lune de son côté était le phare qui éclairait les nomades s'acheminant la nuit dans le désert. Le berceau de la dévotion lunaire doit se trouver dans une des régions désertiques.

Le mythe de la Sagesse a revêtu, dans de nombreux écrits gnostiques, une forme féminine dans le personnage de la Pistis-Sophie, être céleste tombé dans le monde des démons. Il lui faudra un Saveur pour s'en sortir. Ce sauveur sera soit Jésus, pour une tradition docétiste, soit Simon le magicien qui s'inspire de la Cabbale ou de l'Avesta. Sa femme Helène était la Sagesse descendue du ciel.

La Sagesse divine forme objet de plusieurs mashals des Livres Sapientiaux; la forme littéraire est le distique, et le paragon suit tantôt le modèle antithétique, tantôt le modèle synonymique: des paraboles donc, comme il se doit pour expliquer l'énigme lune.

On peut dire des tas de choses sur cette lune épanouie: qu'elle se maniφeste, qu'elle φuit (lat. fuG-ere), qu'elle φeint, qu'elle oφφicie ou fait φonction (sauf si elle est De-φuncta), qu'elle «fait», lat. φac-ere, qui est d'abord un «faire» atmosphérique (il fait beau, il fait froid), mais également créatif (le Démiurge qui φabrique le ciel, le firmament et la terre).

Le Bluff

En absence de φ et de θ, la lettre B a fait de son mieux pour indiquer que la lune comptait deux moitiés, qu'elle était toute grande (ang. Big, rus. Beliki et Bolchoï), aveuglante de splendeur (all. Blendend, angl. Bright). Alors, elle Bluφφe.

Le feu cosmique

φ et θ ont été employés également pour le soleil, dans les mots θermos, chaud (car la lune ne rechauffe pas) et φocus, feu, alias φax, facis qui veut dire flambeau et lumière des astres. Le feu allumé par les hommes ou apporté par la foudre était considéré de la même nature que le soleil.

L'équivalent grec est πυρ, qui ne préfixe pas l'emblême profane des tailleurs de pierre, mais le p magique de s-pir-itus. Que le feu soit pneuma, Zénon de Cittium, fondateur du stoïcisme, l'affirme; il assimile le souffle vital qui nous anime et anime tout, crée tout, cette force intelligente qui est le pneuma, au Feu artiste. Notre pneuma est une parcelle de cette force divine, à laquelle Zénon ne donne ni le nom de soleil, ni le nom de lune. (Soit dit en passant, l'angl. fu-el est El ou solei précédé de φ pour indiquer qu'il s'agit d'un astre rond).

Un autre stoïcien, Cléanthe d'Assos, est plus explicite: le cosmos est un organisme énorme dont le soleil est le centre hégémonikon. Voilà quelqu'un qui appelle les choses par leur nom.

Le dieu d'Aristote ne s'appelle ni soleil ni lune, mais il est Intelligence et habite dans la sphère des fixes, se tenant à l'écart du monde.

Héraclite d'Ephèse voit dans le feu ce à partir de quoi s'expliquent les différents phénomènes de l'Univers. Il appelle 'feu' ce que pour Platon est le monde des idées. Dans son Fragment 90 il apparaît que le feu est le principe de tout changement, et même du cycle air-eau-terre-ciel. Dans son fragment 64, il est même question du Logos, qui est la Foudre qui gouverne le monde et l'éclaire... Trop de syncrétisme empêche d'établir si Héraclite pense soleil ou lune: normalement le Logos est la lune, tandis que le feu et la foudre ont la même nature du soleil.

A quoi peut faire allusion Parménide en comparant le Principe Universel à une sphère bien ronde, immobile, qu'il appelait sφaïros, enserré dans les liens puissants de la nécessité? Au centre du Sphaïros, Héraclite a placé le Logos, qui préside à l'unité du multiple, raison qui gouverne, car toutes les choses arrivent selon le Logos.

Du Sφaïros en question, Empédocle, philosophe-mage, dit qu'il est Esprit Saint, lumière pure (il n'a ni pieds, ni genoux, ni organes génitaux...) à qui on reviendra après la mort, pour goûter la paix et l'harmonie, si notre vie nous l'aura mérité. Il est intéressant de remarquer qu'il était aussi astronome, et un thaumaturge qui ressuscitait les morts (il avait ramené une femme à la vie), qui exorcisait les malades et transmettait aux hommes le message ou la Vérité venue de la divinité dont il était l'Envoyé (cf. Jean 18,37 où Jésus dit à Pilate: Je suis venu dans le monde pour rendre témoignage à la vérité).

La nature de la divinité nous concerne de près lorsqu'on s'efforce d'affirmer, ou de nier, la parenté du pneuma humain avec les corps célestes. Le très spiritualiste évangéliste Luc mis à part, les écoles médicales ramenaient le pneuma psychique au niveau de l'atmosphère terrestre. La pneumatologie stoïcienne est d'un autre avis. Sénèque affirme l'origine divine de l'homme (Ep. 92,20); chaque homme porte en lui une étincelle divine ou ἱερόν πνεῦμα, de la même nature ignée que les astres. Ce n'est pas dans les temples que l'homme rencontrera la divinité bienvieillante, mais au-dedans de lui-même (Ep. 41,5). Posidonius d'Apamée appelle l'âme 'Démon', ce qui nous ramène à la Lune (1/2 Moon). Epictète, qui a connu l'apôtre Paul en Phrygie, appelle πνεῦμα le germe de vie divine deposé dans chaque homme. C'est un air connu: identité du Moi avec l'Absolu ou Brahman (Chandogya Upanishad); l'âme humaine émanant de l'Absolu (Ramanuja, védantiste).

Le mois et la semaine

On connaît les noms officiels de la lune: Nannar pour les Sumériens, Sin pour les Chaldéens, Esera pour les Étrusques, Séléné pour les Grecs, Luna pour les Romains (Lunus en Asie Mineure), Lébanah et Yârêah pour les Hébreux, Berchta pour les Scandinaves, Soma pour les Indiens. Plus personne ne la soupçonne derrière l'AnGe (la pleine lune: en tant que telle elle est l'Ange de Yahwé) ou l'elfe (la demi-lune avec graphie de pleine lune). Encore moins on la soupçonnerait derrière les noms de la semaine et du mois.

Voici pour la *semaine*: all. Woche, une des phases (tantôt croissant: cf. wachsen, tantôt décroissant: cf. weichen, s'en aller; schwach, faible) d'où Wechsel = changement de 'Woche' ou phase; et wachen: veiller la nuit, vigiler — ce que fait la lune. Lat. in-vocare, c'est appeler la Woche ou lune, avec identification de l'appelant et de l'appelé: vox.

Russe Nedelka, semaine, et po-nedelnik, lundi ou jour de la nedelka.

Il est courant de dire «l'arc de la semaine» en faisant allusion à une des phases; par extension on dit «l'arc du mois».

Voici pour le *mois*: lat. mensis, it. mese, russe mesiaz, all. Monat à cfr à Mond, la lune, Montag = lundi ou jour du Mond; angl. month, monday = lundi; l'angl. moon est à cfr à russe meniat (changer de phase).

La lune est Miss pour les anglais, Muse dans le panthéon romain (et comme il y a l'Ange de Yahwé et aussi les 7 archanges, ainsi il y a aussi les sept Muses).

De la lune/mensis, l'all. a tiré Mensch, homme sans précision de sexe et sans pluriel, à ne pas invoquer à la legère, tout comme d'ailleurs le fr. mince (la lune jeune).

Les termes mensis/mese sont à l'origine du verbe mesurer, d'où mensurations et Di-mension. L'all. a messen. L'idée de 'masse' vient de mesurer et de la lune. On dit que la Messe s'explique par lat. 'missa est', mais tout le rituel, basé sur la mort et la résurrection d'un corps rond comme l'hostie, resume les phases du culte à Miss Lune, l'occulte.

Le terme grec pour mesurer est μετρέω, à rattacher à Miθra (avec le magnificatif de t, qui est θ) et à Maitreya ou prochain avatar de Bouddha, attendu pour restaurer la vérité et la loi. Bien que par la suite assimilé au Soleil, Mithra, dieu indo-iranien du contrat avec ses cultes élitaires à mystères, dont le sacrifice du taureau, a été un sérieux concurrent de Jésus à cause justément de la mythologie lunaire dont il était porteur. Dans le monde gréco-romain, le dieu des contrats était Hermès, figure de Médiateur. Tout ceci laisse supposer qu'en concluant les marchés (basés sur des mesures) on prenait l'astre nocturne à temoin et médiateur du bon déroulement de l'affaire. (Tout comme 'jurer' signifie qu'on prend l'Uhr/Hora à témoin de ce que l'on dit).

L'idée que la lune est Intelligence et Sagesse, lat. Mens, repose sur le fait qu'elle est la source du savoir et du souvenir ou mémoire (cf. lat. me-mento, mentor), de la numération, du calendrier. Le côté pile existe et c'est «mentir», à expliquer avec les cachotteries de celle qui feint de mourir. (L'all. Lüge, l'angl. lie convainc la lampe de mensonge).

Le vicaire

Lat. *vice* (débouchant sur 'vigere', être en vigueur, 'vicissim', alternativement, vicissitudes etc., tous à rattacher à all. Woche) pose la lune en régente, subordonnée au Soleil, roi de l'univers qui lui délègue ses pouvoirs pendant qu'il dort la nuit. Il lui donne les clés du Royaume, comme fera Jésus avec Simon-Pierre. En même temps qu'elle vigile, la lune voyage (cf. all. Weg, voguer, angl. voyage, tour en bateau).

Par extension, tous les corps nocturnes veillent comme la lune; la traduction donnée par le Doc. de Damas, de «Veilleurs» pour les Anges qui sont les étoiles affectées de l'arc, classeur astrologique, est donc justifiée.

L'homologue oriental de 'vice' est Vizir, titre du premier ministre. L'allégorie lunaire est évidente. A la place de 'z' nous devons imaginer un symbole apte à représenter le Temps, all. Zeit. L'angl. clock, all. Glocke, respectivement horloge et cloche, sont là pour marquer le Temps (heures du soleil ou de la lune).

Le Serviteur souffrant

Le premier ministre est aussi le Chéri, le Serviteur de Dieu. Toutes proportions gardées, la lune est en même temps le Mini-ster et le Magister. C'est elle encore dans le servus ou φa-mulus (cf. mille ou lune). Ses souffrances se lisent dans πάθος, après quoi survient la mort et la résurrection. Le serviteur souffrant d'Isaïe est la Pâque, hébr. Pessah, alias Lune. En Jésus il y a téléscopage de deux mythes: la lune qui doit mourir et l'agneau ou bouc émissaire chargé des péchés collectifs. Lat. Hostia veut dire victime, donc le bouc, mais sa forme rappelle la lune.

Le mythe

Les définitions des maîtres-à-penser ne nous apprennent rien: 'recit fabuleux à l'antipode du discours rationnel', ou bien 'produit d'un état sauvage de la pensée' (A. Lang), ou encore 'recit qui fait revivre une réalité originelle et qui répond à un profond besoin religieux, à des aspirations morales, à des contraintes...' (B. Malinowski) etc.

Il y a un mythe solaire, des mythes astrologiques comme pour les Dioscures, des mythes planétaires (Venus, Mars), et puis il y a le mythe de la lune, héroïne du D-rame céleste, la mort du dieu (tandis que Co-moedia: mi-croissant, mi-demi voit la lune en ca-botine, à rattacher à sa-baoth). Il n'y aurait pas de mythe sans la lune, laquelle est le mythe par antonomase, parce qu'elle s'appelle Mythe (égypt. Mot, all. Mut), dieu lumineux qui souffre, s'efface, se cache ou meurt (ou est tué et mis au tombeau) pour renaître trois jours après, croître jusqu'à atteindre la plénitude ou Plérôme.

Lat. splendere (luire) dérive de 'plen', la pleine lune, et de planète — tout comme all. scheinen et schön s'appliquent à Sin.

Le 'mysticisme' a été avant tout la dévotion à la lune/mystère. Les contemplatifs ont été avant tout ceux qui s'extasiaient des astres comme la Lune, les Ourses et autres constellations, et en méditaient les lois et nécessités. Par la suite, l'objet de la contemplation a changé; il y a même une contemplation intérieure.

Le hasard et la nécessité

L'angl. body (corps: céléste/terrestre) est Sa-baoth, et son verbe de nécessité est le russe ьубу qui sert à former le futur, tandis que nous le formons en suffixant -ra/-ro qui est le soleil, lequel se lève chaque jour, c'est pourquoi les itératifs préposent «re» au verbe, même à l'endroit de la Lune, qui en étant le relais du soleil prend la re-lève, où lever fait songer à la Lebanah.

En grec, c'est μέλλω (visant la Mille ou lune) qui sert à former le futur, ou implique prédestination (verbe de nécessité).

Les autres auxiliaires de nécessité sont russe 'nado' à rattacher à la semaine/lune Nedelka, l'angl. must (visant le mystère), l'all. müssen (cf. it. mese) et Not/nötig et évidemment lat. necesse et debet, grec δει.

Le soleil revient en angl. shall ou all. sollen, lat. sol-ere, (tandis que Ptah forme pot-esse: idée de puissance). Ce sont des verbes 'consuetudinis' comme l'all. p.-φ-legen (préfixant bien deux classeurs magiques). Les auxiliaires de probabilité sont l'all. mögen et l'angl. may qui renvoie à la

Maya ou illusion qui explique Maiestas, la lune en état de plérôme; si elle est entâmée, elle est mut-ilée, moitié. Cette moitié est symbolisée dans un autre verbe allemand de probabilité: Dürfen, encore qu'on trouve ici aussi les deux demi-lunes: φ.

L'angl. can, all. können, est du domaine des possibilités.

L'all. werden qui sert à former le futur et le conditionnel est à confronter à lat. forte: il arrive que, Fors étant la déesse du hasard.

Pour Avicenne qui a écrit un Livre de science, Section Métaphysique, il y a identité de la Sagesse et de l'Être Nécessaire: «L'Être nécessaire connaît toutes choses telles qu'elles sont et Il les connaît par la totalité de leurs causes — et cela parce qu'Il connaît les choses non par des choses mais par Lui-même, du fait que toutes procèdent de Lui et que leurs causes procèdent aussi de Lui. Donc, en ce sens, Il est sage et Sa sagesse est identique à Sa science. L'Être nécessaire est celui dont procède l'existence de toutes les choses». Toutes ces circonvolutions pourraient être évitées si on écrivait à leur place: la lune et ses lois contraignantes.

La Cabale

On a préfixé à la boule ou Baal le croissant de lune pour désigner l'ensemble des doctrines ésotériques et mystiques des Hébreux sur Dieu et l'Univers. On y trouve entre autre la théorie de la formation du monde, sorti de Dieu par émanation dans la forme de 10 Sefirot (nombres) et 22 lettres de l'alphabet. Les noms des Sefirots sont donnés, mais Dieu est l'Infini, le Mystère des mystères et ne peut pas être saisi par l'esprit humain, qui l'appréhende uniquement dans sa manifestation dans l'univers. Entre Dieu et les hommes il y a des intermédiaires: les anges Mikael, Gabriel et Raziel.

Parmi les théories enracinées dans la Cabbale il y a celle suivant laquelle toutes les âmes de tous les hommes se seraient trouvées en Adam, l'homme primordial. Cet A-Dam/Démon (à ne pas confondre avec celui de l'Eden) est la Lune, mère spirituelle de tous les êtres.

Soit la Cabbale, soit le Midrash, le Sépher ou livre et le Seder contiennent la sagesse astronomique évoluée en spéculation magique ou enseignement moral.

Les doctrines cabbalistiques sont en contradiction formelle avec les enseignements de l'Ancien et Nouveau Testament.

Il y a identité entre la Cabale et Cybèle, la déesse qui conçoit les idées, comme enseignaient les maîtres-à-penser d'époque hellénistique tardive.

*
* *

On a dit, en analysant les caractères de l'alphabet latin, que C symbolise l'arc et G davantage la pleine lune que le croissant. Comme la lune est la source de ces deux lettres (ainsi que peut-être de Γ, gamma lequel à cause de 'ma' ou règle sumérienne pourrait désigner la lune en tant que arc ou comma dessiné sur un support dur comme l'argile), on pourrait remplir des pages avec des mots se rapportant à la lune.

D'ailleurs on en connaît déjà:

— l'ange (avec fingere, fungere, all. funkeln, hängen ou être suspendu)
— le vicaire ou vice
— vig-ere, terme propre à la loi, dont on dit qu'elle «viget» (entre ou est en vigueur)
— guru, ou égérie suivant le cas (la conseillère)
— face, terme employé courramment pour les deux luminaires (la face de la lune, comme dit aussi Plutarque: De facie in orbe lunae). En plus de facies, le latin a aussi fauces (gorge) qui explique le verbe φάγειν, manger
— voc-s, à rapprocher à vac-uum, parce qu'on invoque la lune surtout quand elle n'est pas là et sa place est vide
— cacher, lat. celo, qui identifie la lune au ciel (coelum); à noter aussi grec ka-lyp-to et l'e-c-lypse.
  L'it. nasc-ondo rappelle lat. nascor (la lune qui va naître est presque cachée).
— gr. μεγα (grand) est correct seulement si on l'écrit 'meGa'.

Puisque il y a eu concurrence entre les arcs astrologiques et les arcs employés pour la chasse et la guerre, sons gutturaux qui en étant remplacés par la hache indo-européenne se sont aspirés, il n'est pas rare de trouver parmi les grands noms issus de l'alphabet magique des termes pneumatiques dotés de la hache, comme le russe Duχ, esprit, ou le grec Psyχé, âme, et le verbe ἄρχω, commencer (de l'arc) et commander. Celle qui est la grâce ou la charité: Xaris/Xaritos, fait défaut en lat. carere.

Pour la même raison, caos s'écrit en grec χαος. Ce mot est affecté du signe astrologique parce qu'il désigne l'univers, privé d'un gouverneur comme la lune par exemple, qui fasse régner l'harmonie.

Les Arχontes sont, comme le nom indique, des arcs ou puissances présidant à tout ce qui advient; ils peuvent être mauvais, cf. Paul, 1 Co 2,6-8; Eph. 2,2 et Ev. de Jean 12,31.

L'univers s'appelle aussi Cosmos, firmament bien agencé puisque un autre sens du cosmos est aussi «bon ordre», ce qui nous fait songer à l'ordre stoïcien, qui «est bon».

La lune est un G-lobe sur lequel il y a beaucoup de choses à accepter comme vraies (cf. all. G-laube). On le représente par un G-ram-ma ou lettre (on retourne dans le monde sumérien des «Ma» qui président au déroulement des choses en haut et en bas).

L'angl. high peut être le soleil ou la lune; lat. calid- (chaud) est le soleil; par contre l'angl. cold ou all. kalt contient l'allusion à la lune (la température nocturne est froide), d'autant plus qu'il se rattache à 'occulte' (caché).

On est autorisé à voir dans le russe Bog, dieu, l'astre nocturne (nom à rapprocher à angl. to beg, prier), puisque it. buio concerne la nuit, règne de Bog.

Le verbe lat. ced-ere (se rétirer) et ses composés (accedo: s'approcher; concedo: céder sa place; incedo: avancer; succedo: succéder, etc.) pourraient être le soleil qui cède sa place à la lune. Dans ce cas, le préfixe C est abusif, ou n'a d'autre fonction que de classer astrologiquement l'idée exprimée. Ceci vaut aussi pour D. Occasus, ou occident, est reservé au soleil.

Lorsque Ra ou Re est paré de C, il devient la lune, par ex. en c-res-co (ou De-cresco, verbes s'appliquant à la Lune) et en c-red-o (shradda en régime satem).

Vacare est également un verbe lunaire dans ses acceptions d'être vacant, être vide — et son contraire: vaquer à...

Le serviteur souffrant est la lune malade ou angl. sick, l'astre épuisé.

Au départ de l'Ange, on déduit que la lune a des joues: all. Wange, it. Guancia (avec alternance Γ/Ϝ en forme de W). W comme avatar du gamma préfixe dans la langue allemande plusieurs attributs de la lune: Würde, la dignité de la Erde qui est d'abord le monde des idées et seulement après, la terre comme projection; werden: devenir; Wort, la parole; Wonne, délice; Welt, l'univers régi par le Alt; Wahn ou folie de cet astre irrationnel. (Warm, chaud, désigne le soleil/Rama). Son efficacité se lit dans l'all. wirken; sa miséricorde dans G-râce ou all. G-nade, tandis que sa Gloire est à comprendre comme le halo qui la pare (on dit 'auréolé de gloire').

Lat. effigies est la forme de la lune, ou figure correspondant à angl. figure: chiffre.

Les charmes — ou les malefices — de la lune se lisent dans lat. fascinum.

La lune est féconde dans le sens actif et passif: soit elle est enceinte, soit elle ensemence comme Logos spermatikos.

La Zoé

Ce mot signifie non seulement 'vie biologique', mais aussi 'vie spirituelle'. Comme l'Esprit Saint est normalement la lune, soit Zoé, soit Zeus (qui se décline en alternance avec Dios, avec demi-lune), soit l'all. Zeit devraient converger vers la lune, qu'on peut appeler également Azimut (terme tout à fait astronomique), puisque le pain azyme est mangé sur son lit de mort (Pâque).

La Psyché

On a vu que pour la Cabbale, les âmes avant de naître sont cachées en Adam (ou Démon, 1/2 Moon). L'âme du monde, c'est la lune, receptacle des âmes individuelles. Le terme se décompose en P (préfixe astrologique) et sex ou six ou la 'sica' (faucille, mot apparenté à fauces déjà vu), qui nous regarde (cf. angl. sigh-t, all Sich-t avec t marque-fém.) et nous montre sa face ou all. Ge-sicht.

Père-Mère

«Or le Noûs Dieu, étant mâle-et-femelle» on lit dans le traité Poimandrès d'Hermès Trismegiste (I,9). Sur le plan sémantique la lune peut être perçue comme un être mâle (homo, i-mam), ou comme un être femelle (φ + Moon = femina; φ + mille: femelle).

Tout d'abord, la lune est le sexe transcendant. Lorsque il y a Plérôme, celle qui est «gratia plena» va accoucher. Elle est enceinte ou all. Sch-wang-er (se rattachant à Wange, mais aussi à it. Pancia, ventre, grec γ-αστήρ: l'astre).

La grossesse de la lune coïncide avec le Plérôme; alors elle lâche des petites étincelles ou âmes (ceci explique le mythe de l'Homme primordial, Adam contenant en puissance tout être qui doit encore naître). Le mythe de l'incarnation, qui n'est pas seulement chrétien, puisque les Indiens ont les avatars, qui sont toutefois des ré-incarnations, remonte à la grossesse de la lune. En Judée, on attendait la réincarnation d'Élie. L'âme est, pour les gnostiques, un germe sprirituel tombé du haut en bas, dans la matière (noyau de lumière qu'il faut dégager de toute souillure).

Mutatis mutandis, Senèque dit que l'âme humaine est une parcelle de la divinité qui anime le cosmos (Ep. 66,12). La division des âmes se fait déjà au sein de Dieu. Ainsi se réaffirme, en termes païens, l'origine divine de l'homme.

Avant qu'on ne découvre les lois de la génétique, la femme enceinte tenait pour responsable de son état: la lune, les étoiles, évtl. le soleil, le regard de l'homme entrant dans sa bouche (d'où la nécessité de voiler le visage) et le fait de lui parler (d'où la nécessité de noces réparatrices lorsque deux personnes se parlent, dans les regions aux mœurs conservateurs).

Les enfants comme don d'Allah (cf. don et angl. down: ce qui descend ou tombe, cf. lat. cadere et cadeau) ou de Dieu, c'est une des plus anciennes croyances dûe à l'ignorance des lois naturelles. (Il n'en reste pas moins vrai que c'est Dieu qui donne la vie, les parents n'étant jamais que des intermédiaires). C'était au moins avec la coopération du Saint-Esprit que les prophètes étaient conçus.

Voici ce que déclare l'âme sur une inscription gravée sur une lame d'or trouvée à Pételia (Inscr. gr., it et sic. 638): «Je suis fille de la Terre et du ciel étoilé. J'ai une origine céleste...».

La lune plus spécialement était tenue pour responsable, parce qu'elle était enceinte vers le 16e jour, et accouchait des étincelles qui s'incarnaient dans les girons des femmes terrestres.

Simon le Mage, gnostique samaritain, enseignait ouvertement qu'il était le Soleil, et sa femme était Hélène, la Lune, Mère de l'Univers; que lui, il était le Père ou Puissance suprême, et elle, l'Ennoia (la Néa ou lune nouvelle) ou la Sagesse descendue des Cieux.

Chez les philosophes hellénistiques, consommateurs industriels des traditions véhiculées dans les cercles fermés, et spécialement chez les néo-platoniciens comme Philon, recourt la notion capitale de Logos Spermatikos, à savoir lune séminale, fécondante, entité créatrice ou Démiurge. Le sexe est de genre masculin parce qu'on voit dans la lune un dieu qui ensemence. La terminologie vulgaire à cet égard s'explique par la lune, de préférence en tant que fax et face.

Les chiffres

Dans le chapitre consacré à la numérologie on a vu que les chiffres 0, 6 et 9 symbolisent la lune et sont par là divins. Zéro est le dieu manifesté de la Cabbale; entre 6 et 9 se situe le tombeau du dieu caché (peut-être θαπτω = sept-em, anagramme d'angl. em-pty, vide).

A côté des chiffres dits 'arabes' il y a la série romaine, dont C et D qui symbolisent le croissant et la demi-lune, celle-ci valant 500, soit la moitié de φ, mille. On doit arguer que un des noms (très nombreux) de la lune était (C)entum, ou (S)atem: et en effet nous avons ici encore une foi l'identité de la lune et de l'esprit ou all. Atem, l'indien Atma, et aussi

Etymo- avec convergence de la pensée et de la parole (convergence séminale ou sémantique).

L'atmo-sphère est d'abord la sphère lunaire, puis elle devient toute la région concernée (comme C-lima).

Les directions

Droite et Gauche devraient être des repères célestes pour le moins là où les expressions sont constantes: à l'angl. right - left correspond le russe право - слево. Il devait s'agir, respectivement, du lieu de naissance du soleil et de la lune.

A remarquer que, en régime centum, le russe слево devient club ou globe.

Les points cardinaux

Est, qui est le lieu où nait le soleil, veut dire Soleil; Ἀστ-ήρ en est issu. Rus. Vostok, Est, est le soleil-svastika.

West ou Ouest désigne, lui-aussi, le Soleil là où il se couche.

Il est dès lors possible que Nord et Sud soient à leur tour des repères astronomiques, avec Norθ = θrône (de Dieu).

Le soleil anglo-saxon est féminin. Voici trois preuves:

1) die Sonne 2) S-ist-er (sœur en anglais) 3) Sch-west-er (sœur en allemand): le soleil est la sœur de Mister Lune. En même temps qu'on a l'évidence de l'identité Est/West/soleil, on découvre aussi la source d'un terme de parenté qui faisait problème.

Le soleil Est devient la lune si le préfixe est D: D-est-in.

A l'instar des Arabes qui réservent pour l'occident la dénomination de Al Gharb, à cfr à all. Grab (tombe), les Étrusques appellent la tombe 'suθi', c'est-à-dire South, le lieu où le soleil va tomber (cf. tombe et tomber).

La Pistis

Le soleil est juste (j-ust-, à rattacher à lat. ustio, action de brûler) et il est l'αστήρ par antonomase, l'auGuste.

Mais affecté de classeurs, il devient la lune comme par ex. all. G-eist (esprit), et grec P-istis, la foi, qui s'écrit comme une lettre magique parce que e-pist-ola = lettre. Le verbe grec pisteuo, avoir confiance, est à comprendre en relation à la piste du desert, pour suivre laquelle il faut l'éclairage lunaire. A cette Pistis on attribue le fléau de la peste.

Dans le lexique russe, la Pistis est arrivée dans le sens de «vide de lune»: pustoi. (La lune vide explique aussi lat. vidus, veuf).

La préfixation est donc importante pour découvrir la vraie identité du luminaire, pourvu qu'elle soit correcte.

L'Ast-er par exemple, si affecté du croissant devient C-astor, l'un des deux Dioscures (patrons des matelots). Il serait alors la lune, et précisément une seule moitié: l'autre s'appelle Pollux (cf. Jumeaux célestes, page 210).

La numismatique

La forme de la lune a inspiré cette science où nummus est la monnaie et correspond à Nomen/Numen. De son côté, le mine d'extraction des minéraux porte le nom de Moon. Voici les correspondances:

Moneta: cf. Mond
money: cf. Moon
denarius: D + (lune) noire
medaille: media, modèle

metallum: cf. mutil-er
aurum: couluer de la Hora comme Geld/Gold
arg-entum: métal couleur de l'arc de lune.

Unités monétaires qu'on trouve à la Frappe:
coin, Rappen, G-roschen, D-rach-me, Dollar, o-bole (avec o pictographique)...

Analogies célestes-terrestres

L'analogie, ou mieux symétrie, entre ce monde-ci et celui d'en-haut est entretenue et même accrue par la terminologie parallèle (ex.: Mond et monde, ordo et Erde, myriades et russe мыр) et on passe tout naturellement de la terre au ciel et du ciel à la terre, qui sont comme la boîte et son couvercle. De là vient l'idée de couple (lat. copula): la coupole ou voûte céleste implique gemellarité.

Il y a deux sortes de gemellarité: celle des hommes, soumis chacun à un astre; et celle de la lune, qui est 2 fois demi, c'est pourquoi le Paraclet ou Esprit Saint s'appelait, dans la tradition copte, At-Taum = le jumeau, à cfr. à all. Atem ou ind. Atma, dont l'interversion donne Moitié (metà). Dans le nom de Thomas (θomas), la gemellarité est encore plus évidente. Ce disciple de Jésus a fini par passer pour son frère jumeau.

A cause donc de la symétrie, il y a une Mer en haut et une ci-bas. La forme de la lune est celle des bateaux. Voici en parallèle:

θα-λασσα ici, et là-haut	Ga-laxie, et la Voie Lactée, ou ensemble de barques circulant chargées d'étincelles lumineuses (théorie gnostique)
bateau et cabotage	(Sa)baoth (régime satem)
arche ou barque	arc
grec naûs	Néa

La lune est une gondole: c'est l'amour pour la lune qui a poussé les marins à donner cette silhouette à leurs embarcations legères.

C'est au départ de naûs qu'on a bâti les églises en forme de navire, ce qui explique le vocabulaire relatif au temple, dont la partie centrale se dit en grec νεώς, (à cfr à ναῦς, νεῶς navire), tandis que certaines parties de nos églises s'appellent 'nefs'.

Nous avons des corps (σαρξ en régime satem) et les étoiles sont des corps célestes. Dans la Cabbale, qui veut dire Lune, il y a des planches montrant comment on a établi l'analogie entre le corps humain et l'esprit, le maître et le disciple, etc. Par cette voie royale s'est instaurée l'analogie entre la nomenclature céleste et terrestre. Par exemple l'analogie entre lat. filius et folium (feuille) ressort en juxtaposant une planche de l'arbre et une du ciel, où la Lune, les Esprits, les Archontes etc. sont les fils du Soleil. C'est une voie un peu détournée de donner le nom aux choses, mais elle aboutit quand même au monde des idées. Il faut prendre à la lettre Platon lorsqu'il dit que la chose a sa cause exemplaire dans l'idée. On devrait toujours préférer, à l'étymologie terrestre, celle qui fait de nous et des pauvres objets qui nous entourent des copies imparfaites des archétypes divins. (La gemellarité dégénère en dualisme irreductible lorsqu'elle est illustrée par des images violemment opposées, telles la Lumière et les Tenèbres, la Vie et la Mort, l'Eau Vive et l'eau trouble).

En plaçant côte à côte la planche de la forme humaine et celle de l'arbre, ou du poisson etc., on établit les correspondances entre les parties en donnant le nom de l'une à l'autre, par exemple là où l'arbre de vie a les branches, l'homme a les bronches et le poisson les branchies. Là où dans le système planétaire il y a deux lampes ou El, dans la planche de l'oiseau il y a ses deux ailes, qui lui donnent la supériorité sur l'homme.

De telles planches ne nous sont pas parvenues parce qu'il y a eu toujours le couvre-feu du savoir, qui rend libres et puissants. Mais beaucoup d'autres modèles du type théosophique ont surnagé jusqu'à nous, à cause peut-être de leur propre inaccessibilité. Ils permettent de se rendre compte du procédé métaphorique des cabbalistes; par ex. le visage d'Adam Kadmon allégorise la grâce divine. Pour masquer les secrets de n'importe quel genre (science, métier) on a eu recours au symbolisme, l'outil des cercles ésotériques: les Francs-maçons utilisaient le symbolisme du Temple de Salomon.

Presque toutes les structures de la Cabbale sont des arbres de vie portant des fruits aux noms/attributs divins. La tradition chrétienne nous a conservé un modèle différent, qui nous est parvenu par la voie orale uniquement. Le schéma septénaire, du type 4 + 3, prouve que la réalité supérieure symbolisée est la Grande (ou la Petite) Ourse. La catéchèse chrétienne enseigne que l'homme reçoit par le baptême des vertus 'infuses' c.a.d. venant du haut, de Dieu, à ne pas confondre avec les autres vertus naturelles ou héréditaires.

Les sept vertus sont au fond sept attributs de Dieu. On distingue quatre vertus cardinales, correspondant aux quatre étoiles du Char, ainsi appelées parce qu'elles sont le pivot (lat. cardo-cardinis) de toutes les autres. En fait le «cardo» est le point culminant, l'étoile ou esprit-guide. Elles se nomment prudence, justice, tempérance et force d'âme. Les étoiles du Timon correspondent aux vertus théologales qui sont la foi, l'espérance et la charité.

Le gnostique égyptien Satornil enseignait qu'il y a sept anges créateurs, parmi lequel le Dieu des Juifs. Il y a donc une tradition qui place le trône de Dieu non pas au soleil, mais dans l'Ourse. Le diagramme de la Ménorah ou chandelier à sept branches, qui devrait correspondre lui-aussi à l'Ourse, résulte d'axes portant le nom de la Grâce, de la Miséricorde et de la Rigueur.

Miséricorde, Sagesse, Connaissance, Intelligence, Justice, Splendeurs Cachées sont autant de noms qui reviennent sur les planches théosophiques tributaires d'une dévotion astrologique.

Platon, un initié, qui fut également un élève de Pythagore, a comparé sa 'société idéale' au corps humain (tête, cœur, ventre); l'idée doit lui être venue des planches juxtaposées.

Anatomie

On a vu que la lune a une face, lat. vult-us (visant le haut, puissant 'alt-' qui est la lune qui s'altère) à cfr à it. volt-are ou tourner la face. (Le verbe re-garder s'applique mieux au soleil à cause de lat. ard-ere; l'angl. look ne précise pas le luminaire; l'all. B-lick s'applique à 2 demi-lunes: ce regard est parfois de travers, d'où «o-bliq-»).

On prête notamment à la Lune:

— *côté face*: les yeux (oculi), le nez (Noûs), la bouche et la gorge. Sa langue est le logos.

— *côté pile*: le Dos, angl. Back. Le Derrière en tant que Ciel (Co-el) et en tant que An (ciel ou lune ou soleil) cf. lat. nates, fr. φesses.

Elle voit tout: (lat. s-pic-) avec son œil οφ-θαλμ-; elle a, ou est, une vision: οπ-τασία; le russe бмотр-еть rappelle Mithra qui nous observe.

Elle entend tout: oreille, lat. auris.

Pourquoi n'aurait-elle pas un odorat? lat. olf-act-um. Elle nous renifle de là-haut (et sonde nos cœurs et nos reins).

La magicienne à un estomac, all. Magen (qui explique ma-n-ger). En mangeant, elle devient toujours plus grosse.

Elle est comme un foie (lat. ficatum, it. fegato) ouvert à la prospection, comme celui des animaux, pour en tirer des présages.

Elle a une peau: Derma, et des Cornes.

Elle est en outre un ventre de femme enceinte (all. Schwanger), un sexe enfin en tant que «sex» et P-syché maîtresse de l'Amour, soit humain que divin.

Pudique, elle couvre ses nudité par des vêtements (angl. cloth à cfr à cloud, nuage).

On a vu que «changer» (ou it. c-angiare) s'explique par la lune Ange qui change de phase. C-ambiare vise Ambo, les deux demi-lunes de B. Modifier vise la Media, altérer celle qui est en haut (lat. alt-us; l'all. Alt est l'Ancien).

La lune en tant que «Mince» forme le verbe «commencer» avec un croissant fort à propos (celui de la lune qui naît, débute), mais aussi le verbe 'manquer' lors du dernier quartier, cf. aussi émacié. L'all. an-fangen, commencer, nous met devant une lune qui est pleine en préfixe et arquée en suffixe. Dé-marrer, Dé-buter ont des préfixes abusifs.

Après avoir changé, elle De-meure, puis elle meurt. Lat. morior (s'éteindre, d'un astre) vise sans doute la lune (M + R astrologique), car le soleil se couche et dort. L'angl. to die pour mourir, et aDieu sont logiques (la lune commence à s'effacer à partir de moitié).

Les corps célestes ressuscitent, et nous avec eux pour autant que nous nous identifions à eux (le Fils de l'Homme s'identifiait à la Lune et devait ressusciter le IIIe jour). S. Paul nous invite à laisser tomber le vieil homme et à ressusciter dans le Christ. Le doublet S-tern et ae-tern- (étoile et éternel) éclaire l'immortalité des astres.

Les sadducéens qui s'en tenaient à la Torah n'admettaient pas la résurrection (pourtant θora = Loi/Lune).

S'il n'y avait pas la Lune, je crois que nous ne parlerions pas. Il n'y aurait même pas de philosophie. Quelle est la philosophie des populations qui n'ont pas réfléchi sur le cas de la Lune? Platon avait distingué un monde intelligible, noétique, et un monde sensible, esthétique, et avait imaginé une causalité exemplaire (la chose a sa cause dans l'idéé). Disons que la chose a le nom dans la Déesse.

Dans le dernier message de la philosophie grecque, le néo-platonisme, les Eons ou Demiurges dont le Logos, échelonnés entre Dieu et la matière, transforment cette dernière en imitant les idées. Le Logos séminal ou spermatikos informe le monde matériel.

L'influence réciproque de la pensée et de la chose est si forte que lat. cap-ere (attraper avec l'arc) se double de cap-ere (concevoir, comprendre les mystères célestes ou enigmes), tout comme «saisir» est en même temps 'attraper' et 'comprendre'. Il n'est pas toujours facile attribuer une priorité entre ce qui se fait dans la boîte et ce qui se joue là-haut, dans le couvercle.

La lune est le vizir du soleil, son «oint», mais l'onction était un acte accompli par les mages sur terre et transféré au ciel.

Sur terre, le chef de tribu, le roi, délègue ses pouvoirs à son fils, l'héritier, le dauphin, le bien-aimé, ou à son ministre favori; au ciel, Ra le dieu-soleil délègue ses pouvoirs au Fils (unique), le Chéri, le Serviteur souffrant et obéissant (cf. lat. oBedio, Beide, Mc. 14,26).

Sur terre, le roi envoie un messager ou ange. Ce messager s'appelle au ciel «Sa-baoth», c'est-à-dire all. Boote (d'où beten, prier) ou aussi Ambo, d'où vient Ambassadeur.

Les ordinaux: p-rimus et sec-undus sont astrologiques:
Primus ou Brahma est le soleil, le suivant est la «sex» ou lune (cf. lat. sequor).

La lettre Q, astrologique, qu'on remarque en sequor, préfixe la Reine du Ciel dans l'angl. Queen. Les pronoms quis, quel etc. ont probablement d'abord désigné le Quartier. Ceux comme angl. that, all. das ont désigné la pleine lune ou demi-lune.

Les cardinaux: un, deux etc. sont les nombres symbolisant le dieu du ciel, le point le plus élevé comme indique le nom lat. cardo-cardinis qui caractérise aussi les attributs de l'Ourse (les vertus cardinales).

Est-ce la lune qui nous a suggéré la notion de Vicaire, ou cette fonction existait-elle déjà chez les hommes et a été transférée à la lune?

Laquelle de toute façon servait de modèle, car tout se déroule à la perfection dans le monde des idées.

Et l'Avatar (= aventure), a-t-il été d'abord le Vater ou Wetter revenant périodiquement pour inaugurer une ère nouvelle, ou avait-on déjà l'exemple du délégué du roi, venu reclamer son dû à la fin d'une époque (terme désignant le cycle de l'Apex ou point culminant) de labourage et récolte, avec rétribution et jugement, et dont la venue coïncidait avec la fin d'une saison? (cf. la parabole des vignerons meurtriers en Mt. 21, 33-41).

En Perse, le titre si majestueux de Roi des Rois n'est-il pas calqué sur le modèle céleste? L'idée d'un reseau d'ἄγγεροι ou messagers de poste n'a-t-elle pas été puisée dans la pratique observée dans le Royaume de Dieu?

Il y a la Madone au ciel, les A-mazones sur terre. La lune est caste (C + ast ou Est, nom de l'astre diurne) et donc vierge, mais une Mère en même temps; d'où la notion apparamment absurde de Vierge-Mère.

Jésus, très mage, disait qu'il imitait son Père céléste, il travaillait comme lui, il était comme lui («Qui me voit, voit le Père»).

Le monde éclairé par l'alphabet magique est tout autre chose que celui qu'on appréhende dans les bornes de l'alphabet ordinaire. Il n'y a aucune raison d'enraciner ethniquement les idées maîtresses de notre pensée religieuse ou philosophique (comme pneuma, esprit, logos etc.): elles ont leur patrie dans le ciel ou monde des idées. On doit les rapporter à des entités transcendantes. Il faut bannir l'abstraction, introduite par des philosophes obscurément initiés à des mystères révélés par demi-mots de peur qu'on sache que Dieu, Logos, Loi, Esprit, Principe, Ordre, Raison sont des synonymes de Soleil, Lune, vent, étoiles. Quoi de plus abstrait que l'Être et le Non-Être? Deux expressions qui signifient: «la lune est là» et «n'est pas là», cf. Démocrite.

Les termes qu'on prétend abstraits sont en fait les attributs de la lune, c'est pourquoi ils terminent par 'té'» (lat. tas), comme par exemple la bonté, qui veut dire «la lune bonne», la vérité «la lune véridique», la fidélité «la lune dont on peut avoir confiance». En anglais, nous trouverons θ, par exemple en Truθ, la vérité. Si nous concevons des absolus comme la bonté ou la vérité, c'est qu'ils existent dans un monde de perfection, et nous devons avoir déjà vécu dans le monde des idées, enseignait Platon. On peut lui répondre que ce n'est pas nécessaire: ce monde-là, nous l'admirons d'où nous sommes.

Dans la langue allemande, on se sert du Noûs pour abstraire: ex.: Finster-nis (l'obscurité, soit la nuit ou lune), Geheim-nis (secret).

Dans la langue copte également, on a recours à l'Intellect (lat. mens-mentis). On prépose 'mente', comme par ex. en MNT-PPO qui veut dire 'royaume'; la préfixation est vraisemblablement une suffixation transcrite d'une langue qui se lit de droite à gauche. Ce même terme 'mente', nous l'ajoutons pour former les adverbes.

Il y a identité lexicale entre la lune et la loi, entre la lune et la voix pour l'invoquer, entre le plérôme et le verbe implorer, entre la fax (flambeau: lune ou soleil) et la face, entre la Lebanah et le verbe all. leben, entre la Lux et l'all. G-lühen.

Cependant il faut compter avec une certaine confusion entre les deux luminaires, qui peuvent porter le même nom, soit parce que ce nom a désigné d'abord le ciel avec tout son contenu, soit parce qu'il arrive que les arcs sont des classeurs astrologiques d'emploi général, soit enfin parce que les scribes ont commis des erreurs d'affectation.

Le classement astrologique en particulier, ne fait pas de distinction entre les astres, les phénomènes météorologiques et les oiseaux, habitants du ciel et messagers des dieux. Les perturbations atmosphériques sont carrément attribuées au soleil ou à la lune, même la neige et le gel; le φléau, ou plaie, corr. aux calamités par lesquelles le maître du ciel fustige les hommes: les maladies (gr. νέσος, donc le Noûs) comme la peste, mort des premiers-nés, disette ou famine (φ + Moon), sauterelles,... la Dé-φlagration. L'all. Seuche accable la Sica ou (P)syché.

On donne ci-dessous quelques exemples d'exégèse des principaux termes rencontrés en théologie, philosophie et même dans le langage courant:

Lux et lumen devraient être la lune (les termes «ex-p-lic-ite» et «im-p-lic-ite» signifient «manifesté» et «caché» et visent le dieu nocturne). Mais le soleil n'est pas exclu, notamment en φ-lamme, où φ symbolise la rotondité de l'astre, quel qu'il soit, parce que l'inflammation ou phlegma est instinctivement attribuée au soleil.

Noûs: la Mens ou Intellect, est la Lune. Mais lorsqu'on lit qu'un Noûs a créé un autre Noûs pour créer le monde, il faut comprendre 'soleil' pour le premier, 'lune' pour le second.

Logos: présenté par tous comme le Dieu intermédiaire (pour Philon il n'est même pas dieu), il ne peut être identifié qu'à la lune.

En tant que Parole (paraϜle) la lune a été le premier objet de cette forme d'enseignement, tenu tellement ésotérique que les initiés ne savaient plus de quoi ils parlaient.

Dans Prov. 4,21-22, (la Parole... c'est la Vie et la Santé), si la

Santé est l'équivalent de Salut (lat. s-alv-are), on songera à la halve ou demi-lune.

Parousie est à cfr à l'angl. to rise, surgir, se lever, avec ambivalence de sens. Ho-rizon vise le soleil

loin (lat. longe) devrait être la lune, tout comme le verbe lat. Distare (où ist ou Est, le soleil, est devenu la lune grâce au symbole D)

Lex legis, est propre à l'astre nocturne, qui a et impose ses règles indérogables (qui commandent entre autre celles des femmes)

Déluge, si perçu comme si c'était la lune qui se dissolvait en pluie, ne porte pas abusivement le préfixe D.

Les deux moitiés de la lune sont rappelées dans Sa-Baoθ, qui est le messager ou all. Boote. Le nom 'ambo' doit s'écrire amBo pour ressembler à grec αμφι, tandis que amP-uter vise la lune ou amp-el déjà entâmée. Le symbole P dans «s-p-iritus» et «paraître» est correct, mais pas dans Paire, les deux luminaires qui sont les deux Parents, puisque le soleil et la lune peuvent être considérés le couple qui engendre les étoiles. Nous ne savons pas comment s'écrivait le symbole Z, mais gr. ζεῦγος veut dire 'couple' (donc soleil et lune, d'où l'all. zeugen, générer, et les syzygies de la Génèse, deux par deux); on trouve Z en préfixe de l'all. z-wei et étr. zal (deux).

La terminologie concernant la famille (φa-mille = lune, comme fe-melle et fa-mulus) est en parfaite symétrie celeste-terrestre: Pater = P-taḣ qui est la lune en force de t égyptien, demi-lune; Mater = Mot, all. Mut (esprit); frater, soror etc. établissent des liens de parenté entre les astres, et la suffixation de 'r' est alors plutôt astrologique (dans l'exégèse profane, on lui avait vu une fonction de pluriel). Plus spécialement, Sister et Schwester sont le soleil, féminin en allemand; la lune qui est de genre masc. sera alors le frère ou Bruder.

Poursuivant le tour, l'orage sera la hora en colère; la Drache une pluie venant de la lune; la foudre, l'envoyé céleste du soleil φ; l'arc-en-ciel, grec ἱρίς, une déclaration de paix de Rê en tant que soleil ou ciel. L'all. Regen, pluie, est encore Rê qui pleure. Lat. Imber, pluie, renvoie à l'Empire céleste régenté par amBo. O-men, le message ou pronostic envoyé par Moon. Co-meta est un abus graphique à moins d'impliquer, par le truchement de 'meta', qu'il y a eu une transformation d'astre, affecté de croissant: béat, sabaoth se tenant tranquille, est en contradiction avec it. boato, grondement de tonnerre. L'all. Raum est l'espace ou Royaume gouverné par Ra.

Les couleurs

Il est possible de répérer presque toutes les couleurs dans le ciel et les astres, hors le vert (green, grün) qui toutefois se trouve dans l'arc-en-ciel.

— albus, blanc, leukos sont implicites dans la lune ou lux
— white ou weiss, avec 2 comma en préfixe: la lune
— Gelb, c'est la lune 'halbe'
— yellow et it. giallo peuvent être soit El soit la lune
— jaune est le luminaire An
— houang, chin. pour jaune, est l'Ange de Yahwé
— clair, lat. clarus: la lune brillante
— azur a désigné le ciel, avant Zéro, sera, Sirius
— saφir a désigné le ciel avant la lune Sifr
— bleu a désigné la voûte céleste domaine de la pluie, avant de passer à Bel ou Baal (cf. Bluff et é-blou-issant)
— κυανός, bleu, est encore le ciel An
— gris, grey est une autre couleur du ciel, nuageux, nordique
— black est la couleur du ciel lorsqu'il y a la lune (ou il n'y a pas de lune, cf. to lack, manquer)
— noir, comme rien ou néant, est le ciel domaine de l'Ennea
— nig-er désigne l'obscurité dûe à l'énigme ou Night
— μέλας désigne le ciel lors de la Mille (lune)
— dark est le ciel lors de l'arc
— dunkel est le ciel où brillent les anges/étoiles
— brun: l'air du soir dominé par l'Intellect ou angl. brain
— grün ou green (vert): la seule couleur étrangère à l'Empyrée, pourrait s'expliquer par le verbe angl. grown, crû, passé de la lune à la végétation ou graines
— terne est la couleur du ciel lorsqu'il y a les «Sterne»
— la couleur rouge caractérise parfois le soleil ou le ciel par certaines conjunctures (couchants, levers). On a perpétré des abus dans le cas du soleil: si rufus est correct avec son φ, et rouG- aussi (si G = θ), ni 'ruq-' avec le quartier, ne reD avec la demi lune ne sont pas conforme à la règle. Lat. ruBer a fait pour le mieux
— candid- est la couleur de la lumière: incandescent comme le monde des idées qui sont des spécimens ou échantillons, cf. scintiller et chandelle
— l'ombre, comme imber, est apparentée à amBo et désigne la couleur de l'air à l'entrée en fonction de la lune
Sombre se rattache à ombre, avec sigma pour lune

— obscur ressemble trop aux Dioscures (C-astor et Po(l)lux) pour ne pas faire songer au ciel nocturne
— l'all. schwarz, noir, est la couleur de la nuit, et correspond à it. sφarzo = splendeur du Royaume.

La notion de moitié vient de la lune, soit en tant que (h)alb-, elf et tw-elve (= 2 demies), soit en tant que mi, demi, it. metà qui rappelle l'égyptienne Mot, et all. Mut, esprit, ainsi que mat-in qui est la moitié au point du jour; grec μετα implique que l'astre est en train de changer de forme. L'all. 'müde' est la Media languissante.

La notion de quartier, IVe partie, symbolisée par q, vient aussi de la lune, tout comme le nom de quatre, lat. quattuor, scr. catur se rattachant à la déesse égyptienne Ha-thor, régente du ciel comme son homologue Thora. Ha représente la hache indo-européenne (qui, en russe че-тыр- prend la forme de ч, alors que le pronom 'lequel': ka-tor-qui comme la plupart des pronoms se rapporte à un astre, n'a pas suivi la mode).

L'interrog. lat. «quot?» signifie: «combien de lune?». Si 'q', la dernière des 4 lettres à hampe, signifie 'dernier quartier', on comprend le fr. 'quitter'.

Le noms latins des chiffres sont astrologiques:
— 1: An
— 2 et 3: la demi lune
— 4: le quartier
— 5: le quartier finissant (cf. fr. cinq, all. sinken, décliner).

Il faut se tourner vers la numération latine, comme pour l'alphabet, pour chercher la piste 'astrologique'.

* * *

A ce stade on peut se demander si nous appliquerons un qualificatif comme «bel» à Baal ou El (Hélios), ou comme «c-lever» à la lune parce qu'elle dirige tout à la perfection et est la sagesse même, et reserverons aux hommes le vocabulaire qui les insulte, comme blöde, russe g-lup- etc. Est-ce le soleil qui est gros, gras, trapu, barbu? Gris et all. Greise paraissent liés. G-lauc- (bleu tirant au vert), fulv- ou flav- (blond cuivré) sont-ils le fait des hommes ou des dieux (astres, ciel)?

Cette question — des hommes ou des dieux — se pose aussi pour la démonologie. Tout comme il y a des anges dans la boîte (la terre) et le couvercle (le ciel), sans pouvoir établir une priorité d'appellation, ainsi on est amené à s'interroger sur l'identité des diables, catégorie de mortels (comme affirmé dans la Ière partie du livre) ou êtres célestes?

Si Dé-mon est demi-Moon, et Dia-bolos le baal intermédiaire, pourquoi Maθias ne serait-il pas lui aussi la lune, comme l'angl. Devil, ou l'all. Teuφel et Meφistofelès?

On constaterait ainsi un retournement d'attitude à l'égard de celui ou celle qui est Amour, Sagesse, Ange et Esprit. En des termes terrestres, cela pourrait signifier le conflit éclaté entre les sélénophiles et les adorateurs d'autres astres, plus spécialement le soleil, ou les peuples qui divinisaient leurs héros éponymes, ou tout simplement qui adoraient la lune sous un autre nom, ou le soleil sous le nom de la lune, comme c'est le cas pour Miθra.

Ainsi le Dragon volant d'Isaïe (30,6) pourrait-il être une fois de plus la lune en force du préfixe D, d'autant plus que le corps du mot, 'ragon', est le même de pa-ragon (procédé emprunté pour expliquer l'énigme céleste). Conjugué au féminin, le dragon devient lat. s-trix/strigis, sorcière ou oiseau nocturne.

La même question se pose aussi pour Satan. Si le prince des démons était un quelque astre maléfique et honni, avec 'Sa' préfixé à titre de classeur astrologique, la contrepartie terrestre serait le dieu des Enfers χ-θon- (régime centum). Dans le panthéon germanique, le dieu Wotan est assimilé à Odin: la lune, symbolisée par D. Et si russe *deñ* signifie jour, c'est que les adorateurs de Odin étaient des nomades pour lesquels la journée commençait avec la tombée de la nuit. Si Satan = Wotan, le prince des démons était la lune sous un autre nom.

CHAPITRE II

LA PART DU MYTHE DANS LE CHRISTIANISME

L'éclairage astrologique n'est pas indifférent sur le plan théologique et plus spécialement du Christianisme.

Ce chapitre ne poursuit pas le but d'éclairer la personnalité de Jésus autrement qu'en soulignant la complexité de son message: d'un coté, il est le réformateur de la Loi (cf. Hébr. 3,2), chargé par Dieu qui mettait ses paroles dans sa bouche; de l'autre, il est le héraut du Royaume des Cieux, incarnation d'un mythe qui après avoir hanté l'humanité restait dans la mémoire collective comme un rêve inassouvi de bonheur sans nom.

Le rite de la Messe résume l'état d'âme de l'assemblée des contemplatifs aux différentes étapes ou phases de leur astre: la manifestation en gloire du Dieu déclanchait des acclamations de joie ou poussait à l'extase; sa souffrance et sa mort plongeaient les mystes dans une profonde affliction, de crainte de ne plus le voir et de perdre pour toujours cette précieuse source de lumière, chemin et vie des tribus nomades parcourant le désert pendant la nuit. Mais il suffisait de *croire* qu'il se releverait, et il renaissait en effet, il devenait de plus en plus grand jusqu'à atteindre la plénitude.

Un échantillon de discours lunaire nous est donné par l'Évangile de Marc (11,22-24 — épisode du figuier desséché):

> «...Je vous le *déclare*, c'est la vérité. Si quelqu'un ne doute point dans son cœurs, mais *croit* que ce qu'il dit arrive, il le verra s'*accomplir*».

— déclarer: comme la lune, qui dissipe les tenèbres, fait voir
— croire: confiance dogmatique, foi
— s'accomplir: le plérôme.

L'apophtegme termine par ces mots:

> «Tout ce que vous demanderez en priant, croyez que vous l'*avez reçu*...»

avec verbe au passé, parce que la lune est déjà en train de récomparaître, même si elle reste invisible au présent. Elle existe à l'état de virtualité.

a) Je suis le chemin

En enseignant par des paraboles, Jésus énonçait des choses cachées depuis la fondation du monde (Mt 13,34 et Ps 78,2). Dans l'Évangile de Jean 12,32 nous l'entendrons dire:

> «et moi, une fois élevé de la terre, j'attirerai tous les hommes vers moi»

en parlant de sa mort prochaine, suivie de résurrection. Pour que cette dernière ait lieu, il fallait croire:

> «...ainsi faut-il que soit élevé le Fils de l'Homme,
> afin que quiconque croit ait par lui la vie éternelle»

comme on lit dans l'Évangile de Jean 3,14-15; et au verset 16 il est dit que quiconque croit en lui ne se perd pas (au sens propre d'abord: dans le désert), mais vivra toujours.

Le verbe «élever» est l'ascension de la lune au ciel qui met tout en mouvement: le firmament dans ses orbites, les caravanes dans les pistes du désert, les yeux rivés sur le phare nocturne.

Ce même évangéliste écrit, dans son célèbre Prologue, v. 16:

> «Oui, de sa plénitude nous avons tous reçu»:

c'est comme si Jésus, Lune et Loi, était venu habiter dans sa plénitude parmi les hommes.

b) Le médiateur

Un partie de la terminologie astrologique fait de la lune le médiateur entre Dieu et la terre. Jean dans son Prologue hellenisé identifie Jésus au Logos, créateur de tout ce qui existe. Jésus ne va pas jusqu'à dire qu'il est le Démiurge de la philosophie platonicienne. Sa médiation est celle de psychopompe (Jean 14,6: «Nul ne va au Père que par moi»), ou d'intercesseur (Jean 16,23 et 26: «demandez au Père en mon nom»). La doctrine de la foi développée par Paul s'appuie comme sur un pilier sur ce rôle du Christ-Paraclet (1 Tim. 2,5-7: «nous avons auprès du Père un Paraclet, Jésus Christ»; 2 Cor 5,18-19: «par lui nous avons accès auprès du Père en un seul Esprit»; Hébr. 5,1-10: «il est toujours vivant pour intercéder en faveur des hommes»; Hébr. 7,5: «il est médiateur d'une nouvelle alliance»; Gal. 3,19-20: «La Loi a été édictée par l'entremise d'un médiateur»). L'auteur de la première épître Jean 2,1 affirme d'une manière réaliste que «Christ, à la droite de Dieu, intercède pour nous».

c) Le Royaume

«Jésus préchait le Royaume, et c'est l'Église qui est venue» a écrit Alfred Loisy sans ménagement.

Pour beaucoup de Juifs, Jésus représentait l'espoir de rétablir le règne glorieux de David et secouer le joug romain qui impliquait, entre autre, des impôts à payer. Cet espoir a tourné court, et le Messie a perdu d'un seul coup une foule potentielle de disciples.

Dans le dessein de Dieu, Jésus devait réformer la loi de Moïse, mais le prophète ne fut jamais roi.

Ce n'est donc ni en direction de David, ni en direction de Moïse qu'il faut rechercher l'origine de l'idée d'une monarchie de droit divin. Le nom que le Royaume des Cieux porte dans la Cabbale est Malchoth, qui veut dire «Loi divine», cf. lat. pro-mulg-are. Quoi qu'on fasse, c'est toujours à la Lune qu'on aboutit.

Abimélek, Melchisédek, les Amalécites sont des noms inspirés à la loi divine, tandis qu'à la forme de la lune s'inspire l'it. mollica (fr. mie, c.-à-d. la demie), l'angl. loaf et l'all. Semmel, petit pain (cf. semel, une fois). L'all. Milch et russe malako s'expliquent par la ressemblance de la lune avec la mamelle, soit lorsqu'elle est pleine, soit lorsque elle prend la forme de T égyptien.

La proclamation du Royaume, dont aussi Jean-Baptiste était un héraut («Repentez-vous, le Royaume est proche»), s'enracine dans la Perse du temps où le Pouvoir méditait, de concert avec la caste sacerdotale des mages, d'instaurer une monarchie aussi centralisée et puissante que celle du ciel étoilé, où le soleil trône sans partage, mais se fait assister par un vizir, l'oint, pour l'expédition des affaires courantes, et s'appuie sur un réseau d'anges/messagers pour que ses ordres puissent atteindre les points les plus éloignés. Dans les psaumes, il est question de la *splendeur* du règne, terme issu d'une terminologie astrologique.

Cette instauration a dû se faire en Perse dans un contexte de bouleversement général de l'ordre: jugéments, délations, exécutions capitales (la chasse aux démons et aux sorcières, les opposants, prélude à l'avènement du royaume, cf. Mt 12,28 et Luc 11,20), choix des satrapes, proclamation de la justice devant régner sur terre comme la justice parfaite du Royaume des Cieux, inaugurant une ère de bonheur, de salut et de paix et non seulement de prospérité matérielle, cf. Luc 4,19-19: «Il m'a envoyé porter la bonne nouvelle aux pauvres, annoncer aux captifs la délivrance, renvoyer en liberté les opprimés, proclamer une année de grâce du Seigneur» ...Et tous les peuples accourront au salut comme à un festin plantureux: Is. 25,6 ... «Heureux qui prendra son repas dans le Royaume»: Luc 14,15... «Et tous s'efforcent d'y entrer par la violence» (Luc 16,16).

C'est pendant l'époque perse qu'Israël découvre l'universalité de Dieu, qu'il apprend à appeler «Dieu des Cieux». (C'est aussi l'époque où la littérature s'enrichit du thème du Juste Souffrant). En se mettant sur la même longueur d'onde du Psaume 72 (le roi messianique aurait gouverné le peuple avec équité et aurait un soin particulier des pauvres, des malheureux et des opprimés), Jésus opine que le scribe qui connaît les deux grands commandements n'est pas loin du règne (Marc 12,34). La descendance d'Abraham ne sert de rien (Luc 3,8-9).

A cause du souvenir des bouleversements qui ont accompagné l'instauration du royaume en Perse, les accents apocalyptiques (Parousie, jour et heure, jugement...) ne font pas défaut dans le message de Jésus, qui toutefois met ce royaume mi-terrestre mi-eschatologique à la portée des pauvres et des enfants, en fermant la porte aux riches vers la fin de son ministère. Il y a un foisonnement de paraboles au sujet de ce Royaume, sur lequel ses disciples demandaient plus de précisions. Jésus propose surtout des exemples enracinés dans la vie terrestre. Pourtant lorsque il invite à «chercher premièrement le Royaume et sa justice» et lorsque il prie «Notre père qui es aux cieux, que ton règne arrive; qu'advienne ta volonté sur la terre comme au ciel» nous décelons autant d'échos d'une prédication entendue plusieurs siècles avant, pendant l'exile de Babylone, toute tendue vers le royaume des cieux.

Le nom que porte parfois le médiateur, Paraclet, le dernier Messie attendu, n'est pas biblique non plus, mais enraciné dans la tradition gnostique acclimatée en Perse, où Mani, trois siècles plus tard, prétend en être l'incarnation.

d) L'époux

Les paraboles de Jésus étaient souvent si difficiles à comprendre que les disciples le priaient d'expliquer mieux le sens caché. Il parlait plutôt par énigmes. On ne soupçonnerait pas la constellation de la Grande Ourse derrière le logion de la lampe (Mt 5,15; Mc 4,21 et Luc 8,16). On n'allume pas une lampe pour la mettre sous le boisseau, mais sur le lampadaire... Jésus a associé la lampe au boisseau, parce que ce dernier était pour les Chinois le nom (teou) et la forme de ce que nous appelons la Grande Ourse. Plus loin, Luc 12,35 ajoute qu'il faut tenir les lampes allumées pour le retour du Maître. Ce Maître, qui revient des noces, c'est l'Époux, celui qui vient, le promis (lat. sponsus), et plus précisément la lune nouvelle (esp. novio ou novia suivant le genre). C'est cela, parler par énigmes, comme par ex. en Mt 9,15; Mc 2,19-20; Luc 5,34-35:

«Est-ce que les gens de la noce peuvent jeûner pendant que l'époux est avec eux? Viendront des jours où l'époux leur sera enlevé et alors ils jeûneront… en ces jours-là».

Le jeûne est le signe de deuil pour la mort de la lune (on mangeait du pain sans levain… en ces jours-là).

La commémoration, devenue hebdomadaire, avait pour les Babyloniens caractère néfaste (sabattu babylonien), cf. all. fasten, jeûner.

Dans les paraboles des noces royales (Mt 22,2) et des vierges sages et des vierges folles (Mt 25,1-13) l'identité époux-lune a pour cadre naturel le Royaume des Cieux. La comparaison astrologique s'étend aux étoiles, qui sont les lampes allumées pour aller à la rencontre de l'époux.

Jean-Baptiste aussi d'ailleurs compare Jésus à l'Époux lorsque il nie (cf. Jean 3,29) être le Christ: «Celui qui a l'épouse est l'époux; mais l'ami est ravi etc… Le Père aime le Fils et il a tout remis dans ses mains». L'Époux est ce même Maître qui revient des noces, et il «reviendra probablement la nuit» (Luc 17,34 et Mt 25,6).

Si Jésus avait eu un côté plus sectaire, s'il avait penché davantage vers une quelconque religion marginale comme celle des esséniens ou des thérapeutes, tout en s'opposant aux docteurs de la loi, il n'aurait pas tellement derangé, ni aurait-il dérouté ceux-là même qui le suivaient et s'efforçaient de comprendre le sens caché de ses mashals.

e) Le Serviteur Souffrant

Malgré le désarroi de ses disciples, et bien que pendant la dernière cène Jésus ait dit, en rompant le pain: «Faites ceci en souvenir de moi» (Luc 21,19), il est surprenant de constater que le rite de sa mort et résurrection a emprunté les modalités du culte à la lune, comme le prouve la forme et la couleur de l'Hostie sacrifiée sur l'autel. Rares sont les églises qui célèbrent l'Eucharistie en rompant le pain: à l'agneau mystique on a presque partout préféré l'immolation sous la forme d'une lune, qui est aussi le «pain de vie» (Jean 6,35). Comment expliquer cela si ce n'est que la Pâque, célébrée officiellement avec le sacrifice de l'agneau, avec rappel de la fuite de l'Égypte, était, dans des cénacles echappés à tout recensement, un culte à mystère consacré à la «Messe», où l'Hostie représentait le Serviteur Souffrant prenant sur lui les péchés de tout le monde, comme le bouc émissaire offert par l'assemblée plénaire lors du pathos de la lune, le dieu qui devait se livrer lui-même?

> «Cependant, ce sont nos souffrances qu'Il a portées, c'est de nos douleurs qu'il s'est chargé; et nous l'avons considéré comme puni, frappé de Dieu et humilié. Mais il était blessé pour nos péchés, brisé pour nos iniquités;

> la châtiment qui nous donne la paix est tombé sur Lui, et c'est par ses meurtrissures que nous sommes guéris».
>
> Esaïe 53:4-5

Notre eucharistie résulte du syncrétisme de deux rites: le banquet de communion et le bouc émissaire qui rachète.

La Messe, est un des noms de la Lune (it. Mezza, angl. Miss); Messie veut dire 'lune' (tout comme l'attendu Maitreya, alias Miθra, et le Mahdi, alias Media, attendu par les musulmans). «Ite, missa est» veut dire que le Dieu existe, allez en paix. La lune est la source de la foi.

Lorsque l'Église s'est repandue au delà de la Palestine, ce ne sera pas en Perse ou en Égypte où le black-out était total, que le rite du pain rompu aura été évincé par celui de l'Hostie (dont le nom paraît signifier «la chaste» avec remplacement de l'arc par la hache), mais plus probablement à Rome ou en Grèce où la divulgation de l'alphabet magique avait été possible. On parle beaucoup de mystères dans les recits des anciens historiens ou géographes, pourtant un tel culte à la déesse Lune leur est passé inaperçu (ou était interdit).

La thaumaturgie, l'exorcisme, l'imposition des mains pour transmettre l'esprit, ce sont là des actions pratiquées par beaucoup de prophètes, ascètes et magiciens, tels Simon le Samaritain. On annonçait le Royaume de Dieu avant Jésus. Mais Jésus allait plus loin, il l'annonçait en disant que le Fils de l'Homme devait beaucoup souffrir, puis mourir et se relever le troisième jour. Il était le Christ, l'Oint (et donc le Fils de Dieu) parce qu'il était l'incarnation du mythe lunaire. Cette incarnation était attendue avec ferveur dans les foules. A l'entrée messianique du Nazaréen à Jérusalem, (cf. Jean 12,13) ils vociféraient:

> «Hosanna! Béni soit celui qui vient au nom du Seigneur, et le Roi d'Israël!».

L'Oint du ciel en effet reçoit l'onction du Roi (ou Père) pour prendre en main les rênes du pouvoir, pour régner sur la Jérusalem céleste et sur la Jérusalem terrestre.

f) Celui qui devait mourir

La raison de l'identité Messie — Fils de Dieu a sa cause exemplaire dans le monde des idées.

«Le Messie, le Fils du Dieu vivant» on lit en Mt 16,16, et on sait que 'vivre' était la condition naturelle des astres, qui vivaient toujours, étaient éternels.

«Jésus est le Christ, le Fils de Dieu» affirme Jean, témoin oculaire de la vie terrestre du Verbe incarné (20,31).

A sa résurrection, Jésus se révèle comme celui qu'il savait d'être. A la cène il avait en effet affirmé (Luc 22,15-16):

> «Combien j'ai désiré prendre ce repas de la Pâque avec vous avant de souffrir!
> Car je vous déclare. Je ne le prendrai plus jamais jusqu'à ce que son sens soit pleinement réalisé dans le Royaume de Dieu».

Ce qui était implicite devient explicite.
Voici la promesse tenue (Mt 28,18):

> «Tout pouvoir m'a été donné dans le ciel et sur la terre».

Il devait exister des Écritures qui ne nous sont pas parvenues, puisque aux disciples d'Emmaüs le Ressuscité cite (Luc 24,46):

> «Voici ce qui est écrit: le Messie doit beaucoup souffrir, puis être ramené de la mort à la vie le troisième jour».

On l'avait prévenu qu'on l'aurait tué s'il allait à Jérusalem; il est passé outre et a même renoncé à se défendre devant Pilate qui voulait le sauver parce que «un prophète ne peut périr hors de Jérusalem» (Luc 13,33), opportunité de tradition, et parce qu'il *devait* mourir pour ressusciter (nécessité ou fatalité implicite dans le mythe dont il était porteur).

Tout ce qui fait l'originalité de Jésus, est la partie cachée de l'iceberg: le culte de l'astre occulte, qui devait vivoter dans des cercles fermés, rejété par la religion officielle, dite de Révélation, alors que les courants marginaux (magiques, gnostiques, cabbalistiques, samaritains, pneumatiques, baptistes) cultivaient dans leur jardin secret une autre Vérité, une autre Science, une autre Dévotion qui devait s'épanouir en Jésus.

Il fallait accoucher de ce mythe qui avait fasciné et hanté l'humanité pâmée dans le contemplation des secrets célestes jusqu'à l'extase ou apocalypse (révélation concernant la lune cachée ou ca-lypt-). Jésus l'a accouché avec l'aide de Dieu, qui l'a ressuscité le troisième jour et glorifié.

g) Le Fils de l'Homme

En se désignant comme tel, Jésus réconfirme son identité mythologique lunaire, en tant que Loi ou Justice, cf. Hénoch éthiopien, Livre des Paraboles 46,3:

> «C'est le Fils de l'Homme qui possède la Justice».

L'expression devrait correspondre à la traduction de la lune ou loi, dans une langue oubliée.

h) La Trinité et le S.E.

C'est seulement après la résurrection que Jésus a prescrit à ses disciples de baptiser au nom du Père, du Fils et du Saint Esprit.

Comme expliqué dans la première partie du livre, le baptême était un réflexe des parents dont l'enfant était né avec la peau foncée. L'Esprit Saint a été identifié, dans le modèle terrestre, au père spirituel ou Parrain, conformément à la tradition des mages. On en est ainsi arrivé à faire du parrain céleste ou Esprit Saint la troisième personne de la Trinité.

Les Jumeaux célestes

Des textes archaïques curieux présentent Jésus comme un Ange supérieur, et le Saint Esprit comme sa sœur. Cet énoncé n'est pas si aberrant si l'on sait que la lune, en même temps que Delφis ou Dauphin (d'où le symbolisme du poisson dans le christianisme), est aussi A-delφos ou frère, soit du soleil, soit de son autre propre moitié, comme sœur jumelle. Le mythe des jumeaux célestes sort tout droit de la lune.

Dans le système valentinien (gnostique), il y a un Dieu suprême ou Père, qui crée la Dya-de, laquelle se compose de Noûs et de l'Alétheia, donc de l'Intellect et de la Vérité. N'est-ce pas là le binôme de la lune considérée dans ses deux moitiés?

Le mythe indoeuropéen des Dioscures, pertinamment appelés par Prynichus les Διυσκόρω (duel!), en latin Dioscures ou Castores, mais vénérés surtout dans les villes doriennes comme Sparte et Tarente, et dans le panthéon védique en tant que 'cavaliers Açvins', a été différemment interprêté (le jour et la nuit, la constellation des Gémeaux, l'astre du matin et du soir...). Des trois légendes qu'on peut retenir (couple chtonien, couple lumineux alternant et couple lumineux inséparable), c'est cette dernière qui saisit la véritable nature du mythe. Homère (Od. XI, 301-304) et Virgile (Aen. VI,121) précisent qu'ils sont mortels et immortels, ou qu'ils sont morts et qu'ils vivent. De tous les astres, c'est uniquement à l'endroit de la lune qu'on parle de mort; du soleil on dit qu'il se couche. Par ailleurs, puisque les hymnes du Rig-véda parlent de 'héros à cheval', le rapprochement avec l'angl. K-night ne peut pas être éludé et implique qu'on a intronisé en quelque sorte dans la Night ou lune le cheval par mécanisme de gemellarité céleste-terrestre. On en avait fait autant avec l'ours(e). Pégase, qui est figuré volant sur des nombreuses monnaies et quelques monuments, pourraît être le coursier de la lune (formé par P astrologique et gas, donc Esprit).

L'all. P-φ-erd devrait être celui du soleil, ardent. On remarquera la forme d'un luminaire rond suggérée par φ, et le classeur astrologique P en préfixe (les scribes allemands ont affectionné cette séquence P-φ, cf. p-φ-legen, P-φ-licht, P-φ-anne etc.). Ca-ballus est monté par la lune en correspondance de la Cabbale. Hippos et equus appartiennent également à la lune.

Tout ceci laissera perplexe, après avoir lu dans la première partie du livre que les chevaux portent le nom des peuples qui les amènent (les Parthes, les Equi...). Mais prenons Platon à la lettre! Les choses ont leur cause exemplaire dans le monde des idées. Là-haut il y a de la place pour la flore et la faune.

Note — Comme on constate en comparant lat. Pollux et grec PoluDeukes, la demi-lune D est placée volontiers en infixe des mots: fr. raDical / racine; lat. siDer- / sera; gr. aner / gén. anDros (homme); it. meDesimo / fr. même, esp. mismo; lat. minor / all. minDer; ville croate ZaDar / it. Zara; fr. carré/cadre (la quadrature du cercle remonte à l'effort de faire correspondre parfaitement le carré au contour de la lune).

CHAPITRE III

GÉNÈSE DE L'INDO-EUROPÉEN

A Platon qui se demandait si l'origine du langage est naturelle ou conventionnelle, on répond: tout à fait conventionnelle, du moins en ce qui concerne l'indo-européen, langue artificielle, bâtie de toutes pièces, pouvant être transcrite en alphabet cunéiforme comme le hittite. Les pères en sont les prêtres-astrologues et plus particulièrement les mages qui ont manipulé les lettres de leur alphabet, dit «magique» (ce terme appartient à tous les lexiques indo-européens).

Les résultats de la fouille magique sont souvent en contradiction avec ceux obtenus en filigrane de l'alphabet courant. Notamment toutes les couleurs, qui semblaient inscrites dans les radicaux ethniques, appartiennent à la sphère céleste, monde des dieux et des idées platoniciennes, qui sont la source de pratiquement toutes les notions ou même dogmes apparamment si abscons de la théologie et/ou philosophie: notions de Médiateur, de Démiurge, de Dieu souffrant, de Loi de l'univers, d'éternité et changement, de virtualités et accomplissement, de logos spermatikos et filiation céleste (superstition), de démons et esprits, d'onction divine et magie. Mais une terminologie beaucoup plus concrète dépend elle aussi du scénario céleste: les noms d'année, mois, semaine, jour et nuit, les locutions de temps, les phénomènes atmosphériques, l'idée de chance et malchance (luck, Glück, Pech se rapportent à un astre bien ou mal aspecté), les verbes de naître et mourir, surgir et décliner, croître et décroître, se cacher et changer ou métamorphoser, ressusciter, les verbes auxiliaires de nécessité, probabilité et possibilité; regarder, ouïr, rire et pleurer, aller et venir ou advenir ou devenir, rester, monter et descendre, commencer, commander, veiller, dormir, hanter, rouler dans le sens de se déplacer et de gouverner (angl. rule), manger et boire, presque tous les adjectifs et, ce qui est plus curieux encore, les analogies anatomiques entre nous et les luminaires. Grâce à la représentation anthropomorphe de la lune ou du soleil, chaque partie ou membre de leur corps imaginaire reçoit un nom astrologique (main, bras, jambe...).

Même les liens de parenté ont leurs archétypes dans le monde des idées. Certaines sources égyptiennes (valentiniennes) et le courant ésotérique du judaïsme (cf. les syzygies de la Génèse) conçoivent la création du monde comme par émanation des sources de lumière qui, deux par deux, descendent du ciel vers la terre. Comment ne pas imaginer un arbre généalogique où tous les liens auraient été mis en évidence, le Soleil ou la Lune étant le père, le frère ou l'oncle de tel autre astre (marié de force pour former un couple ou syzygie)? Sur une planche juxtaposée, la terminologie est reprise pour dénommer les membres de la famille terrestre. L'arbre de vie se présente surtout comme un arbre généalogique et plus spécialement de la lune (Lébanah, all. leben).

Pour n'importe quel mot ou idée, tout se reduit à un ensemble de symboles; les différentes combinaisons forment une grande partie des langues indo-européennes, dont la lecture a dépendu du fait que les mages ont aligné leurs luminaires côte à côte d'une série de phonèmes ou caractères preexistants. A-t-il un sens dans ces conditions confronter les racines de la famille indo-européenne avec celles d'autres langues? Ne faudrait-il pas comparer les symboles astrologiques, si jamais c'est le critère astrologique qui a présidé à leur morphologie lexicale? Et non seulement lexicale, mais aussi grammaticale: quoi de plus astrologique que le métalangage employé pour la flexion des noms et des verbes? La Dé-clinaison est un terme astronomique; le thème, un sujet astrologique entré dans la grammaire comme synonyme de radical; le complément, un terme trigonométrique; le cas (lat. cad-ere et occasus; all. Fall corr. à fallen, tomber) indique l'inclinaison dans l'espace, justifiant par là l'hypothèse que les cas obliques déterminaient d'abord les corps célestes et ont été transposés aux noms des choses, qui sont comme l'ombre des archétypes. La conjugaison (imposée peut-être par la conjonction de plusieurs astres) prévoit le duel pour les jumeaux célestes se rélayant dans la lune. Les différentes formes de celle-ci, et peut-être le soleil, sont les locataires des chiffres et des lettres (gramma, glyphe, graphe, rune, littera, epistola, aryθmos, all. Zahl... y compris l'O-gam = message astrologique transmis au moyen de 'gamma' ou 'comma' qui sont des virgules ou arcs-de-lune gravées sur une matière dure comme l'argile).

Mais puisque des lettres utilitaires existaient aussi, quelle forme de communication a pu être développées là-dessus? Est-ce possible d'établir la priorité d'un alphabet sur l'autre? L'antériorité du latin par rapport au grec, voire son indépendance, a pu être constatée en traitant de θ et φ (page 169).

Si les phéniciens avaient eu à leur disposition l'alphabet magique, ils ne se seraient pas donné la peine de chercher et sélectionner leurs 22 lettres. Cela ne veut pas dire cependant que l'alphabet magique n'existait pas; il était tenu secret: seulement les prêtres-astrologues, les mages, y avaient accès. Pourtant la présence de thèta et de qoph parmi les caractères phéniciens qui n'ont aucune allure astrologique prouve que, dans une époque tardive et à cause du prestige de ces deux lettres-là, des fuites ont été possibles. Des points de contact entre les deux écoles devaient exister puisque la légende parle d'un choix de 22 lettres, et la Cabbale de son côté pose 22 lettres magiques à la base de la création. Si donc les mages prononçaient une vingtaine de sons corréspondant à ces signes, la logique amène à supposer qu'ils parlaient déjà un langage pré-astrologique, avant de créer cet ensemble de noms et de verbes qui est devenu la clé de voûte de notre bagage culturel. Homère distinguait une «langue des dieux»: peut-être pas celle que les dieux parlaient, mais celle qui parlait des dieux... Si les hommes communiquaient déjà grâce à des signes utilitaires de première évidence, des symboles sexuels, des profils d'animaux, qu'en est-il devenu de cet embrion de discours profane, tout rudimentaire qu'il eût été, après qu'il fut évincé par la «langue des dieux-astres»? Il niche parfois dans les dialectes qu'on rencontre au bout du monde et qui n'ont aucun rapport avec les langues indo-européennes d'origine magique et par la suite rationalisées par les soins de scribes-grammariens.

Les lettres utilitaires ont été greffées dans les langues indo-européennes (il suffit de songer à l'importance de H); mais les conséquences ethnologiques nécessitent une profonde révision. Les ethnies à base de «N» ne sont pas forcément noires, encore que les Néphilim devaient l'être, puisque c'est d'eux qu'est venu le péché originel, la tache des anges (qui étaient donc blancs avant la chute). Les ethnies parées de la crosse «L» ne sont pas forcément blondes aux yeux bleu, encore que certains signalements comme «glauque» ou même «blond» pourraient leur revenir. La lune serait-elle blonde et les hommes «blöde»? (Pourquoi pas blöde la lune, puisque elle nous regarde stupidement pendant que nous sommes dans la détresse?). Les ethnies à base de «R» ne sont pas forcément rousses, encore que Xénophane décrivait les Thraces comme des roux aux yeux bleus, et Homère dit des Phrygiens qu'ils étaient grands et blonds. Les peintures des Étrusques représentent pas mal de rouquins parmi eux. Les hermétistes, asserteurs de la symétrie céleste-terrestre (urbi et orbi), ne disaient-ils pas que tout ce qui est en haut est comme ce qui est en bas? On ne peut pas généraliser; mais n'est-ce pas frappant de trouver, par cet alphabet magique, Sabaoth et Sabbat, et en contrepartie: les Sabaudes et les Zébédées? Rama et Brahma au ciel et les Rama en Inde, les Ramsès en Égypte? La lune comme Elf ou Half, et les Elfes ou Alphs blancs et noirs au nord de l'Europe? Le verbe 'helfen' s'applique-t-il aux Elfes ou à la lune, qui aide le soleil? (Le verbe 'aiDer' conforte la seconde hypothèse). Les Anges du ciel sont les astres avec classeur astronomique; sur terre, des anges en chair et os se commettaient avec les filles des hommes. Le langage a paru s'être formé par l'adjonction d'affixes soudés aux radicaux ethniques. Or il ressort, à bien analyser la terminologie issue de l'alphabet magique, que les radicaux sont eux mêmes des symboles astrologiques, qu'ils signifient soleil, lune, ciel, flambeau ... mais aussi leurs fonctions de rois, régents ou archontes du firmament et c'est justement en cela qu'on peut trouver la charnière hommes/noms: c'est comme si un chef de clan s'attribuait le titre/nom de Sire/Ras, ou de raja, rex, puis rama/émir, Brahma, Phara(on)/Rapha(el) — ou de El, baal, lama/mollah, Elohim — ou de Un(s), nabi/banus, Négus — ou de duc/Caïd/cadi, puis diadoque — ou de homme, amo, imam, mage, maya, mède/Adam/démon et dame, muφti, mister, maçon/sem/cam etc. Les aggaroi reprennent en Perse les fonctions des anges et des archanges. Les ethnonymiques seraient donc issus de titres/fonctions astrologiques.

Les ethnies ont un nom artificiel. Nous savons où elles vont, se déplacent, se déploient, mais d'où elles sortaient, comment elles étaient avant de se disperser, ceci ne nous est pas donné de le savoir sur base linguistique, les couleurs étant nettement mieux enracinés dans le ciel. Ceci est vrai, mutatis mutandis, pour beaucoup d'autres idées, et les savants de l'antiquité n'ignoraient pas qu'il fallait rechercher l'etymon d'une chose pour connaître son essence (ce qui transposé au couvercle signifie que un mot commençant par un croissant ou une demi lune contenait la forme de l'astre, sa situation etc.).

Il en est de même pour les affixes profanes, qui véhiculent non pas des idées transcendentales, mais un contexte utilitaire comme des activités professionnelles ou des armes (C, G avec évolution vers la hache: h, χ; X qui symbolise le char de guerre), des emblêmes du métier (π et T rappelant les tailleurs des pierres; T comme balance, préfixe des commerçants; la crosse des pasteurs à forme de Λ); des silhouettes d'animaux comme α, bœuf, et S qui préfixe tous les noms génériques de serpent.

Plus difficile à classer est le travail des grammariens: les critères qui les inspirent ne sont pas toujours évidents lorsqu'ils rationalisent le discours en affectant les noms et les verbes d'éléments marquant le génitif, le pluriel, les genres, le nombre (mais le duel devrait être d'origine magique et s'appliquer aux deux moitiés de la lune), la flexion des verbes et des cas. Au jugé, le rôle des scribes-astronomes devait être prépondérant. Lorsque le génitif ou la généalogie sont indiqués par la particule ou le suffixe D, c'est la lune qui a donné cette idée au scribe, parce que c'est elle qui ensemence. On a ainsi les Pelid-es fils de Pélée, les Lag-ides fils de Lagos. La généalogie est en outre indiquée par 't' et θ (Italio-t-, Lévia-th-an) qui sont la lune sous d'autres formes.

Lorsque la fonction de filiation s'exprime par «el» ou «er», la paternité est attribuée probablement au soleil.

En allemand et dans les langues slaves on forme les adjectifs et autres sortes de dérivatifs en suffixant C ou G qui sont des croissants. La cause exemplaire de la filiation se trouve encore une fois dans la lune, c'est pourquoi on préférera l'hypothèse lunaire à celle ophidienne lorsque c'est 'n' (ou 'm') et 's' (respectivement le Noûs, la Mi et la Sica) qu'on emploie pour le génitif ou le gentilice.

On doit aux astres, notamment à la Lune, non seulement les noms ou les formes des 12 premiers chiffres (et d'autres comme cent, cinqcent et mille), mais aussi les pronoms interrogatifs ou relatifs «qui», «quel» et ceux qui sont indéterminés, comme ceci, that, it, das, es, quod, pos.

On s'adresse à la lune en lui disant Tu ou Du, gr. συ. On parle des luminaires en disant Lui ou Elle (en all. er ou sie); les articles préfixent D en allemand, tandis que le seul article anglais 'the', en est le magnificatif. Dans le cercle des langues issues du latin, on trouve El pour cette fonction.

Notre père-mère est aussi un neutre, une chose, que les allemands appellent Ding, les anglais θing, les latins res ou causa (source de toutes les causes, Principe de tous les contraires, puisque la lune naît et meurt, demeure et change, y est et n'y est pas, est tantôt petite, tantôt grande; Dieu et Démon, le Bien et le Mal (la Mille).

Parmi les symboles utilisés pour donner à un mot la connotation féminine, celui de la dentale peut être considéré mi-astrologique mi-profane parce que D (ou le t égyptien qui est comme D couché) est ambivalent quant à la forme, qui est celle de la demi-lune ou de la mamelle. T en copte est l'article féminin. Le double de T ou D est le théta grec θ, suffixe féminin.

Bien que les lettres magiques ne représentent qu'une infime minorité par rapport aux signes affichés par l'ensemble des alphabets ordinaires, c'est leur combinaison qui fournit la matrice de ce que nous communiquons, le tissu sur lequel les termes profanes apparaissent comme brodés. Ces derniers sont souvent des péjoratifs, encore que ni le soleil ni la lune soient épargnés en cas d'imprécation contre la malchance. Il s'y ajoute tout ce qui ne pouvait pas être connu à l'époque de formation du lexique indo-européen, et tout ce qui concerne les spécialisation dans les différents domaines d'activité, chasse et pêche (agere, angeln, fangen), troc, guerre, agriculture, technologie, habitat, sans oublier toutefois que le procédé analogique par planches juxtaposées permet de baptiser beaucoup de choses et parties de choses.

Les conjonctions (et, and/und...), les adversatives, les prépositions, qui sont circonstancielles et peuvent se présenter soit séparées, soit suffixées au nom (déclinaison), sont les pièces détachées du grand système allégorique qu'est notre langage enraciné dans l'empyrée.

Les consonnes préfixées comme articles ont été d'abord des classeurs astrologiques; quant aux voyelles, on en a répéré deux: a et o (la première comme alpha ou halbe, la seconde à cause de sa forme) comme ayant caractère magique; de là à conclure que les autres voyelles aussi ont signifié l'un ou l'autre luminaire il n'y a qu'un pas à franchir. E-p-silon et Y-p-silon pourraient en effet être les silhouettes de Sélène, se spécialisant la première pour le féminin, la seconde pour le masculin.

Il ne suffit pas de comparer les langues, il faut arriver à découvrir pourquoi ceci a reçu tel nom, cela tel autre. Enraciner ethniquement le lexique a donné des résultats, mais laissé aussi des espaces béants, qui se sont refermés comme par magie par la grâce de l'alphabet astrologique, sorte de lampe d'Aladin.

Deux graphies différentes, avec bifurcation sémantique, c'est beaucoup pour une seule et même famille linguistique. Que trouvera-t-on dans les autres familles, puisqu'il est entendu que l'origine du langage est multiple? Il y a l'indo-européen, discours artificiel qui façonne les langues que nous parlons et que nous comparons en décrétant qu'elles forment une famille, et des langues qui ne se laissent pas comparer à l'indo-européen parce qu'elles ne sont pas nées sur la base de l'alphabet astrologique, mais suivant des critères que nous ignorons. Leurs phonèmes et radicaux ne correspondent pas aux notres. Mais peut-être les symboles se laissent-ils comparer? Il est vrai que certains alphabets ne se décodent pas, les signes étant totalement déformés ou standardisés. Là où la comparaison est possible, on ne doit pas oublier de lire les mots dans les deux sens: de gauche à droite et de droite à gauche. On a vu qu'à 'rhema' correspond 'mem-ra' et à 'demi' correspond 'med-'. Cela se poursuit avec rien = noir; luna = all. Null (zéro) et lat. nullius; mille = lum-en; gr. meta = all. Atem; φorma = morφe; lat. deb(et) = russe bud(et), futur de nécessité, etc. L'indo-européen est un langage merveilleux qui a permis d'exprimer et de nuancer par allégories astrologiques tellement plus de notions que les pauvres messages utilitaires véhiculés par les communautés qui ne s'intéressaient pas aux secrets célestes, mais étaient uniquement occupées à compter leurs têtes de bétail, à chasser, à troquer et à faire la guerre. Entretemps les mages travaillaient d'imagination. On dit que, grosso modo, les Occidentaux sont des moralistes et s'occupent des aspects juridiques et réglementaires, et les Orientaux sont des mystiques et s'intéressent aux réalités cachées en Dieu. Ceux-ci font figure de fainéants à côté de ceux-là, pourtant sans ces fainéants nous parlerions comme les tribus sauvages vivant aux marges du monde civilisé, par exemple sans futur, sans itératifs, sans la prétendue abstraction (faculté que curieusement certains contestent aux indo-européens) et même sans verbes. Ces tribus ont une vision animiste du monde.

C'est de l'ethnocentrisme que de croire que nos catégories sont universelles, ou que le fait de les posséder soit une preuve de la supériorité sur les peuples qui ne les ont pas. Ce n'est pas le peuple qui est supérieur, ni sa civilisation. C'est la langue qui mérite un tel attribut.

W. von Humboldt a souligné que toutes les langues contiennent une analyse du monde extérieur, qui diffère de celle des autres langues. Il y a des langues sans adjectifs, sans verbes, sans une distinction entre temps et mode d'un verbe, et qui groupent les personnes d'une autre manière que chez nous.

L'Afrique animiste ignore le futur, qui est une idée suggérée par le retour prochain du Père céleste ou Abba, concrétisée dans le thème en -ib- du latin (-ab/-eb étant utilisé pour conjuguer à l'imparfait), ou de Ra (ou du Soleil, en angl. shall, all. sollen); même le français présente, à côté du futur en 'r', une autre forme de futur qui s'aide avec le verbe aller. Dans les langues négro-africaines, ce qui intéresse c'est le déroulement de l'action (action qui commence, continue, est achevée) plus que la situation dans le temps.

Rentrant de son voyage au Congo, A. Gide racontait qu'il avait rencontré des tribus qui ne savaient pas penser en termes de cause-effet, ne savaient pas ce que 'pourquoi?' implique.

Ce qui est dit pour la grammaire est vrai aussi pour le vocabulaire; on dit justement que chaque langue en a un qui est adapté aux besoins de la société qui la parle.

La langue des dieux

La langue qu'ils ont façonnée artificiellement, les mages l'ont d'abord parlée entre eux; ils sont peut-être ces «dieux qui parlent» dont il est si souvent question dans les textes sumériens. Leur parole est efficace parce qu'ils avaient la maîtrise du langage bien structuré et obtenaient par la puissance de leurs prières et formules sacrées des résultats plus spectaculaires: dans les brahmanas, commentaires du rituel hindou, la parole sacrificielle ou rituelle, dite brahman, est tout-puissante, tellement efficace qu'elle lie même les Dieux. (On arrive même à ressusciter dans les trois jours la lune qui était morte).

S'il y a une catégorie de personnes dont le nom est à coup sûr astrologique, c'est bien celle des mages/maφia. Des doutes sont permis pour les autres, qui chassaient, faisaient la guerre avec des arcs et des haches, troquaient, bâtissaient. Les maçons, les maya, les Ol-mèques (avec lampe en préfixe) tout en conservant jalousement la tradition, glissent vers les métiers manuels, comme les Mânes, qui ont bâti les moenia. Il est difficile de dire si le «mana» est la puissance émanant de la main, ou de Moon (en théologie, l'émanation trinitaire se situe au niveau de la lune).

On peut penser que les Tèques/Daces qui étaient des tailleurs de pierre et des constructeurs de pyramides en forme de Δ affichent en T ou en Δ l'emblème de leur métier; l'hypothèse est légitime, mais on ne peut pas écarter l'influence magique puisque nous voyons que Py-thagore, astrologue et mathématicien, a exigé le magnificatif astrologique θ dans le radical, à la place de T ou D.

Les peuples peuvent être athées, incroyants, idolâtres et tout ce qu'on veut, cela ne les a pas empêchés d'afficher les enseignes célestes du haut de gamme, ainsi après la Palaestina on a voulu être φilistoi, après avoir été les Perushim on a voulu être les φarisiens, même si le «p» en préfixe était un rappel des hommes de la pierre, ce qui n'est pas sûr, à cause de la bivalence des phonèmes. Dans cette même Palestine, Joppé au carré, cela a fait Jaφφa. Il y a eu une généralisation: ainsi lat. piscis se retrouve comme φish ou φisch chez les anglo-saxons (un peu comme on a placé la hache indo-européenne là où elle n'a rien à chercher).

Dans le cas de la Palaestina notamment, issue de Pa-last, il semblerait plus logique que le préfixe soit π, comme d'ailleurs en πa-gode. Mais le bois de charpente ne fait pas le poids contre la pleine lune.

Normalement, c'est l'accent tonique qui décide du radical ethnique; ainsi dans le cas de Palast, le radical est Last et Pa le préfixe (ou classeur astrologique). Dans le cas des Ardennes, il devrait s'agir de Danaens ou Dauni, et 'r' serait le classeur astrologique ajouté en préfixe. Les Pani formaient une population qui s'est scindée: à droite on a les Pani indiens, à gauche les Is-pani. Par promotion magique ils sont devenus les φauni.

Le S des Is-pani, d'Is-raël, d'Is-lam, de Sa-lomon, de Sa-baoth, Savitur a cessé à mes yeux d'être le serpent, sauf s'il préfixe les espèces ophidiennes et dans quelques autres cas. Derrière sa silhouette j'entrevois le sigma cursif ou 6, la faucille lunaire comme en cyrillique. Inutile d'ajouter que l's de sacer est la lune, tout comme d'ailleurs l'esprit rude du grec ἅγιος, interprété couramment comme h. L'esprit rude est surtout une cédille: l'arc-de-lune, et il ne correspond pas toujours à h. v. par ex. ἧμι et 'semi'. La contrepartie terrestre de ἅγιος est la Géa (ou it. giù, ci-bas) dans l'ordre spatial, dans l'ordre temporel son équivalent est 'âge' ou lat. 'aev-um' (alternance gamma/digamme).

Derrière θ rayonne le plérôme dans les noms apparamment énigmatiques de Thé-mistocle (un myste), Thalès, Thésée, Thespis, Thessalie, Thessalonique (qui existe aussi sans θ, en Salonique). Par contre, dans la fonction de marque-fém., le θ se trouve seulement en suffixe, ce qui est typique d'une écriture de gauche à droite (d'abord le nom, puis le genre).

Corne ou arme du chasseur pour l'alphabet profane, C se justifie, dans l'alphabet magique, comme classeur astrologique et préfixe par ex. la Croix ou le Cancer en tant que constellations.

A la lumière de l'alphabet profane j'avais interprété le nom des Phéniciens comme si leur préfixe était Ϝ. Une fois de plus il s'agit de φ, puisque leurs esprit-guide était le phénix qui, en tant que oiseau et habitant du ciel, avait droit aux insignes du monde supérieur, tout comme l'angl. Bird surclassant s-pirit-us. D'ailleurs, le Phénix ou Bennu (cf. it. penna) n'est, en raison du mythe de résurrection, qu'un des noms de la lune. Les détails de sa légende proviennent de syncrétismes.

Pour les grands dieux de l'exclamation grecque ω πόποι, il n'y a même pas eu de promotion astrologique. Étaient-ils ces hommes préhistoriques qui érigeaient des menhirs en forme de π? Personnellement, dans le doute je suivrai toujours le modèle de Platon, ce qui n'enlève à personne le droit de creuser dans le sens profane l'étymologie de certains mots des langues indo-européennes. Comme on le constate en comparant les deux séries de caractères, les scribes se sont livrés à pas mal de manipulations dans un sens ou dans l'autre, suivant l'école (magique ou laïque) d'ou ils sortaient. Paraphrasant Papias au sujet des logia de Mathieu, l'alphabet est un répertoire de symboles, et chacun interprète comme il peut.

ORIENTALISTE, P.B. 41, B-3000 Leuven